Hermann Schmitz
Der Leib

Grundthemen Philosophie

Herausgegeben von
Dieter Birnbacher
Pirmin Stekeler-Weithofer
Holm Tetens

DE GRUYTER

Hermann Schmitz

Der Leib

DE GRUYTER

ISBN 978-3-11-025098-5
e-ISBN 978-3-11-025099-2

Library of Congress Cataloging-in-Publication Data

Schmitz, Hermann.
  Der Leib / Hermann Schmitz.
      p. cm. -- (Grundthemen Philosophie)
  Includes bibliographical references and index.
  ISBN 978-3-11-025098-5 (pbk. : alk. paper)
  1. Self-consciousness (Awareness) 2. Philosophical anthropology. I. Title.
  BD438.5.S346 2011
  128'.6--dc23
                                                    2011019658

Bibliografische Information der Deutschen Nationalbibliothek
Die Deutsche Nationalbibliothek verzeichnet dieses Publikation in der Deutschen
Nationalbibliographie; detaillierte bibliografische Daten sind im Internet über
http://dnb.d-nb.de abrufbar

Umschlaggestaltung: Martin Zech, Bremen
Umschlagkonzept: +malsy, Willich
Satzherstellung: vitaledesign, Berlin
Druck und buchbinderische Verarbeitung: Hubert & Co. GmbH & Co. KG, Göttingen

∞ Printed on acid-free paper

Printed in Germany

www.degruyter.com

Vorwort der Herausgeber

Hermann Schmitz hat seine Lehre vom Leib zum ersten Mal vor mehr als 40 Jahren, 1965, in *System der Philosophie*, Band II, Teil 1 vorgelegt. Sie ist im Kern unverändert geblieben. Dennoch ist der *vorliegende Band gänzlich neu gestaltet*. Darüber hinaus sind wichtige Ergänzungen hinzugekommen, so etwa die Reflexionen auf die leibliche Kommunikation. In einem ersten Teil, den ersten acht Kapiteln, wird die Phänomenologie des Leibes einschließlich der leiblichen Kommunikation entfaltet. Es folgt ein zweiter Teil, ebenfalls in acht Kapiteln, der weitere Bezüge, etwa zur Kunst, ihrer Wahrnehmung und zum epochalen Lebensgefühl, darstellt, in denen der Leib sich auf die eine oder andere Art als wichtig erweist. In einem letzten Kapitel wird die Geschichte des Denkens über den Leib von Homers *Ilias*, dem geheimen Urtext der hier vorgestellten Analyse, über einen noch gar nicht an eine unsterbliche Seele glaubenden Apostel Paulus bis in die Debatten in der phänomenologischen Philosophie der Gegenwart kurz zusammengefasst.

Dass der Leib in der hier vorgetragenen Form überhaupt ein eigenes Thema einer reflexionslogischen Philosophie sein kann, verdanken wir, wie Schmitz selbst betont, dem glücklichen Umstand, dass es im Deutschen einen relativ klaren semantischen Unterschied gibt zwischen dem lebendigen Leib in seinem Lebensvollzug, mit allen seinen Regungen und Haltungen, und dem Körper. Ein solcher erscheint nicht erst seit Descartes, sondern schon bei Platon und Aristoteles, geometrisch durch Oberflächen von außen her als in seiner Extension definiert; sein Innenraum zerfällt scheinbar selbst wieder in materielle Raumerfüllungen – mit der geradezu natürlichen Folge, dass das griechische Wort „soma" wie das lateinische „corpus" und das englische „body" sowohl den Leib, den Körper wie den Leichnam bezeichnen. Schmitz verteidigt gegenüber dieser tiefliegenden Verdinglichung des Leibes die sachliche Realität von allerlei „Halbdingen", zu denen auch Gefühle und Stimmungen zählen und andere leibliche Prozesse, in denen wir, wie im plötzlichen schreckhaften Zusammenzucken, unsere eigene Leiblichkeit unmittelbar spüren.

Aber nicht nur die deutsche Sprache, auch das standhafte, manche mögen sagen: störrische Festhalten an deutsch- und französischsprachigen Analyseansätzen der letzten zweihundert Jahre ermöglicht Schmitz eine eigenständige, in manchem durchaus idiosynkratische, Entwicklung einer phänomenologischen Beschreibungssprache. Das Ergebnis ist ein ganz eigener Zugang zur Subjektivität des Spürens von Regungen, die in sozusagen halbautonomen und oft schwer räumlich abgrenzbaren „Leibinseln" angesiedelt sind. Das alles geschieht jenseits der dualistischen Redeweisen von einem Ich und seinem Körper, wie sie sogar noch in Sartres „corps-pour-soi" konnotiert werden und die das alte Bild von einer über den Leib herr-schenden Vernunftseele prägen – wobei heutzutage dieses Selbst im physi-kalistischen Naturalismus kurzerhand durch das Gehirn ersetzt wird. Wie immer man den Ansatz von Schmitz beurteilt, etwa in Bezug auf die Groß-unterscheidung zwischen einer leiblich gespürten Weitung und Engung, Schwellung und Spannung, und wie immer man ihn weiterzuentwickeln gedenkt, die Diagnose wird sich als haltbar erweisen, dass das platonistisch-cartesianische Erbe dualistischer Denkmodelle der Phänomenologie des Leibes nur schwer gerecht zu werden vermag.

Inhalt

1. Vom Körper zum Leib

Jeder Mensch hat zwei Wege zu der Überzeugung, dass er hier und jetzt ist. Der *eine Weg* besteht im Betasten und Besehen des eigenen Körpers, der als feste, stetig zusammenhängende, durch eine rings umschließende Oberfläche bedeckte Masse in einem Umfeld wahrgenommen wird, in dem er seinen fest bestimmten Platz hat. Dieser Platz ist ein *relativer Ort*, d. h. ein solcher, der durch seine Lagen und seine Abstände im Verhältnis zu den Orten umgebender Objekte bestimmt ist. Entsprechend lässt sich die Zeitstelle des Ereignisses dieser lokalen Körperbestimmung als ein Datum in einer durch Überlieferung, Erinnerung und Erwartung gefüllten zeitlichen Anordnung des Früheren, Gleichzeitigen und Späteren bestimmen. Diese Platzanweisung für sich selbst hat den Vorteil präziser Orientierung, aber den Nachteil, dass man nicht genau weiß, was da so präzis bestimmt wird, vor allem nicht, ob man es selbst ist. Nur die Materialisten halten sich selbst für ihren Körper oder einen Teil davon, z. B. ihr Gehirn; den meisten Menschen ist dies wenig plausibel. Seit Demokrit und Platon, überhaupt seit den Griechen in der zweiten Hälfte des 5. vorchristlichen Jahrhunderts, hat es sich eingebürgert, das am Menschen, was in seinem Körper nicht unterkommt, als seine Seele auszulagern, der manchmal, eine Stufe höher, der Geist hinzugefügt wird, und sich vom Körper in diese Seele, diesen Geist als den eigentlichen Sitz des Menschseins zurückzuziehen; dafür spricht die geläufige Möglichkeit, sich von seinem Körper zu distanzieren, gleichsam auf ihn herabzusehen und ihn als Werkzeug zu gebrauchen. Wie Seele und Körper zum Menschen zusammenpassen, bleibt unklar, und erst recht, wie sich die Seele zum Ort des Körpers verhält. Nach Platon ist der Körper Grab oder Gefängnis der Seele[1], aber der schlagfertige Witz vom Anatomen, der bekennt, er habe schon viele Körper seziert, aber noch nie eine Seele gefunden, könnte ihn eines Besseren belehren. Die Platzbestimmung des Menschen durch seinen Körper trifft also zwar auf den ersten Blick schlagend und reicht für den Alltagsgebrauch, schafft aber mehr Verwirrung als Klarheit, wenn geprüft wird, ob wirklich er selbst an diesem Platz unterkommt.

Der *andere Weg* dazu, sich hier und jetzt zu finden, schafft nicht dieselbe messbare Präzision in einem räumlich-zeitlichen Ordnungsrahmen, hat aber den Vorteil, dass unzweifelhaft der Mensch selbst es ist und nicht nur ein Zubehör oder fragwürdiger Repräsentant von ihm, der hier und jetzt gefunden wird. Ein möglicher Zugang zu diesem Weg ist folgender: Ein Mensch lebt träge und gedankenlos, entweder dösend oder in Routinetätigkeiten versunken, dahin, da schreckt ihn plötzlich ein aggressives Geräusch, vielleicht Hundegebell oder ein schriller Pfiff, oder er stürzt zu

Boden und kann sich gerade vor dem Aufprall noch fangen, oder er verliert den Boden unter den Füßen, weil er eine Treppenstufe übersehen hat, oder er erhält unvermittelt einen Schlag vor den Kopf. Er fährt zusammen unter dem Druck der Bedrohung durch das unerwartet plötzlich hereinbrechende Neue, das die gleitende Dauer seines Dahinlebens zerreißt und ihn in die Enge einer Gegenwart versetzt, die ebenso zeitlich wie räumlich ist: zeitlich als das abgerissene Plötzliche, räumlich als die Enge, in die er durch das Zusammenfahren gedrängt ist. Dabei erlebt er sich an einer Stelle, die ebenso hier wie jetzt, räumlich und zeitlich, bestimmt ist, aber nicht relativ in einem Ordnungsrahmen von Orten oder Daten, sondern nur in der noch ungesichteten Situation, nur gegenüber dem erschreckenden Neuen, das sich auf ihn zu ereignet. Im Schock des Zusammenfahrens sind alle räumlichen und zeitlichen Ordnungsrahmen nicht mehr verfügbar. Dafür ist dem Menschen ein absoluter Ort angewiesen, der zugleich absoluter Augenblick ist, und nun ist unbezweifelbar klar, dass wirklich er selbst sich dort befindet. Es ist klar durch sein affektives, im Schreck als bedroht sich aufdrängendes Betroffensein, das ihm ohne Weiteres die Gewissheit gibt, in dieser Enge des Plötzlichen selbst betroffen zu sein, ohne Bedarf danach, etwas suchen zu müssen wie seinen materiellen Körper, womit er sich mit mehr oder weniger Zuversicht identifizieren müsste, um glauben zu können, dass er hier und jetzt ist.

Das Sichfinden in der vom plötzlichen Einbruch des Neuen exponierten Gegenwart ist ein Spüren, das ohne Anleihen beim Besehen und Betasten des materiellen Körpers und ohne Rücksicht auf die Einordnung von Gegenständen in räumliche und zeitliche Verhältnisse auskommt. Es handelt sich um einen seltenen Ausnahmezustand extrem gespürter Engung, dem sich aber in der Dimension von Enge und Weite ein Kontinuum wechselnder Gewichtsverteilung zwischen gespürter Engung und gespürter Weitung anschließt. Ganz dicht beim Schreck stehen in diesem Kontinuum Angst und Schmerz. In ihrer akuten Heftigkeit exponieren sie Gegenwart als absoluten Ort und absoluten Augenblick beinahe ebenso schroff wie das brüske Zerreißen der Dauer im Schreck, aber in anderer Weise. Im reinen Schreck ist nur noch Engung und kein Antrieb mehr; der Mensch ist „weg". In Angst und Schmerz ist noch Antrieb; der Mensch *ist* nicht weg, sondern er *will* weg, aber dieses Wegstreben ist gehemmt, und deswegen sind Angst und Schmerz konflikthafte Zustände, im Gegensatz zum Schreck, der nur ärgerlich ist, weil man nach dem Aussetzen erst wieder zu sich kommen muss. Angst und Schmerz sind dagegen leidvoll, weil ein expansiver Drang von übermächtig engender Hemmung abgefangen wird. Bei der Angst zeigt sich das an der keuchenden Atemkurve: Ein expansiver Impuls schwillt im Einatmen, bricht an einer Hemmung hart ab und setzt gleich wieder ein, um abermals so zu enden, usw. Der expansive Impuls braucht nicht im Wegstreben vom relativen Ort, der durch Lagen und Abstände zu anderen Orten bestimmt ist, zu bestehen; mancher bleibt in heftiger Angst verschüchtert liegen und bewegt sich höchstens durch Zittern. Immer aber strebt der expansive Impuls in Angst und Schmerz weg vom absoluten Ort der exponierten Gegenwart. Das zeigt sich an den Gesten. Dabei ist die Angst in Vorteil vor dem Schmerz. Dem Geängsteten gelingt das Wegkommen in seiner Geste panischer Flucht, aber dabei nimmt er die hemmende Engung mit, bis er sich am Ziel frei fühlt und die Angst von ihm abfällt. Der von Schmerz Gequälte kann dagegen den „Weg!"-Impuls nicht wirklich ausleben, sondern nur symbolisch im Schrei, der in die Weite dringt, ihn aber in seiner Engung hinter sich zurücklässt, entladen, und im Aufbäumen, das kein Entkommen ist. Angst und Schmerz besetzen im Kontinuum zwischen Enge und Weite zusammen mit Beklommenheit und Ähnlichem den Pol überwiegender Engung gegen eine unterliegende Weitung. Ungefähres Gleichgewicht beider Tendenzen besteht bei Kraftanstrengung wie Heben, Ziehen, Klettern sowie beim Einatmen, in dessen Verlauf sich allerdings das anfängliche Übergewicht der Weitung zum Übergewicht der Engung verschiebt. Ein Übergewicht der Weitung über die Engung ist für spürbare Wallungen charakteristisch, mit den Mustern Wollust und Zorn; dann schwillt ein weitender Antrieb mächtig gegen spannende Engung an und entfaltet sein Übergewicht zu einem Triumph kraftvoller Durchsetzung, aber nur so lange, wie die Hemmung anhält. Sobald sie durchbrochen ist, geht die Weitung in eine andere, von der Engung sich abhebende, nicht mehr gegen sie anschwellende Form über, in ein Schweben oder Strömen, wie bei der Erleichterung von einer schweren Sorge, wenn die physische Schwere nicht mehr als hemmender Druck imponiert, so dass man vor Freude zu hüpfen oder zu springen beginnt, und in wohltätiger Müdigkeit. Das Kontinuum spürbarer Enge und Weite erstreckt sich also zwischen den extremen Formen, in denen sich Engung und Weitung von einander lösen, in einem Mittelteil ihrer Verschränkung, in dem teils die Engung, teils die Weitung dominiert.

Alle diese spürbaren Zustände kommen ohne Kenntnisnahme vom sichtbaren und tastbaren Körper aus und gestatten dem Menschen, sich hier und jetzt zu finden, aber nur in Bezogenheit auf das Maximum der Engung, die vom plötzlichen Einbruch des Neuen exponierte Gegenwart an einem absoluten Ort, in einem absoluten Augenblick. Diese Abhängigkeit hat folgenden Grund: Ich zu sein, hier und jetzt zu sein sind Gestalten absoluter Identität. Ich spreche von absoluter Identität im Gegensatz zu der auf ihr fußenden relativen Identität mit etwas; absolute Identität besteht darin, dieses zu sein, selbst oder es selbst zu sein, verschieden von anderem. Absolute Identität ist den Dingen nicht ins Gesicht geschrieben, und das würde auch nichts helfen, weil die Inschrift wieder einer solchen Bezeugung bedürfte usw. ad infinitum. Absolute Identität muss dem gleitenden Dahinleben und Dahinwähren in Dauer und Weite, wobei alles in Übergängen verschwimmt wie die Fristen einer gedankenlos empfundenen Dauer[2], erst abgewonnen werden, indem das Gleiten aufgehalten wird, und dazu ist ein Einschnitt erforderlich, der das Gleiten – auch im Kontinuum zwischen Enge und Weite – abbricht; dazu gehört aber die Exposition der Gegenwart unter dem Druck des plötzlichen Neuen. Deswegen findet sich der Mensch hier und jetzt im Spüren, ohne Sehen und Tasten zu benötigen, nur so lange, wie ihm die Aussicht auf das Maximum spürbarer Enge, die exponierte Gegenwart, wenigstens als Möglichkeit vorgehalten wird, auch wenn sie entfernt ist. Das geschieht in Angst und Schmerz durch die unmittelbare Nähe dieser Aussicht, in Kraftanstrengung, Wollust und Zorn durch das Ankämpfen gegen eine von Weitung zwar überholte, aber noch nicht überwundene Engung und in Erleichterung und wohltätiger Müdigkeit durch die Abhebung, in der die Enge gerade durch das Loskommen von ihr gespürt wird. Wenn nämlich das Loskommen zum völligen Freisein vollendet ist, geht das Glück der Erleichterung und des beflügelten Schwebens, das Wohltätige der Müdigkeit usw. in stumpfe Gleichgültigkeit über; es zehrt nur von der Erinnerung an den Gegensatz, solange dieser noch eine Rolle spielt.

Die ganze Skala spürbarer Zustände, die in der Dimension von Enge und Weite angesiedelt sind, aber weder gesehen noch getastet und übrigens auch mit den anderen üblicherweise aufgezählten Sinnen (Hören, Riechen, Schmecken) nicht wahrgenommen werden können, bezeichne ich als den Bereich der *leiblichen Regungen*. Was gehört dazu? An erster Stelle handelt es sich um die leiblichen Regungen im nächstliegenden Sinn, die bloßen leiblichen Regungen wie Schreck, Schmerz, Angst, Hunger, Durst, Jucken, Kitzel, Ekel, Behagen, Wollust, Müdigkeit, Frische, Mattigkeit und viele andere. An zweiter Stelle stehen alle leiblichen Regungen der Ergriffenheit von Gefühlen, z. B. Frohsein, Traurigsein, Zürnen, Sichärgern, Sichschämen, Lieben, Hassen, Entzücktsein, Bestürztsein, Fürchten, Bangigkeit, Sehnsucht usw. Gefühle werden zu eigenen, nicht nur als Atmosphären wahrgenommenen Gefühlen des Menschen nur durch sein ihm leiblich spürbares affektives Betroffensein, das ich „Ergriffenheit" nenne, weil der Betroffene, damit sein Fühlen des Gefühls echt ist, erst einmal ein Stück weit mit dessen Impuls mitgegangen sein muss, ehe er sich in Preisgabe oder Widerstand damit auseinandersetzen kann. An dritter Stelle sind leibliche Regungen die spürbaren (nicht sinnlich wahrnehmbaren) Bewegungen, wie Zittern, Zucken, Kauen, Schlucken, Einatmen, Ausatmen, Gehen, Greifen, Tanzen, Sprechen, Schreiben usw., sofern von der Bewegung sichtbarer und tastbarer Körperteile abgesehen wird. Viertens gehören zu den leiblichen Regungen spürbare Richtungen wie der Blick, den man auf etwas wirft oder schweifen lässt. Der Blick teilt mit den übrigen leiblichen Regungen, z. B. dem Kopf- oder Bauchschmerz, das Merkmal räumlicher Ausdehnung, das sich mit einer Versetzung leiblicher Regungen (z. B. als Empfindungen) in eine Seele – ganz gleich, was man von dieser hält – nicht verträgt; freilich ist es eine eigentümliche, von der körperlichen Ausdehnung der Art nach abweichende Ausdehnung, wie gleich zu zeigen sein wird. Um eine zusammenfassende Formulierung zu geben, pflege ich zu sagen: *Leiblich* ist, was jemand in der Gegend (keineswegs, wie z. B. am Blick deutlich wird, immer in den Grenzen) seines materiellen Körpers von sich selber (als zu sich selber, der hier und jetzt ist, gehörig) spüren kann, ohne sich der fünf Sinne (Sehen, Tasten, Hören, Riechen, Schmecken) und des aus ihrem Zeugnis abgeleiteten perzeptiven Körperschemas (der habituellen Vorstellung vom eigenen Körper) zu bedienen. Als *Leib* kann dann das Ganze der leiblichen Regungen mit seiner noch zu bestimmenden räumlichen und dynamischen Beschaffenheit verstanden werden; in gewisser Weise lässt sich die Definition später erweitern, wenn die leibliche Kommunikation in Betracht gezogen worden ist.

Die deutsche Sprache hat das besondere, ganz ungewöhnliche Glück, mit „Leib" und „Körper" über zwei in ihr gewachsene bzw. in sie eingewachsene Wörter zu verfügen, die eine zwanglose Differenzierung des Spürbaren vom sinnlich Wahrnehmbaren am Menschen gestatten, während Fremdsprachler sich mit mühsamen Umschreibungen zufrieden geben müssen, Sartre z. B. mit „corps pour soi" und „corps pour autrui". Zwar nennt das Grimm'sche Wörterbuch für „Leib" und das alt- und mittelhochdeutsche Vorgängerwort „lîp" nur die Bedeutungen „vita persona corpus" also „Leben, Person und Körper", doch erweist ein Vers des Minnesängers Friedrich von Hausen schon für diese frühe Zeit den Leib als Regungsherd oder Impulsgeber:

Mîn herze und mîn lîp diu wellent scheiden,
diu mit ein ander varnt nu mange zît,
der lîp will gerne vehten an die heiden:
sô hât iedoch daz herze erwelt ein wîp.[3]

Hier passen für „Leib" weder „Leben", noch „Person", noch „Körper", sondern gemeint ist ein dem Herzen im Zwiespalt entgegengesetzter Impulsgeber, doch wohl etwas Spürbares.

Die abendländische Kultur hat, angeführt von den Philosophen, Theologen und Naturwissenschaftlern, von den beiden Zugängen des Menschen zu sich als hier und jetzt befindlich, räumlich und zeitlich zugleich, nur den des Sehens und Tastens zum materiellen Körper gewählt und den spürbaren Leib allenfalls in einer dunklen Ecke der Seele, einem asylum ignorantiae, unter Titeln wie „Organempfindung", „Zoenästhesie", „Propriozeption" untergebracht. Nach meiner Überzeugung ist die Seele nichts Vorfindbares, sondern ein ideologisches Konstrukt, von den Griechen ausgedacht, um das gesamte Erleben eines Menschen in einer privaten Innenwelt unterzubringen, damit er als Vernunft Herr im eigenen Hause über die unwillkürlichen Regungen, namentlich die leiblichen und die durch sie eingreifenden Gefühle, werden kann. Diese Abspaltung des Erlebens zerreißt den dynamischen

Zusammenhang der Persönlichkeit und ersetzt ihn durch eine Verknüpfung zweier Wesenheiten, die nie in einer irgend jemand (außer vielleicht Spinoza) befriedigenden Weise expliziert worden ist. Wie der ganze Mensch hier und jetzt sein kann, wird ohne den spürbaren Leib unverständlich. Durch dessen Verkennung entgehen dem abendländischen Denken die wichtigen Perspektiven auf den Menschen und das ihm Gegebene, die im Folgenden aufgezeigt werden sollen.

2. Die Ausdehnung des Leibes

Dass der spürbare Leib räumlich ausgedehnt ist, unterliegt keinem Zweifel. Bauchschmerzen und Kopfschmerzen genügen als Zeugnis. Die Ausdehnung ist aber von anderer Art als die der dreidimensionalen Körper, an der sich die etablierte Raumvorstellung orientiert. Für diese sind mit solchen Körpern Flächen, Strecken und Punkte selbstverständlich im Inventar des Raumes. Der Raum des spürbaren Leibes ist dagegen flächenlos. An keiner der eben durchmusterten Arten leiblicher Regung lässt sich eine Fläche finden. Weder der Kopfschmerz noch die Wallung im Zorn noch das gespürte Kauen oder Schlucken noch der Blick haben einen flächigen Rand. Die glatte Oberfläche des menschlichen Körpers lässt sich mit Händen betasten, aber nicht am eigenen Leib spüren. Diese Flächenlosigkeit des leiblichen Raumes zieht weitere Ausfälle nach sich. Einer davon betrifft die bezifferbare Dimensionierung des Raumes. Wir verteilen sie auf die Dimensionsstufen 0 (Punkte), 1 (Strecken), 2 (Flächen), 3 (Körper); mehr gibt unser anschaulicher Raum nicht her. Unentbehrlicher Ausgangspunkt dieser Dimensionierung ist die Fläche. Flächen sind geradezu gegeben, wo etwas Glattes ohne Verdeckung durch Glanz oder Schatten begegnet, meist als Oberflächen von Körpern, mitunter aber auch ohne solchen Anhalt, etwa als glatte Lichtflecken, denen die Erscheinung von Sonne und Mond am Himmel mehr oder weniger nahe kommt. Von den Flächen steigt man durch Schnitte oder Brüche an Kanten zu Strecken ab, von Strecken durch deren Begegnung an Ecken zu Punkten ab. Damit hört die Möglichkeit des Abstiegs auf, und deshalb erhält die Fläche die Dimensionszahl 2. Indem man Flächen so an einander setzt, dass sie ein Gebiet rings umschließen, und dieses Gebiet mit Flächen nach Belieben schneidet, gewinnt man ein dreidimensionales Volumen, das mit Körpern gefüllt sein kann. Wenn keine Flächen verfügbar sind, ist diese Dimensionierung unmöglich. Ein flächenloser Raum kann nichts 1-, 2- oder 3-dimensionales enthalten. Daraus folgt aber nicht, dass er ohne Volumen wäre. Es gibt nämlich noch ein anderes, prädimensionales Volumen. Das lässt sich leicht an einem flächenlosen Raum anderer Art zeigen, dem Raum des Wassers, wie es dem Schwimmer begegnet, der sich vorwärts kämpft, ohne auf den Wasserspiegel zu blicken oder sich andere Ränder optisch vorzustellen. Er muss sich in leiblicher Weitung gegen eine andrängende Masse und Fülle behaupten, in der es keine Stücke, Flächen, Strecken und Punkte gibt, wohl aber Richtungen, nach denen er sich wenden kann. Diese Masse hat Tiefe, obwohl keine Oberfläche, und damit Volumen, aber von dynamischer Art, ohne Gelegenheit, darin irgend einen Unterschied zur Bezifferung von Dimensionsstufen oder so etwas wie Dreidimensionalität zu entdecken.

Solches prädimensionales Volumen wird auch am eigenen Leibe gespürt, in Gestalt von Inseln, die sich immerfort bilden und wieder schwinden, z. B. als Kopf- oder Bauchschmerz, ständig und regelmäßig aber im Atemvorgang, der sich daher zum Einblick in diese Inselstruktur besonders eignet. Beim Einatmen bildet sich in der Brust- oder Bauchgegend eine spürbare Insel mit einem dynamischen Volumen, das durch Verschränkung von spannender Engung mit schwellender Weitung gebildet wird. Im Anfang überwiegt die Weitung, aber in der kurzen Dauer des Einatmens verschiebt sich die Führung stetig zur Engung hin, bis diese unerträglich wird. Engung und Weitung bedürfen nun eines Ausgleichs, und der geschieht in Form des Ausatmens als einer spürbaren Bewegung, die einer Richtung folgt, die gleich der des Blickes unumkehrbar aus der Enge in die Weite führt und so Enge und Weite, die beim Einatmen durch das Auseinandertreten des Übergewichts nach beiden Seiten gegen einander ausgespielt wurden, ausgleichend vermittelt. Damit sinkt jene voluminöse Leibesinsel zusammen und wird sogleich in erneutem Einatmen wieder aufgebaut. Flächen und Ränder sind an ihr so wenig zu finden wie am Ausatmen oder am Wasser für den Schwimmer.

Solche Inselbildung und -auflösung durchzieht normalerweise den spürbaren Leib. Er ist im Gegensatz zum sicht- und tastbaren Körper kein stetig zusammenhängendes Ganzes, sondern ein Gewoge verschwommener Inseln in wechselnder Besetzung und Anordnung, von denen sich einige stetig, aber meist unauffällig, spürbar durchhalten – etwa in der Mund-, Anal-, Genital- und Sohlengegend –, die meisten aber kommen und gehen. Weil dem Leib der stetige Zusammenhang fehlt, kann man an sich nicht so gleichmäßig und ohne Unterbrechung von oben herunterspüren, wie man sich mit dem Blick (eventuell im Spiegel) und den Fingern von oben nach unten besehen bzw. betasten kann. Jede Leibesinsel hat ein verschwommenes prädimensionales Volumen ohne Flächen und Ränder. Der Unterschied dieser Gliederung von der körperlichen lässt sich gut am Fuß zeigen. Als Körperteil hat dieser die bekannte, übersichtliche Gliederung zwischen der Hacke und den Zehen. Der leibliche Fuß zerfällt gewöhnlich in mehrere Inseln in den Gegenden des Gelenks, der Knöchel und der Sohlen; sie verschmelzen zu einem leiblichen Gesamtfuß erst, wenn dieser, etwa nach ermüdender Wanderung, als diffuse, müde, dumpfe Masse gespürt wird, wenn, wie man sagt, „der Fuß geschwollen ist".

Die Leibesinseln sind nicht auf die Körpergrenzen eingeschränkt, sondern können auch in Enklaven ausgelagert sein. Das auffälligste Beispiel sind die Phantomglieder der Amputierten, die mit oft quälender, unüberwindlicher Aufdringlichkeit von dem Amputierten beharrlich gespürt werden, auch wenn er sich noch so nachdrücklich von der Abwesenheit des entsprechenden Körperteils überzeugt hat. Man hat die Phantomglieder bisher immer mit dem Verdacht der Täuschung beladen, so schon Descartes, der sich auf sie als Zeugen für die Unzuverlässigkeit der Sinne beruft[4]; David Katz erörterte die Frage, ob es sich um eine Illusion oder eine Halluzination handle.[5] Nichts von beiden ist der Fall; vielmehr ist das Phantomglied eine wirklich vorhandene Leibesinsel ohne zugehörigen Körperteil, und eine Illusion entsteht erst, wenn der Amputierte Leibesinsel mit Körperteil verwechselt und sich z. B. auf das fehlende Bein stützen will. Wer dem Phantomglied die Realität abspricht, weil niemand außer dem Amputierten davon Kunde geben kann, müsste mit gleichem Recht die Realität von Kopf- und Bauchschmerzen bestreiten. Die Phantomglieder pflegen sich mit Vorzug in den distalen, von der verbliebenen Körpermasse weiter abgelegenen, Teilen des einst vollständigen, nun verstümmelten Körpers anzusiedeln; diese zu Unrecht mit Hypothesen umkreiste Verteilung ergibt sich einfach aus der unstetigen Inselstruktur des Leibes, die sich dem Amputierten deutlicher als während ihrer Verdeckung durch das normale perzeptive Körperschema darstellt, nachdem er von diesem in den verstümmelten Bereichen seines Körpers Abschied genommen hat. Extrakorporale Leibesinseln werden auch ohne Amputation unter verschiedenen Umständen zur Kenntnis genommen, z. B. in der entspannten Konzentration des autogenen Trainings, bei Krankheiten, bei ausdrücklicher Bemühung um das Zeugnis des bloßen Spürens, im Einschlaferleben.[6]

Die Flächenlosigkeit des leiblichen Raumes bedingt weitere Abstriche von der gewohnten Raumvorstellung. Als Wesensmerkmal der körperlichen Ausdehnung gilt die Teilbarkeit; Descartes wollte damit seine Zweisubstanzenlehre (teilbare Ausdehnung, unteilbarer Geist) beweisen.[7] Jedes leibliche Volumen ist dagegen unteilbar, weil zur Teilung schneidende Flächen erforderlich wären, die nicht zur Verfügung stehen. Ebenso wenig kann solches Volumen Ränder haben und berandete Figuren bilden. Noch einschneidender ist die Abweichung, dass die leibliche Ausdehnung von sich aus, so wie sie im bloßen Spüren erfahren wird, keine Gelegenheit bietet, stabile Lagen und Abstände und über diesen relative Orte einzuführen. Freilich können wir unsere Leibesinseln meist ziemlich gut in unserem Körper lokalisieren, wenn wir das perzeptive Körperschema heranziehen, die aus Erfahrungen des Sehens und Tastens habituell gewordene Vorstellung vom eigenen Körper. Sobald wir aber auf diese Anleihe beim Sehen und Tasten verzichten, verhindert die Flächenlosigkeit die Stabilisierung von Lagen und Abständen. Leiblich sind nur unumkehrbare Richtungen, wie die des Blickes, des Ausatmens, des Schluckens und die des im nächsten Kapitel zu betrachtenden motorischen Körperschemas, nicht umkehrbare Verbindungsbahnen, die zur Ablesung von Lagen und Abständen benötigt werden. Solche umkehrbaren Verbindungen werden zuerst durch Verknüpfung von Blickzielen zugänglich. Solange diese aber nicht in eine Fläche eingetragen werden, die der Anordnung einen festen Halt gibt, schwanken und verschieben sie sich bei jedem Wechsel der Zuwendungsrichtung. Ein konsolidiertes, zuverlässiges System von Lagen und Abständen ist nur in einem flächenhaltigen Raum möglich.

Nach dieser Aufzählung von Strukturmerkmalen, die es im leiblichen Raum nicht gibt, soll nun dessen Überschuss über den Körperraum der Geometrie am Vorkommen absoluter Orte beleuchtet werden. Ein *Ort* heißt *absolut*, wenn er seine absolute Identität, seine Bestimmtheit als dieser, und damit gegebenenfalls seine Identifizierbarkeit (relative Identität), unabhängig von der Einordnung in ein System sich gegenseitig durch Lagen und Abstände bestimmender relativer Orte (von einem *Ortsraum*, wie ich sage) besitzt. Unter 1 wurde ein absoluter Ort nur für den Extremfall der vom plötzlichen Einbruch des Neuen exponierten Gegenwart nachgewiesen. Darüber hinaus sind aber schon in der gewöhnlichen Gegebenheit leiblicher Ausdehnung absolute Orte enthalten. Ich zeige das sowohl für den Leib im Ganzen als auch für einzelne Leibesinseln. *Für den Leib im Ganzen*: Ein einfacher Nachweis beruht auf der Fähigkeit zum Ausweichen in Gefahr. Wenn eine wuchtige Masse (z. B. ein Stein, eine schlagbereite Faust) in bedrohlicher Näherung gesehen wird, gelingt es im günstigen Fall, mit dem ganzen Körper oder einem Teil davon (Kopf, Rumpf) in einer den unvorhersehbaren Umständen geschickt angepassten Weise auszuweichen, so dass ein Zusammenstoß vermieden wird. Das gelingt, obwohl man den eigenen Körper gar nicht (oder nur einen unwesentlichen Fetzen davon) sieht, so dass man ihn auch nicht der Lage und dem Abstand nach auf das bedrohliche Objekt durch Bewegung abstimmen kann. Es gelingt, weil sich der Blick des als bedroht gespürten Leibes wie fasziniert an das Objekt hängt und dessen Bewegungssuggestion (die anschauliche Vorzeichnung seiner bevorstehenden Bewegung) in das im nächsten Kapitel zu betrachtende motorische Körperschema, zu dessen unumkehrbaren Richtungen er selbst gehört, so überträgt, dass unter dessen Führung die geschickte Ausweichbewegung des Körpers gelingt. Dafür muss aber der Ort des Leibes in dem bei der optischen Wahrnehmung das Gesehene übergreifenden System leiblicher Kommunikation (s. u. 4) selbst bestimmt sein. Das kann aber, wie gezeigt wurde, unter diesen Umständen nicht mit Hilfe von Lagen und Abständen geschehen. Also muss es sich um einen absoluten Ort des Leibes handeln. *Für einzelne Leibesinseln*: Hier ist das Beispiel vom Insektenstich lehrreich. Wenn ein Jucken oder Brennen unerwünschten Besuch eines Parasiten auf der Haut zu verraten scheint, fährt die dominante Hand blitzschnell an die gereizte Stelle, um den Störenfried zu zerquetschen oder zu vertreiben. Sie braucht nicht der Lage und dem Abstand nach an einem relativen Ort aufgesucht zu werden, sondern steht für einen gut gezielten Schlag unmittelbar, wo sie (freibeweglich, unter normalen Umständen) auch sei, ohne Weiteres zur Verfügung. Auch die gereizte Stelle, die oft noch gar nicht (wie auffällige Körperstellen) im perzeptiven Körperschema verzeichnet ist, braucht nicht der Lage und dem Abstand nach aufgesucht zu werden. Man überzeugt sich davon, wenn man das Treffen bei spontaner Abwehr mit dem bloßen Zeigen auf eine Körperstelle vergleicht. Außer wenn diese Stelle (wie die Nasenspitze) prominent und im perzeptiven Körperschema eingeschliffen ist, bedarf das Zeigen einer Suchbewegung, die sich in einem Ortsraum orientiert; die spontane Abwehrbewegung kommt ohne solche Hilfe aus. Das kann nur gelingen, weil sie zwei absolute Orte leiblicher Ausdehnung (den der dominanten Hand und den der an der gereizten Hautstelle frisch gebildeten Leibesinsel) mit Hilfe des motorischen Körperschemas zueinander in Beziehung setzt. Also haben auch Leibesinseln absolute Orte.

Die prädimensionalen Volumina leiblicher Ausdehnung erhalten ihre dynamische, dem Andrängen des Wassers gegen den Schwimmer entsprechende Prägung durch ihre Besetzung mit leiblichen Regungen. Keineswegs alle leiblichen Regungen sind aber auf Leibesinseln verstreut. Es gibt auch ganzheitliche Regungen, die nicht so verteilt werden können. Der Erste, der auf solche ganzheitlichen Regungen hingewiesen hat, war Max Scheler mit seiner Entdeckung und subtilen Beschreibung der Lebensgefühle.[8] Er schreibt: „Während die sinnlichen Gefühle ausgedehnt und lokalisiert sind, nimmt das Lebensgefühl zwar noch am Gesamtausdehnungscharakter des Leibes teil, ohne indes eine spezielle Ausdehnung ‚in‘ ihm und einen Ort zu besitzen. Behaglichkeit und Unbehaglichkeit, z.B. Gesundheits- und Krankheitsgefühl, Mattigkeit und Frische, können nicht in analoger Weise nach ihrer Lokalisierung und ihrem Organ bestimmt werden wie wenn ich frage: wo tut es dir weh? wo empfindest du Lust? wie weit dehnt sich jener Schmerz aus? ist er bohrend oder stechend? Und gleichwohl sind diese Gefühle im Unterschied von den seelischen und geistigen Gefühlen wie Trauer und Wehmut, Seligkeit und Verzweiflung, ausgesprochene *Leibgefühle.*"[9] Ich verwende das Wort „Gefühl" mit anderem Sinn. In meiner Ausdrucksweise sind Schelers sinnliche Gefühle teilheitliche (auf Leibesinseln verteilte) leibliche Regungen, seine Lebensgefühle ganzheitliche leibliche Regungen. Man kann deren Liste gegenüber Schelers Vorschlägen erweitern, z.B. um die den Leib auf einen Schlag durchlaufenden Gebärden wie das stolze Sichaufrichten und das demütige Zusammensinken, besonders aber um das wechselnden Befinden am Morgen, wenn man sich beim Aufstehen aus dem Bett entweder dumpf und „wie zerschlagen" oder frisch und gut aufgelegt fühlt, und nach einigen Tassen Kaffee vielleicht ganz anders. Daran sind viele Leibesinseln beteiligt, aber im Rahmen einer ganzheitlichen Regung.

Auch die ganzheitlichen leiblichen Regungen haben ihren absoluten Ort. Erstens sind sie überhaupt örtlich umschrieben, denn sie strahlen nicht wie Atmosphären des Gefühls in die Umgebung des gespürten Leibes aus. Das Behagen in der Badewanne reicht nicht über deren Ränder hinaus wie das Behagen als Atmosphäre einer behaglich eingerichteten Wohnung, und der zum Speisen angerichtete Tisch kann zwar heiter wirken (getaucht in eine

Atmosphäre der Heiterkeit, etwa dank des Lichteinfalls), aber nicht frisch, elastisch und spannkräftig, wenn so gerade mein leibliches Befinden ist. Der gespürte Ort der ganzheitlichen leiblichen Regungen ist aber kein relativer Ort in einem Ortsraum. Er ist dafür zu vage umschrieben, ohne Ränder, die seine Ausmaße nach Lage und Abstand bestimmen könnten, und kann, da er ganzheitlich und unzerlegbar ist, nicht wie die Orte von Leibesinseln im perzeptiven Körperschema untergebracht werden. Vor allem hat er keine Lage- und Abstandsbeziehungen zu den Orten der Leibesinseln. Sonst müssten ihn diese durch ihre Ausmaße in Teile zerlegen, aber bei ganzheitlichen leiblichen Regungen ist das unmöglich. Daraus kann man schließen, dass sowohl die Orte der ganzheitlichen als auch die der teilheitlichen leiblichen Regungen absolute Orte sind. Sonst müssten sie, der Lage und dem Abstand nach, zueinander in Beziehung stehen. Das aber ist nicht der Fall.

Die beschriebene Eigentümlichkeit des Raumes leiblich spürbarer Ausdehnung kann nur deshalb sonderbar und befremdlich wirken, weil die Aufmerksamkeit auf Raumformen von der abendländischen Tradition ausschließlich auf flächenhaltige Räume gelenkt worden ist. Das beginnt mit der griechischen Geometrie, die überwiegend ebene Flächen betrachtet und auch in der Stereometrie der platonischen Körper diese durch die Zahl ihrer Oberflächen charakterisiert, und pflanzt sich fort über die cartesische Koordinatengeometrie bis zur modernen Mathematik und Physik. Unter den flächenhaltigen Räumen wurden die flächenlosen vergessen, obwohl sie in der faktischen, unwillkürlichen Lebenserfahrung in vielen und reichen Gestalten vorkommen. Ich nenne jetzt den Raum des Wetters, den Raum des Schalls, den Raum der einprägsamen Stille, den Raum des Rückfelds, den Raum des entgegenschlagenden Windes, den Raum der frei sich entfaltenden Gebärde, den Raum des Wassers für den Schwimmer; den Raum der Gefühle halte ich noch zurück.[10] Einige Bemerkungen mögen diese Räume näher bringen: Der Raum des *Wetters* ist ein Weiteraum, in dem metrisch nicht geformte Weite ohne Richtung die absoluten Orte eines spürbaren Leibes umgibt; man begegnet ihm auffällig z. B., wenn man aus dumpfer Stube in frische Luft tritt. Der Raum des *Rückfelds* ist von gleicher Art; er wird nie so auffällig, wird aber beständig durch kleine Bewegungen des Dehnens, des Reckens, des Zurücklehnens, der Beugung und Streckung in Anspruch genommen. Seine metrische Formlosigkeit, die ihn vom optisch gegliederten Vorfeld unterscheidet, wird im Rückwärtstanzen zum freien Entwurf von Bewegungsgestalten genutzt. Erwin Straus hat fein beschrieben, wie viel leichter das Rückwärtstanzen sich entfaltet als das Rückwärtsgehen, das selbst in einem ausgeräumten Saal noch peinlich ist.[11] Der Raum des *Schalls* wird weniger durch die hörbare Richtung und Entfernung der Schallquelle gestaltet als durch die Eigendynamik, die der Schall durch seine Bewegungssuggestionen besitzt, die als Tanz- oder Marschmusik auf Leiber überspringen und ihnen spezielle Bewegungen eingeben. Das gilt sowohl für Geräusche wie für Töne; räumlich ist das dumpfe, schwerfällig weite Ausladen eines Brummens, die dichte, schrill ansteigende Spitzigkeit eines Pfiffs, die drängende und treibende Bewegung eines Rhythmus (von Trommeln, Stimmen oder Musikinstrumenten), das Hüpfen, Springen, Schwingen, Aufstrahlen, Sinken und Kreisen der Musik. Der Raum des Schalls ist ein naher Verwandter des leiblichen Raumes, ebenso frei von Flächen und anderen bezifferbaren Dimensionsstufen, von berandeten Figuren, Lagen und Abständen, aber reich an prädimensionalem Volumen und an Richtung. Raum der *Stille*: Sie ist weit und dicht als feierliche Stille, ebenso dicht, aber enger und schwerer als drückende Stille (z.B. eines heißen Mittags), weit und weniger dicht, aber zart als Stille eines unberührten klaren Morgens. Raum des entgegenschlagenden *Windes*: Hier darf man nicht an bewegte Luft denken, ein zweckmäßiges Konstrukt zur Zusammenschau heterogener Erfahrungen für Vorbereitung geschickter Reaktion und Manipulation. Es geht bloß um die Erfahrung des Windes, von dem man getroffen wird. Sie steht der Erfahrung des elektrischen Schlages nah, aber während sich diese bloß in einem Zurückzucken abspielt, das passive Getroffenheit von einer in den Leib eingreifenden aggressiven, nicht distanzierbaren Macht ist (wie ein Peitschenhieb ohne Peitsche und Schläger), wird im auftreffenden Wind noch eine Herkunft miterlebt, als Bewegung ohne Ortswechsel, nicht in einem Ortsraum, in den der Wind erst durch Umdeutung in Luft projiziert wird. Raum der frei sich entfaltenden *Gebärde*: Die Gebärde folgt einer Bewegungssuggestion, die entweder im Leib spontan entspringt oder ihm durch Einübung zur zweiten Natur geworden ist, und zeichnet unter Führung dieser Suggestion eine im Vollzug unteilbar ausgedehnte Bewegungsfigur; alle Gefühle geben als leiblich ergreifende Mächte dem Leib solche spezifisch geformten Gebärden ein. Der Raum des Wassers für den *Schwimmer* wurde schon besprochen. Alle diesen flächenlosen Räume gleichen dem leiblichen Raum durch Ausstattung mit Weite und einem absoluten Ort des spürend betroffenen Leibes, die meisten auch mit jeweils unumkehrbaren Richtungen und prädimensionalem Volumen; ihnen allen fehlen bezifferbare Dimensionsstufen, z.B. Dreidimensionalität, teilbare Ausdehnung, berandete Figuren, umkehrbare Lagen und Abstände.

3. Die Dynamik des Leibes

Alle leiblichen Regungen haben Platz im Spielraum von Enge und Weite. Reine Enge, reine Weite werden nicht bewusst durchgemacht, hinterlassen aber im Erleben eine Spur als Bewusstsein, dass da etwas ausgefallen ist. Eine Versuchsperson, neben der zu ihrer Überraschung eine Pistole abgefeuert wurde, beschreibt das Ergebnis als ein „Zusammenreißen des ganzen Körpers, durch eine vollkommene Unterbrechung, eine Leere im Bewusstsein. Dieses Zusammenreißen geschieht durch ein ganz plötzlich, heftig einsetzendes Anspannen. Sobald das Erkennen erfolgte, ließ die Spannung nach."[12] Die Spannung ist eine noch mit Weitung verbundene, ihr entgegenwirkende Engung; durch ihr Übermaß reißt das Band, und die bloße Engung führt zu einem im Erleben immerhin noch registrierten Ausfall des Bewusstseins. Ebenso indirekt ist die Spur des Versinkens in reine Weite, wenn sich im Dösen, im Starren des Blickes, im Einschlafen oder nach der Ejakulation das Band nach dieser Seite erst lockert, dann löst; dem Versunkenen, der wieder zu sich gekommen ist, ist dann zumute, als sei er weit weg gewesen. Solches Weg-sein ist die Quittung des Bewusstseins für das Zerreißen des Bandes, in dem die Tendenzen zur Enge und zur Weite hin, Engung und Weitung, dynamisch miteinander spielen und so den Spielraum der leiblichen Regungen mit ihren wechselnden Gewichtsverteilungen füllen. In diesem entgegengesetzt gerichteten Zusammenwirken bezeichne ich die *Engung* als *Spannung*, die *Weitung* als *Schwellung* und ihren Verband – die Spannung gegen Schwellung zusammen mit der Schwellung gegen Spannung – als den *vitalen Antrieb*. Nur in diesem Verband gibt es Antrieb; wenn die Engung das Band zerreißt, gleichsam aushakt, wie im heftigen Schreck, ist der Antrieb erstarrt oder gelähmt, und wenn die Weitung ausläuft, ist er erschlafft. Der Antrieb hat kein Ziel; in reiner Form, in sich schwingend, kann man ihn am Einatmen beobachten. Vital wird er durch seine Empfänglichkeit für Reize und seine Fähigkeit, sich diesen zuzuwenden. Durch seine Zuwendung kann er zum Trieb werden, der aber eigentlich ein Zug ist, mit dem der Reiz den Antrieb zur Zu- oder Abwendung formt. An die Stelle der Statik eines Verweilens in Enge oder Weite tritt mit dem vitalen Antrieb die Dynamik einer Verschränkung von Tendenzen zur Enge und zur Weite hin.

Weitung gegen Engung als Schwellung zu bezeichnen, leuchtet nur ein, wenn man das Wort im Sinne des stark flektierten Partizips „geschwellt", nicht des schwach flektierten Partizips „geschwollen" versteht. Einfache Beispiele sind die leiblichen Regungen des Dehnens und Reckens, die Hermann Strehle anschaulich macht: „Das Gefühl einer allseitigen Ausdehnung haben wir u. a. dann, wenn wir mit befreiendem Aufatmen einen Hochwald betreten oder einen unerwartet schönen Saal. Unwillkürlich weiten wir die Brust und machen uns größer, gerade so, als wollten wir uns der imponierenden Umgebung anpassen und würdig erweisen. Indem wir uns solchermaßen dehnen und strecken, haben wir das vitale Erlebnis des Raumeroberns und der Machterweiterung."[13] Das Erlebnis der Machterweiterung besteht in der Durchsetzung leiblicher Weitung, die die im Dehnen spannende Engung aber nicht hinter sich lässt, sondern im Verband des vitalen Antriebs in der überlegenen Rolle überwiegt.

Der Antagonismus von Spannung und Schwellung im vitalen Antrieb wird besonders deutlich an Schmerz, Angst und Wollust. Den Schmerz kann man sich auf zwei Weisen ersparen: indem man den expansiven Drang, die gegen Spannung anschwellende Weitung, abschaltet, oder indem man ihm ein Übergewicht verleiht, das die Engung unscheinbar macht. Der ersten Technik bediente sich ein Fakir, der sich öffentlich als Artist im schmerzfreien Ertragen von Foltern betätigte; über die Ausbildung seiner Kunstfertigkeit berichtet er, er habe „im Alter von zehn Jahren während einer schweren Erkrankung entdeckt, dass bei Bewegung und Schmerzäußerungen (Schreien) die Schmerzen zunahmen. *Lag er ruhig da und dachte an angenehme oder neutrale Dinge, wurden die Schmerzen geringer.* Diese Entdeckung führte ihn zu einem systematischen Schmerzkontrolltraining", das durch autosuggestive Konzentrationsübungen schmerzfreie Trancezustände herbeiführt. „Eine weitere wichtige Vorbedingung für das Gelingen der Schmerzdemonstration sei eine harmonische familiäre Atmosphäre."[14] Wenn man sich wohl fühlt, will man nicht mehr weg; mit dem expansiven Impuls wird die Schmerzanfälligkeit geschwächt oder ausgeschaltet. Ein Anästhesist (Ritsema van Eck) konnte die Schmerzen Krebskranker „weitgehend dadurch beseitigen (...), dass er sie in das Wohnzimmer der Familie umbetten und damit an dem gemeinsamen Alltag wieder teilnehmen ließ"[15], also gleichfalls in einer behaglicheren Umwelt stabilisierte. Die tiefe Entspannung im autogenen Training macht unempfindlich sogar für den Brennschmerz einer auf die Hand gelegten Zigarette.[16] Die umgekehrte Schmerzersparung gelingt, wenn der expansive Impuls aus der Engung frei gelassen wird. Soldaten übergehen im Eifer des Gefechts den Schmerz einer Verwundung, eventuell bis zum Verbluten, weil sie ihn gar nicht erst spüren.[17] Der Brennschmerz bei Kausalgie kann nur durch schwungvolle sportliche Betätigung überspielt werden.[18] Eine weitere Methode der Konversion des expansiven Dranges als Methode zur Schmerzersparung empfahl Dr. Read für die natürliche Geburt: den Geburtsschmerz durch intensive Mitarbeit der Gebärenden mit muskulärer Kraftanstrengung bei der Austreibung der Frucht zu umgehen.[19] Kraftanstrengung ist eine leibliche Regung, in der sich Engung und Weitung ziemlich das Gleichgewicht halten; ihr Konflikt im Schmerz, dass übermächtige Engung einen expansiven Impuls hemmt, wird dadurch ausgeglichen.

Angst und Wollust sind zwei Gestaltungen des vitalen Antriebs mit überwiegender Spannung (Angst) bzw. überwiegender Schwellung (Wollust). Den Antagonismus beider Komponenten des Antriebs kann man der Angst schon daran anmerken, dass sie sich zur Steigerung der Wollust bedient (thrill, abenteuerliche Karrussellfahrten und Sportarten, Gruseln). Im Fall der geschlechtlichen Wollust ist ihre Angewiesenheit auf Widerstand, auf Kampf und Engung, eventuell bis zum Schmerzhaften, augenscheinlich. Vom Stamm der Mundugumor in Neuguinea berichtet Margaret Mead über „die Liebesverbindungen der jungen, unverheirateten Menschen": „Es bedarf nur ein paar hastig gemurmelter Worte, wenn sie sich auf dem Buschpfad begegnen, um die geschlechtliche Vereinigung herbeizuführen. (…) Das Vorspiel dieser hastigen Begegnungen im Busch besteht in der Regel darin, dass man sich gegenseitig kratzt und beißt, um möglichst schnell die Erregung auf den Höhepunkt zu treiben. Pfeile und Körbe zu zerbrechen, Schmuck wegzureißen und zu zerschlagen, gelten als Kundgebungen leidenschaftlicher Liebe."[20] Übrigens ist nicht jede Wollust geschlechtlich. Von anderer Art ist z. B. die Wollust des Kratzens einer stark juckenden Hautstelle; die wollustige Aggression richtet sich dann nicht gegen den Geschlechtspartner, sondern gegen den eigenen Körper.

Die Akzentuierung des Antagonismus von Spannung und Schwellung bei Angst und Wollust ergibt sich aus der Bindungsform beider Tendenzen in diesen Antriebsgestalten. Neben der Stärke ist die Bindungsform das wichtigste differenzierende Merkmal des vitalen Antriebs. Diese Bindungsform kann kompakt und rhythmisch sein. Sie ist kompakt, wenn Spannung und Schwellung nicht phasenweise das Übergewicht vertauschen, sondern entweder annähernd gleichgewichtig an einander haften oder ihr Gewichtsverhältnis, wie beim Einatmen, nur allmählich und stetig verschieben, nicht in fluktuierendem Wechsel des Übergewichts; solcher Wechsel macht die Bindungsform rhythmisch. Von den Antrieben mit überwiegender Spannung ist der Schmerz kompakt, die Angst rhythmisch. Den Rhythmus von Spannung und Schwellung erkennt man an der keuchenden Atemkurve: Ein schwellender Impuls setzt an, bricht sich an einer Hemmung und setzt sofort wieder an. Die Angst neigt zum Keuchen, aber niemand keucht vor Schmerz. Unter den Antrieben mit überwiegender Schwellung ist die Wollust ebenso wie die Angst rhythmisch gebunden, auch nach Maßgabe derselben Atemkurve. Dagegen ist der Zorn oder richtiger das Zürnen – die Aufwallung als leibliche Ergriffenheit von Zorn – eine eher kompakte Antriebsform überwiegender Schwellung. Es gibt zwar auch ein Keuchen vor Zorn, aber wohl nur, wenn das Zürnen an einer Hemmung einhalten muss, indem z. B. Selbstbeherrschung geboten ist; der glatt zum Racheakt (dem Analogon des Geschlechtsaktes) ablaufende Zorn induziert kein Keuchen. Gleichwohl ist das Zürnen eine Gestalt überwiegender Schwellung des Leibes[21], die sich aus der leiblich engenden Kränkung mühsam, aber mit grimmigem Triumph hervorwindet.

Nicht in allen Fällen ist der Antagonismus von Spannung und Schwellung im Antrieb so ausgeprägt, dass diese Komponenten einander durch ihren Gegensatz in die Höhe treiben. Die engende Spannung kann so stark werden, dass sie die Weitung, und damit den Antrieb selbst, das Ineinandergreifen von Engung und Weitung, beinahe erdrückt. Dazu kann es bei Beklommenheit, düsterer Sorge, Kummer, Traurigkeit, Schuldgefühl, Depression kommen, wenn, wie man sagt, dem so Betroffenen das Herz schwer wird. Die Weitung verlegt sich dann nur noch in die diffuse Unruhe, womit er sein Thema umkreist. Ein anderer Grenzfall ist die gesammelte Aufmerksamkeit, wobei der Antrieb an einen Reiz oder ein Thema gebunden ist und durch keine Weitung davon abgelenkt wird. Weitung ist bei dieser Engung nur als Erwartungshaltung, als Aussicht in das Bevorstehende, wodurch sich die standfeste Aufmerksamkeit vom bloßen Hinstarren unterscheidet. Im Fall der Scham als überaus heftiger Engung des vitalen Antriebs liegt die Weitung in dem Zug der Bewegungssuggestion, ins Bodenlose zu versinken oder sich in sich hinein zu verkriechen, ohne dort Halt und Deckung zu finden.

Im vitalen Antrieb sind Engung und Weitung an einander gebunden. Sie können sich aber auch aus dieser Bindung lösen, jedoch nur teilweise, so dass diese nicht ganz aufgehoben wird, solange das bewusste Erleben ununterbrochen weitergeht. Das Ausscheren bezeichne ich nach der Seite der Engung als *privative Engung*, nach der Seite der Weitung als *privative Weitung*. Die unter 1 beschriebene, Dauer zerreißende Exposition von Gegenwart durch den plötzlichen Einbruch des Neuen zerrt gleichsam an dem Band von Spannung und Schwellung und treibt privative Engung heraus. Deren Reinform ist der antriebslose Schreck, der das Dahinleben entsichert, indem er es der Dauerlosigkeit eines absoluten Augenblicks aussetzt, und dadurch verstört, aber konfliktlos ist, weil die Konkurrenz von Engung und Weitung ausfällt. Verwandt ist der Stich, den eine Person, deren lebhafte Erwartung eines heiß ersehnten Erfolges plötzlich vereitelt wird, etwa im Oberbauch spürt, wie Zeus nach *Ilias* 19, 125. Auf der Gegenseite löst sich privative Weitung aus der Schwellung des vitalen Antriebs. Dieser Vorgang lässt sich an der Schilderung verfolgen, die Winckelmann von seinem Betroffensein durch die Statue des Apoll im Belvedere gibt: „Mit Verehrung erfüllt, schien meine Brust sich zu erweitern und aufzuschwellen, ich nahm durch die mächtige Rührung, die mich über mich selbst hinaussetzte, einen erhabenen Standpunkt an, um mit Würdigkeit anzuschauen; eine selige Entzückung hob mich mit sanften Schwingen, dergleichen die Dichter der unsterblichen Seele geben, und leicht durch dieselben suchte ich mich bis zum Thron der höchsten Schönheit zu schwingen."[22] Der mächtige Eindruck greift den Enthusiasten leiblich an der Brust mit einer schwellenden

Weitung an, die ihn auf einen erhabenen Standpunkt von dem Gegenstand entsprechender Würdigkeit versetzt, ganz so, wie Strehle die Anpassung an eine imponierende Umgebung als gespürte Erhebung zu Größe und Macht beschreibt[13]; dann aber geht das kraftvolle Aufstreben der Schwellung in ein passiv getragenes Fliegen mit leiblich gespürter Erleichterung über, Schwellung in privative Weitung. Erleichterung ist deren charakteristisches Symptom; sie verhält sich zur Schwellung wie am entgegengesetzten Ende des Bandes vitaler Konkurrenz der Schreck zur Angst, also als die privative Form einer Komponente des vitalen Antriebs zu der in diesen gebundenen Form. Bei Freude und Entzücken, etwa wenn es angesichts einer schönen Aussicht dem Genießenden „weit ums Herz" wird, findet sich solche Levitation, als Freudensprung, „Schweben in Seligkeit" oder dergleichen. Ein anderes Beispiel ist die wohltätige Müdigkeit. Ihr Kennzeichen ist eine weiche, gleichmäßige Schwere, die nichts Drückendes oder gar nach unten Reißendes hat, sondern nur als Be- oder Verhinderung jedes Aufrichtens schwer ist; solches Aufrichten wird dann aber auch nicht gesucht, und die Behinderung besteht nur darin, dass der Einsatz von Schwellung gegen Spannung im vitalen Antrieb, hier als Aufrichten, abgeschaltet ist und aus der Schwellung frei gewordene Weitung frei zum Versinken in Bewusstlosigkeit, zum Einschlafen hin, ausströmen kann. Dadurch hat die Schwere wohltätiger Müdigkeit einen Zug von Erleichterung, wenn auch weicher und stiller als die Freude und das Entzücken; Schwere und Leichtigkeit schließen sich nicht mehr aus.

Die leibliche Dynamik setzt mit privativer Engung ein, indem die diffuse Weite und Dauer des Dahinlebens durch den plötzlichen Einbruch des Neuen engend zerrissen wird. Nachdem sich in Reaktion auf die ursprüngliche Engung die Weitung als Rückkehr in Weite der Engung angeschlossen und mit ihr zum vitalen Antrieb verbunden hat, sind bloße (privative) Engung bzw. Weitung Spaltprodukte aus diesem. Eine starke Verschiebung der Gewichte im vitalen Antrieb zur Engung hin, ein entschiedenes Übergewicht der Spannung, kann das Band beider Komponenten so sehr überdehnen, dass es reißt und privative Weitung frei lässt. Ein Muster dieses Vorgangs beschreibt Maxim Gorki. Als Knabe wagte er die Mutprobe, sich auf die Schienen zu legen und einen bergan fahrenden Güterzug über sich hinwegbrausen zu lassen. „Ein paar Sekunden lang erlebt man eine merkwürdige Sensation, man versucht, sich so flach und dicht als möglich auf den Boden zu pressen und mit Aufwendung des ganzen Willens den leidenschaftlichen Wunsch niederzukämpfen, sich zu bewegen, den Kopf zu heben. (…) Wenn dann der Zug vorüber ist, liegst Du eine Minute oder länger bewegungslos, unfähig, dich zu erheben, als schwämmst du hinter dem Zug her; und es ist, als dehnte sich dein Körper endlos aus, würde leicht, verschmölze in der Luft – und im nächsten Augenblick flögest du über die Erde."[23] Um sein Leben zu retten, muss sich der Knabe gegen die Schwellung in seinem vitalen Antrieb, die ihn zum tödlichen Heben des Kopfes treibt, durch eine nach unten pressende Spannung wehren, die die Oberhand gewinnt; aber dieser Ausschlag zur Enge hin spaltet den vitalen Antrieb und setzt aus ihm eine privative Weitung frei, die leicht und schwebend und endlos weit ist, weil nicht mehr gebunden an zurückhaltende Spannung. Ein anderes Beispiel solcher Freisetzung privativer Weitung durch Übergewicht der Spannung im vitalen Antrieb ist der heftig engende Hunger: „Worauf verfallen unsere Empfindungen nicht, wenn man hungert! Ich fühle mich in diese Töne aufgenommen, ich ströme aus und ich merke ganz deutlich, wie ich ströme, hoch über den Bergen schwebend, in lichte Höhen hineintanzend."[24] „Sehr starkes Hungern konnte sie in einen beseligenden Schwebezustand bringen, in dem auch die Dinge um sie herum von einer Luftigkeit, Beschwingtheit, Durchsichtigkeit und einer himmlischen Schwerelosigkeit wurden. Sei selbst meinte, so ungefähr müsse es den Engeln zumute sein."[25]

Diese Beispiele zeigen Engung und Weitung im Zustand der Entzweiung. Diese kann aber überbrückt werden durch die *leibliche Richtung*, die unumkehrbar aus der Enge in die Weite führt. Beispiele sind der Blick, das Ausatmen und das Schlucken, so wie es ohne Vorstellung der beteiligten Körperteile gespürt wird, ferner alle Richtungen, die ergreifende Gefühle dem Leib eingeben, etwa hebende Freude, drückender Kummer, Sorge, Trauer, in die Weite ziehende Sehnsucht, aus der Weite hervor zurückdrängende (scheuchende) Bangigkeit. Die Richtungen der ergreifenden Gefühle selbst, anders als die von ihnen bewirkten leiblichen Richtungen, können aber auch einengen. Leibliche Richtung ist ein Übergang aus der Enge in die Weite mit der Fähigkeit, Engung mitzunehmen. Der Blick z. B. als unumkehrbare leibliche Richtung in die Weite (mit unteilbarer Ausdehnung) ist ebenso als engender, konvergierender wie als träumerisch schweifender, entspannter Blick möglich. Dass er nicht bloß, wie der Blick im Sinne der physiologischen Optik, eine gedachte Linie vom Auge zum Blickziel, sondern eine spürbare leibliche Regung ist, ergibt sich schon daraus, dass man ihn aus dem Gesichtsfeld abziehen und in der Besinnung mit geschlossenen Augen gleichsam nach innen wenden kann. So kommt er schon bei Aischylos vor.[26] Ebenso kann das Ausatmen als leibliche Regung nicht nur ungehemmt weiten, sondern als stoßendes Ausatmen auch Engung mit sich nehmen. Diese Fähigkeit leiblicher Richtung, auf dem Weg in die Weite auch Engung mitzunehmen, ermöglicht der Angst die panische Flucht, also die Möglichkeit, die sie dem Schmerz voraus hat, den gehemmten expansiven Drang nicht nur symbolisch (im Schrei), sondern in wirklicher leiblicher Bewegung expansiv auszuleben, ohne die angstvolle Engung loszuwerden, bis das Fluchtziel erreicht ist. Andererseits kann leibliche Richtung auch Weitung sein; das Ausatmen wird es bei Verlängerung (worauf mich ein Korrespondent aufmerksam machte), der Blick, wenn er unaufgehalten in die Tiefe des Raumes läuft und dabei verweilt. Den Zwiespalt von Spannung und privativer Weitung, die in den eben beschriebenen Fällen auseinanderklaffen, überbrückt leibliche Richtung z. B. im flotten, energischen, dabei beschwingt leichten Gang, der sowohl gespannt als auch durch seine Schwerelosigkeit privativ geweitet ist. Die den Gang führende leibliche Richtung vollbringt diese Überbrückung.

Ein kompliziertes System leiblicher Richtungen in gut abgestimmter Organisation ist das motorische Körperschema, das vom perzeptiven unterschieden werden muss. Zu der ungestörten Orientierung des normalen Menschen am eigenen Leib und Körper gehören zwei sehr andersartige Ordnungen, das perzeptive und das motorische Körperschema. Das perzeptive, aus Erfahrungen des Sehens und Tastens gewonnene habituelle Vorstellungsbild vom eigenen Körper ist durch relative Orte gegliedert, die an umkehrbaren Verbindungsbahnen abgelesen werden, und passt sich jeder Körperstellung an. Es kann ebenso am ganzen Körper wie an Teilen davon abgelesen werden. Wenn ich bequem mit geschlossenen Augen im Sessel sitze, kann ich mir ebenso gut meine ganze Figur wie Teile von ihr vergegenwärtigen, indem ich z. B. am rechten Arm von der Schulter bis zu den Fingerspitzen und wieder zurück vorstellend entlangfahre. Statt des perzeptiven Körperschemas tritt bei der zweckmäßig geordneten, unwillkürlichen oder willkürlichen Eigenbewegung das motorische Körperschema ein und koordiniert die beteiligten Körperteile. Meist ist der ganze Körper an der Bewegung beteiligt; deswegen muss das motorische Körperschema mehr als das perzeptive darauf abgestellt sein, ihn ganz zu umfassen. Es ist nicht durch umkehrbare Verbindungsbahnen zwischen relativen Orten aufgebaut, sondern durch unumkehrbare Richtungen in die Weite. In diesen Richtungen gibt es im motorischen Körperschema nicht umkehrbare Abstände, sondern nur unumkehrbare Entfernungen. Bei zweckmäßig geordneten Körperbewegungen müssen nämlich die zu beteiligenden Körperteile in bestimmten Richtungen und Entfernungen aufgerufen werden können, und dazu bedarf es eines beharrlichen Systems der Orientierung, das den ganzen Körper überzieht. So muss z. B. die rechte Hand immer rechts sein, der linke Fuß immer links, der Fuß weiter weg als das Knie oder der Rumpf usw. Es fragt sich nur: rechts und links wovon, weiter oder weniger weit weg wovon? Offenbar wird eine Bezugsstelle, ein Nullpunkt der Orientierung benötigt, und zwar derselbe ohne Wechsel, damit die Orientierung beharrlich bleibt. Wo befindet sich die Bezugsstelle? Hätte sie z. B. beim Autofahren ihren Platz im abgewinkelten rechten Ellenbogen, wären beide Hände und beide Füße links; die Rechts-Links-Unterscheidung würde nicht mehr greifen, und welches Chaos die Folge wäre, braucht nicht gesagt zu werden. Säße die Stelle im Schienbein, würde man wegen der Suggestion eines riesigen Ober- und winzigen Unterkörpers das Gleichgewicht kaum halten können. Die motorische Peripherie, bestehend aus dem bei der Bewegung an der Front zur Umgebung eingesetzten Körperteilen, ist

im motorischen Körperschema ohne Sehen und Tasten und ohne Beistand
des perzeptiven Körperschemas mit der größten Genauigkeit zu finden. Ein
Beispiel ist das mühelose Gelingen des Vorwärtskommens in einer dichten
entgegenkommenden Menschenmenge. Um am Nachbarn vorbeizukommen, ohne ihn (seine Kleidung mit meiner) zu berühren, muss ich, wenn
wenig Platz verfügbar ist, meine Schulter und meinen Arm so exakt einzie-
hen, dass nur ein Hauch von Abstand bleibt, ohne in optischer Wahrnehmung oder Vorstellung von der augenblicklichen Lage und den Abständen
der betreffenden Körperteile die geringste Notiz zu nehmen; wollte ich
darauf reflektieren, müsste ich meinen Gang fortwährend unterbrechen.
Das Vorbeikommen an einander gelingt im Allgemeinen anstandslos, ohne
Taumeln und Stürzen. Von der Bezugsstelle aus ist die Peripherie also präzis
und mühelos erreichbar, aber der umgekehrte Weg, z. B. von der Schulter
oder dem Arm aus die Bezugsstelle zu finden, ist nicht gangbar. Wohl haben
sich Psychologen darum bemüht, herauszufinden, wo im Körper ihr Ich
lokalisiert sei.[27] Das sind aber künstliche Überlegungen mit fragwürdigem
Erfolg, nicht spontan im motorischen Verhalten abrufbare Einsichten. Die
Richtungen des motorischen Körperschemas sind also ablesbar nur in der
einen Richtung zur Peripherie des Körpers und zu den von dort in die Umgebung ausgreifenden Bewegungen, nicht in der umgekehrten Richtung zur
Bezugsstelle. Seine Gliederung erhält es durch unumkehrbare Richtungen
und Entfernungen, nicht durch umkehrbare Verbindungen und Abstände.
Es hat seinen Sitz im Leib, da es ja schon im bloßen Spüren ausgeübt wird
und eine hinzukommende Orientierung an Zeugnissen des Sehens und
Tastens (einschließlich des perzeptiven Körperschemas) die Flüssigkeit der
Bewegung bloß hemmt und unterbricht. Wie es vom Leib aus den Körper
steuert, weiß ich nicht. Sicherlich geschieht das mit Hilfe der Leibesinseln,
die im perzeptiven Körperschema entsprechenden Körperteilen zugeordnet sind.

Die vom motorischen Körperschema geführten Bewegungen vollbringen Ergebnisse von erstaunlicher Schnelligkeit und Präzision. Das Beispiel
vom Insektenstich, wo es auf das prompte Treffen der gereizten Hautstelle
mit der dominanten Hand ohne Rücksicht auf Information über Lage und
Abstand beider Teile zueinander ankommt, habe ich schon erwähnt. Kom-
plizierter noch ist das Konzert der absoluten Leibes- und relativen Kör-
perorte im Zusammenwirken beim Balancieren, wenn blitzschnell genau
abgestimmte Haltungs- und Gewichtsverlagerungen (mit Hilfe von Spannungen und Entspannungen auf Leibesinseln) nötig sind, um im Ausgleiten
das Gleichgewicht zu bewahren und einen Sturz abzuwenden. Diese Leistungen bleiben im Rahmen des eigenen Leibes und Körpers. Darüber hinaus führen meist eingeschliffene Bahnen des motorischen Körperschemas
die Bewegung, teils in freier Entfaltung als Gebärde nach dem vom Gefühl
oder von der Absicht eingegebenen Gebärdesinn, teils in zielgerichtetem

Behandeln eines Objektes mit Anfassen, auch mit Instrumenten, die dabei vom motorischen Körperschema fast so wie der eigene Körper angeeignet und durchdrungen werden. Einen wichtigen Beitrag leistet dabei der Blick, teils auf ruhende Objekte gerichtet, ganz besonders aber, wenn es darum geht, die eigene Bewegung auf die Bewegung begegnender Objekte abzustimmen. Das Beispiel vom geschickten Ausweichen vor einer sich nähernden Masse habe ich schon angeführt. In solchen Fällen, ebenso beim Autofahren, koagiert der Blick mit dem reagierenden Einsatz des Körpers spontan, ohne eingeschobene Reaktionszeit, nicht anders als die Körperteile beim Balancieren zum Abfangen eines drohenden Sturzes. Damit erweist er sich als zugehörig zum motorischen Körperschema; er ist eine von dessen unumkehrbar aus der Enge in die Weite führenden Richtungen.

Jede motorische Kompetenz wird über eine Probierphase erworben, in der der Übende sich entweder (wie das Kind, das gehen lernt) chaotisch (durch *trial and error*) zurechtfindet oder sich (als Erwachsener, der Tanzen, Klavierspielen, Maschineschreiben u. dgl. erlernt) im perzeptiven Körperschema an Lagen und Abständen relativer Orte orientiert. Die Probierphase wird an einem Wendepunkt abgeschlossen, an dem das motorische Körperschema sich der Aufgabe so angepasst hat, dass es die Führung der Bewegung übernehmen kann. Dann erst „sitzt" die Kompetenz, der Könner „beherrscht" seine Kunst, und die Orientierung an den Lagen und Abständen des perzeptiven Körperschemas wird überflüssig. Aber auch der umgekehrte Weg kommt vor, dass das motorische Körperschema seine Führung an das perzeptive abgibt und die Kompetenz dadurch verloren geht. Das ist der Fall des von Kleist beschriebenen Jünglings, der vor dem Spiegel seine Anmut verlor.[28] Der Fehler des Jünglings bestand nur darin, die anmutige Führung seiner Bewegungen durch die unumkehrbaren Richtungen seines motorischen Körperschemas an die umkehrbaren Verbindungsbahnen relativer Orte preiszugeben, die er erst am Spiegelbild einstudierte und dann mit unzulänglichem Erfolg in sein perzeptives Körperschema zu übertragen suchte, das aber mit solchem Eifer, dass die Führkraft des motorischen Körperschemas darüber verloren ging. Auf diese Weise verlor er die Kompetenz anmutiger Bewegung.

Engung, Weitung und Richtung sind die Grundzüge leiblicher Regungen in Bezug auf die alle leiblichen Regungen umfassende Dimension von Enge und Weite. Es gibt aber noch eine weitere Dimension, in die zwar dieselben Regungen fallen, aber nicht unter dem Gesichtspunkt ihres Verhältnisses zu Enge und Weite, wenn auch unter einem verwandten. Ich bezeichne sie als die protopathisch-epikritische Dimension, wobei ich mich der Ausdrücke bediene, die der britische Neurologe Henry Head für die Unterscheidung zweier Typen von Sensibilität für Berührungen eingeführt hat.[29] Ich habe seine Unterscheidung auf alle leiblichen Regungen ausgedehnt, in einem Sinn, den man abstrakt so bestimmen könnte, dass *epikritisch* die Orte findende Tendenz des Leibes ist – im unmittelbaren Spüren auf absolute Orte, nach Einfügung des Leibes in das perzeptive Körperschema auch auf relative bezüglich –, *protopathisch* dagegen die Tendenz, Orte aufzulösen und in einander verschwimmen zu lassen. Anschaulicher wird die Unterscheidung, wenn man die erst im nächsten Kapitel zu besprechenden synästhetischen Charaktere zu Hilfe nimmt, die sowohl am eigenen Leibe gespürt als auch an Gegenständen wahrgenommen werden können. Das Epikritische lässt sich dann bestimmen als das Spitze, Scharfe und Schärfende, das Protopathische dagegen als das Dumpfe, Zerfließende, Stumpfe, Ausstrahlende; jenes ist härter und heller, dieses weicher und dunkler. Bei Schmerz und Wollust ist die Unterscheidung besonders leicht. Der dumpf ausstrahlende Bauch- und Eingeweideschmerz ist protopathisch, der hellere, schärfere Stich- und Zahnschmerz epikritisch. Der spitze, schrille Schrei entspricht dem epikritischen Schmerz, das gedehnte Stöhnen und Röcheln dem protopathischen. Protopathisch ist die sanfte, schmelzende Wollust, die das Streicheln und Kosen der Haut (durch eine Hand oder auch laue Frühlingsluft) zu wecken vermag, epikritisch das wollüstige Prickeln und feine Stechen, das bei angenehm ambivalenten Mischungen von Angst und Wollust, z. B. Gruseln, den Rücken herab rieselt. Beim Jucken wird ein Übermaß protopathischer Tendenz lästig, da es zu schwellender Weitung aufregt, diese aber nicht den nötigen Gegenhalt an engender Spannung findet, da solche in dem protopathischen Milieu keinen Boden zum Aufbau hat; gegen das unangenehm Protopathische wird epikritische Tendenz im Kratzen mit den Fingernägeln eingesetzt, und nun kommt Spannung in Konkurrenz mit sie überwiegender Schwellung als Wollust des Kratzens zu Stande, bis dieses beim Übergang in Schmerz ruckartig eingestellt wird.

Die Verbindung der epikritischen Tendenz mit Engung, der protopathischen mit Weitung ist normaler und häufiger als die umgekehrte Paarung. Protopathische Weitung wird z. B. beim entspannten, dösenden Liegen in der Sonnenwärme und beim Streicheln der Haut durch zärtliche Berührung oder weiche Textilien erlebt, epikritische Engung bei plötzlichen, aufschreckenden Reizen aller Art, etwa als der Stich, den es einem Menschen gibt, wenn er plötzlich von der Enttäuschung intensiver Erwartungen und Hoffnungen überrascht wird, wie Zeus in der *Ilias*, als seine eifersüchtige Gattin ihm mitteilt, dass sie durch eine Intrige seine stolz verkündete Absicht, seinen von einer anderen Frau zu gebärenden Sohn Herakles zum großmächtigen Herrscher zu machen, vereitelt hat.[30] Jedoch verbinden sich auch Engung und protopathische Tendenz, Weitung und epikritische Tendenz. Für das Erste genügt der benommene Kopf am Morgen nach übermäßigem Alkoholgenuss als Beispiel. Epikritische Weitung empfindet, wer sich am Morgen mit frischer Kraft und festem, aber leichtem, ja beflügeltem Schritt zu einer Wanderung, etwa einer Bergtour, aufmacht. In diesem Fall werden in der schon besprochenen Weise Spannung und privative Weitung durch die leibliche Richtung aus der Enge in die Weite zusammengeschlossen, und ein epikritischer Akzent kommt hinzu.

Zwischen dem Paar Engung-Weitung und dem Paar protopathisch-epikritisch gibt es einen Unterschied in der Bindungsgeneigtheit. Engung und Weitung können zwar als privative Engung und privative Weitung auseinandertreten, aber nur partiell, solange das Bewusstsein erhalten bleibt; dieses schwindet, wenn kein Kern von Spannung und Schwellung als vitaler Antrieb fortbesteht. Sonst regulieren sie sich in antagonistischer Konkurrenz. Solche Regulierung ist für protopathische und epikritische Tendenz nicht erforderlich. Jede von beiden kann sich unabhängig von der anderen durchsetzen. Protopathischer Schmerz kommt oft ohne epikritischen vor und umgekehrt. In der geschlechtlichen Ekstase wird der Leib auf dem spitzen Höhepunkt des Orgasmus erst ganz epikritisch zusammengefasst und dann in erschlaffendem Rausch ebenso vollständig protopathischer Ergießung überlassen. Beim Dösen in der Sonne liefert sich der Leib ganz dem protopathischen Verschwimmen aus, während im heftigen Entsetzen und Erschrecken nur noch eine epikritische Spitze spürbar ist. Zwar verlässt den vitalen Antrieb nie sein protopathischer Grundzug, und auch das verschwommene Gewoge der Leibesinseln ist protopathisch, aber protopathische und epikritische Tendenz hängen nicht so verzahnt von einander ab und greifen nicht so in einander wie Engung und Weitung im vitalen Antrieb.

Vor dem Abschluss dieses Überblicks über die leibliche Dynamik wartet noch die Aufgabe, den Zusammenhang dieser Dynamik mit der unter 2 besprochenen Ausdehnung des Leibes, besonders mit der Bildung und Auflösung von Leibesinseln, zu untersuchen. Ein solcher Zusammenhang entsteht durch die Doppelrolle der leiblichen Spannung. Diese ist einerseits der Gegenspieler der Schwellung im vitalen Antrieb und hält in dieser Funktion allen leiblichen Regungen absolute Identität und Subjektivität aus der vom Einbruch des Plötzlichen exponierten Gegenwart vor; andererseits hält sie die Leibesinseln zur Einheit des Leibes zusammen und beugt dem Zufall des Leibes in ein unverbundenes Gewoge besser vor, als es die nur gelegentlich hervortretenden ganzheitlichen leiblichen Regungen vermöchten. Das perzeptive Körperschema käme dafür zu spät, wie das vorhin erörterte Beispiel vom Insektenstich zeigt, denn da bewährt sich die Einheit des Leibes im spontanen, vom perzeptiven Körperschema unabhängigen Treffen der gereizten Stelle mit der Hand. Die Einheit des Leibes ist in der Tat dynamisch, Werk der ihn zusammenhaltenden Spannung im vitalen Antrieb. Sowie die Spannung empfindlich nachlässt, zerfällt daher der Leib in nur noch locker oder kaum verbundene Inseln, wie es für das Einschlafen der holländische Psychologe Johannes Linschorten beschrieben hat.[31] Weitere Zeugnisse solchen Leibzerfalls unter Entspannung liefern das autogene Training und das Sonnenbad, wenn Kopf, Rumpf, Arme und Schenkel, in

faulem Behagen der einstrahlenden Wärme hingegeben, wie locker neben
einander liegen und nur noch wenig zusammenzugehören scheinen.

Aus dieser Doppelfunktion der leiblichen Spannung ergibt sich eine
gesetzmäßige Abhängigkeit zwischen der Gewichtsverteilung von Engung
und Weitung im vitalen Antrieb und der Freisetzung oder Einbindung oder
gar Einschmelzung der Leibesinseln aus der bzw. in die Einheit des Leibes.
Starkes Übergewicht der Spannung im vitalen Antrieb steht der freien Entfaltung von Leibesinseln im Wege oder lässt sie gar in der Einheit des Leibes
untergehen. Ich gebe dafür Beispiele von der Angst und vom Hunger. *Zur
Angst*: Aus einem Tieffliegerangriff alliierter Flugzeuge auf einen deutschen
Lazarettzug am Ende des zweiten Weltkrieges berichtet ein Sanitätssol-
dat: „Mir war der Körper jetzt, als ob ich kein Gefühl darin hätte."[32] „Eine
junge, tüchtige Säuglingspflegerin erzählt lachend, sie sei verbotenerweise
frühmorgens nüchtern mit ihrem Freund fast allzu weit in den See hinaus-
geschwommen; glücklich wieder an Land, habe sie ziemlich Angst und das
Gefühl gehabt, sie habe keinen Magen, überhaupt keinen Leib mehr. Sie
wiederholte lachend, aber mit leisem Grauen: Man hat einfach gar keinen
Magen mehr."[33] *Zum Hunger*: „Ich hatte es ganz deutlich bemerkt, immer
wenn ich längere Zeit hungerte, war es gleichsam, als rönne mein Gehirn
aus dem Kopf, und als würde er leer."[34] Sobald aber die Spannung herabgesetzt wird, lockert sich das Band, das die Leibesinseln zur Einheit zusammenhält, und sie können in nur noch loser Verbundenheit frei aufblühen.
Das gehört zum Reiz des entkleideten Dösens in der Sonne; methodisch
herbeigeführt wird ein solcher Zustand durch Entspannungsübungen wie
das autogene Training, aus dem ich folgende Zeugnisse anführe: „Hände
und Füße wie abgefallen."[35] „Während der Entspannung das Gefühl, als ob
ich innerlich auseinanderfiele."[36] „Die Arme liegen da wie eine bleischwere,
heiße, breiige Masse, die gar nicht mehr zum Körper gehört."[37] Die Differenzierung locker verbundener Inseln bleibt aber nur so lange bestehen,
bis bei fortschreitender Weitung protopathische Tendenz den Leib über-
schwemmt und die epikritische Tendenz verdrängt; dann verschwimmen
die Leibesinseln, wofür ich wieder ein Zeugnis aus dem autogenen Training
bemühe: „Es gelingt mir gut, abzuschalten (…), und alles wird schwer, fließt
auseinander, die Arme werden erst strömend warm, manchmal ganz dick,
und lösen sich dann fast auf."[38]

Auf solche Weise kann sowohl eine gegenüber der Engung verstärkte
Weitung zur Leibesinselbildung verhelfen, als auch umgekehrt Leibesinselbildung zu verstärkter Weitung; diese kann sowohl privativ als auch
Schwellung sein. Vermehrte Schwellung als Quelle oder Ergebnis von Leibesinselbildung kann aber nur sanft und milde sein; heftige Schwellung wie
bei Zorn und wilder Wollust würde heftige Spannung wecken und damit
die Entfaltung von Leibesinseln blockieren. Bildung und Entfaltung von
Leibesinseln wird also nur dann zur Entspannung führen, wenn beim An-

steigen der Weitung im vitalen Antrieb heftige Ausschläge ausbleiben und überdies vermieden werden kann, dass die Engung sich abspaltet, entweder als privative Engung im plötzlichen Betroffensein oder als auf eine isolierte Leibesinsel sich zurückziehender, dort überwiegender Spannungsrest. Wenn diese Bedingungen eingehalten werden, können Entspannung und Leibesinselbildung sich gegenseitig fördern. Dieser Zusammenhang kann therapeutisch genutzt werden, und das geschah längst, ehe Fachleute ihre Techniken dafür entwickelten. Goethe dichtet Frau von Stein im Zuge eines poetischen Bekenntnisses mit den Worten an:

Und in deinen Engelsarmen ruhte
Die zerstörte Brust sich wieder auf.[39]

Das ungewöhnliche Verbum „aufruhen" verschmilzt zwei Wirkungen der therapeutischen Umarmung durch die Geliebte: das Wiedererwachen der zuvor von Spannung verdrängten Brustinsel des Leibes und die ruhige Entspannung. Dieselbe Doppelwirkung hat das sanfte Streichen über die Haut, z. B. von einer lieben Hand. Es regt Leibesinseln im überstrichenen Bereich an und stärkt dadurch das Gewicht leiblicher Weitung entweder durch Schwellung oder durch privative Weitung. Im ersten Fall, etwa beim zärtlichen Streicheln, wird milde Wollust gezüchtet. Sartre spricht vom Aufblühen des Fleisches unter den kosenden Fingern.[40] Was dann aufblüht, ist nicht das anatomische Fleisch, sondern es handelt sich um Leibesinseln, die sich reicher entfalten und sanft wollüstiger Schwellung im vitalen Antrieb ein Übergewicht über spannende Engung verleihen. Dabei können warme oder auch kalte Schauer den Leib überlaufen und eindringlicher aufregen als stürmische Umarmung. Die andere Chance des Streichens besteht in der Freisetzung privativer Weitung aus dem vitalen Antrieb durch nicht mehr zärtlich erregende, sondern bloß noch entkrampfende Berührung, die mit der Schwellung auch die Spannung, also den Antrieb insgesamt, dämpft und gleichfalls Leibesinseln weckt, etwa als freundliches Streichen über eine von Sorgen und Schmerz gefurchte Stirn. Nicht einmal eine Hand ist dazu nötig, sondern es genügt der Frühling, wenn ein lauer Luftzug mit milder Wärme der Haut schmeichelt, ebenso fähig, im Aufatmen privative Weitung aus dem vitalen Antrieb freizusetzen und dadurch diesen einschließlich der Spannung zu dämpfen, wie andererseits, im vitalen Antrieb der sanften, wollüstigen Schwellung ein Übergewicht zu geben und dadurch die Spannung zurücktreten zu lassen.

4. Leibliche Kommunikation

Leibliche Kommunikation findet statt, wenn ein durch Spannung und ganzheitliche Regungen zusammengehaltener Leib in eine leibliche Dynamik aufgenommen wird, die ihn spaltet oder übertrifft, indem sie ihn mit etwas verbindet. Wenn dieses absolut identisch ist, handelt es sich um *Einleibung* im Kanal des vitalen Antriebs, sonst um *Ausleibung* im Kanal privativer Weitung als Versinken (Versunkenheit) in Weite. Die beiden Hauptformen der Einleibung sind die *antagonistische* und die *solidarische*. Die Einleibung ist antagonistisch, wenn sie mindestens von einer Seite – von der Seite des eingeleibten Leibes – mit Zuwendung zur anderen Seite (zum *Partner* der Einleibung, d. h. zu dem, womit die Einleibung verbindet) verbunden ist, und solidarisch, wenn sie ohne Zuwendung zum Partner oder zu Partnern erfolgt. Sie ist *intern*, wenn sie durch Spaltung im Leib geschieht, und *extern*, wenn sie über den Leib hinausführt. Ich werde diese Begriffe mit Anschauung aus Beispielen in der Weise füllen, dass ich von der Dynamik des einzelnen Leibes ausgehe und über die interne Einleibung und Zwischenstufen zur voll entfalteten externen Einleibung komme, danach zur Ausleibung. Diese Reihenfolge hat nur den methodischen Grund, den Zusammenhang leiblicher Kommunikation mit leiblicher Dynamik übersichtlich zu machen. Nicht ist gemeint, dass externe Einleibung ein nachträglicher Zusatz zur Dynamik des einzelnen Leibes sei. Vielmehr scheint es, dass der Leib von vornherein, schon beim Embryo, in leibliche Kommunikation, auch in externe, verstrickt ist.

Interne Einleibung: Das nächstliegende Beispiel ist der Schmerz. Angst und Schmerz sind gleichermaßen quälend als übermächtige Hemmungen eines expansiven Impulses „Weg!" vom absoluten Ort des Leibes, aber der Geängstete kann diesen Impuls ausagieren, etwa in panischer Flucht. Dem Schmerzbehafteten bleibt dies versagt; sein Ausbruchswunsch im Schrei und im Aufbäumen prallt gleich ab an der Mauer des Schmerzes, dem er konfrontiert ist. Mit dem Schmerz muss man sich daher auseinandersetzen, anders als mit der Angst. Der Schmerz ist zwar eine eigene leibliche Regung, zugleich aber ein zudringlicher Widersacher; er gehört daher nur zwiespältig zum eigenen Leib, der insofern im Schmerz gespalten ist. Die Auseinandersetzung ist ein gemeinsamer vitaler Antrieb, in dem das expansive „Weg!" des Gepeinigten und der Schmerz drängend und drückend an einander zerren, als Schwellung und Spannung. Als zudringlicher Widersacher ist der Schmerz, besonders der chronische, ein *Halbding*, das sich von Volldingen durch zwei Merkmale unterscheidet: Die Dauer eines Dinges im Vollsinn ist ununterbrochen, die eines Halbdinges dagegen durch Pausen unterbrechbar. Die Kausalität eines Dinges im Vollsinn ist mittelbar in dem Sinn, dass sich zwischen das Ding als Ursache und den Effekt eine von der Ursache verschiedene Einwirkung schiebt, z. B. fallender Stein (Ursache),

Stoß (Einwirkung), Zertrümmerung oder Verschiebung des getroffenen Gegenstandes (Effekt). Bei Halbdingen fallen Ursache und Einwirkung zusammen; ihre Kausalität ist unmittelbar.

Andere Beispiele interner Einleibung ergeben sich im Verhältnis des Leibes zu einer ihm mehr oder weniger entfremdeten Leibesinsel, besonders bei Schwangerschaft. Schwangere berichten: „Neun Monate lebte ich mit einem Kind in meinem Bauch. Ungläubig saht ich zu, wie es den Herbst über aus einem kleinen harten Knoten in der Tiefe meines Beckens hervorwuchs, sich über meine Hüften hinaus nach oben ausdehnte, bis es meinen Brustkorb erreicht hatte und mein Herz umklammerte."[41] „Es gibt keine Kaffeepausen, keine Feiertage, in denen du deine normale Figur und dein Selbst wiedergewinnst, um dann erholt wieder an deine Arbeit zu gehen. Nicht einmal für eine Stunde kannst du dir das Ding wegwünschen, das dich so aufbläht, das deinen Bauch dehnt und dehnt, bis du denkst, die Haut müsse platzen, und das dich von innen tritt, bis du blau und schwarz bist. Nicht einmal zurückschlagen kannst du, ohne dich selbst zu verletzen. Der Zustand und du, ihr seid identisch: du bist kein Mensch mehr, sondern eine Schwangerschaft."[42] Ich habe einen pathologischen Fall von Scheinschwangerschaft kommentiert: Eine junge Frau fühlte sich besessen von einem Kind im Bauch, das anfangs schnitt und schrie, später ein warmes, weiches Etwas wurde, irgendwie mit Rot und Blut verbunden.[43] Eine Leibesinsel hatte sich selbständig gemacht und war zum Partner eines gemeinsamen vitalen Antriebs geworden. Harmloser ist der Fall eines Knaben, der vom 41. bis zum 65. Lebenstag in stundenlanges, der Außenwelt entrücktes Lutschen am Daumen versunken war, ehe er sich (abgesehen von der Mutterbrust) äußeren Gegenständen oral zuwandte.[44]

Externe Einleibung: Die Brücke von der internen zur externen Einleibung schlagen Halbdinge, die wie der Schmerz nur am eigenen Leib, nicht als äußere Gegenstände, erfahren werden, aber nicht als eigene Zustände, nicht als leibliche Regungen, sondern als in den Leib bloß eingreifende Mächte. Von dieser Art ist die reißende Schwere, wenn man ausgleitet und stürzt oder sich gerade noch fängt. Man spürt den übermächtigen Zug einer wie aus dem Nichts kommenden, nur als solcher Zug sich manifestierenden Macht, gegen deren unmittelbare Kausalität sich der Betroffene u. U. verzweifelt sträubt. Vergleichbar ist der elektrische Schlag, der zum bloßen Zurückzucken die Erfahrung des kausalen Eingriffs einer sonst in keiner Weise merklichen Macht, gegen die der Betroffene wehrlos ist, hinzubringt, und der Wind, der zwar durch sein Brausen schon sinnfälliger ist, aber als ergreifende Macht, treibend oder entgegenschlagend, auch nur am eigenen Leib gespürt wird, treffend mit einer Bewegung, die in einem flächenlosen Raum, daher ohne Ortswechsel, nur ein Herkommen überhaupt verrät. Man darf hier nicht an bewegte Luft, d. h. in ein Vollding umgedeuteten Wind, denken, sondern hat diesen so zu nehmen, wie er sich unmittelbar und unwillkürlich gibt. Andere Halbdinge sind der charakteristisch wiederkehrende Blick, von dem man getroffen wird (der treue Hundeblick, der stechende oder unstete Blick eines Menschen), die Stimme, an der man einen Menschen oder eine Tierart erkennt, viele Geräusche (schrille Pfiffe, stechender Lärm, das rhythmische Tropfen des Wasserhahns), Melodien, die einem nicht aus dem Kopf gehen, ein Problem, das einen nicht loslässt, leiblich ergreifende Gefühle wie immer wieder einmal hochkommender Zorn, Scham, Bitterkeit, brütende Hitze und schneidende Kälte, die Nacht und die Zeit, wenn sie in Langeweile oder gespannter Erwartung unerträglich lang wird. Durch ihre unmittelbare Kausalität sind die Halbdinge zudringlich; dieser Zudringlichkeit entspricht beim Betroffenen die Unfähigkeit, sich zu entziehen, so dass er durch einen seinen Leib umfassenden vitalen Antrieb in der Weise antagonistischer Einleibung an das Halbding gebunden wird. Sofern dieses, schon gegenständlich und äußerlich wie die Stimme, aber noch mit unmittelbarer Kausalität – man mache sich frei von aller Physik und Physiologie, d. h. aller zur unmittelbaren Erfahrung hinzugesetzten Konstruktion – begegnet, unterscheidet es sich von bloßen Sinnesdaten durch einen im Wechsel der Gesichter beharrenden Charakter: Die Schallfolge wächst, die Stimme nicht.

Über die Halbdinge greift die antagonistische Einleibung auf die äußerlich begegnenden Volldinge über. Eine wichtige Bedeutung besitzt dabei der Blick, selbst ein Halbding. Jeder Blickwechsel erzeugt einen gemeinsamen vitalen Antrieb. Der Blick des anderen trifft mich engend, ich werfe weitend den meinen zurück, der den anderen engt, und so spielt sich, namentlich bei Wiederholung, die Verschränkung von Engung und Weitung ein, die der vitale Antrieb ist. Engung und Weitung sind im vitalen Antrieb Konkurrenten um Dominanz. Daher ist auch jeder Blick im Blickwinkel ein Anschlag auf Dominanz, aus rein leiblichen Gründen, auch ganz ohne absichtliches Dominanzstreben, im Gegenteil: Die unterwürfigsten Blicke, der liebevolle und der demütige Blick, sind die dominantesten, weil sie rühren und der Gerührte, der (im übertragenen Sinn) den festen Stand verloren hat, sich nicht mehr wehren kann. So wird die Begegnung von Blicken unwillkürlich zum Ringen um Dominanz. Es ist nicht leicht, den fremden Blick Aug' in Auge auszuhalten; wer diesem Angriff nicht gewachsen ist, senkt den seinen[45] oder wird gefesselt. Daraus ergibt sich die Schlüsselrolle des auch nur kurzfristig verlängerten Blickes im erotischen Kontakt. Dieselbe Reaktion gibt es bei Tieren; sogar der Löwe hält nicht stand.[46] Besucher von Großaffen (z. B. Gorillas) und kleineren Affen (wie ich auf einer Insel bei Hiroshima erfuhr) werden ermahnt, den Tieren nicht in die Augen zu sehen, weil es dann ungemütlich werden könnte: Das Tier könnte den Anschlag auf Dominanz, gegen sein Imponierstreben, übel nehmen. Sobald der Dompteur von Großkatzen sie nicht durch die Macht seines Blickes bändigt, ist er verloren.[47] Aber auch beim Gespräch unter Menschen ist der

Blickwechsel von großer Wichtigkeit für das Einspielen der gleich zu besprechenden wechselseitigen Einleibung, des fluktuierenden Wechsels der
Dominanzrolle. Welche Bedeutung dabei die Eigenschaft des Blickes als
unumkehrbare leibliche Richtung aus der Enge in die Weite, als Vermittler beider Seiten im vitalen Antrieb (gleich dem Ausatmen in der Atmung)
hat, zeigt ein Experiment, bei dem die Sitzposition der Gesprächspartner
verändert wurde. Einmal setzte man sie mit dem Rücken zueinander, sodann einander gegenüber, aber mit einem zwischen sie gestellten Wandschirm, der sie für einander unsichtbar machte. Im ersten Fall sprachen sie
befangener, mehr im Schreibstil. „Es ist überraschend, dass die Situation
mit dem Wandschirm nicht der Rücken-an-Rücken-Situation entsprach."[48]
In beiden Fällen war der Blickkontakt vereitelt, aber bei der Adossierung
überdies der Zugang durch die leibliche Richtung, als deren Überträger der
Blick fungiert.

Der Blickwechsel ist eine Art von Ringkampf im übertragenen Sinn,
wegen der in der Einleibung auf Partner ausgedehnten Struktur des vitalen
Antriebs, die sich im Ringkampf als fluktuierender Wechsel des Übergewichts von Spannung und Schwellung, an beide Partner verteilt, mit ex-
emplarischer Deutlichkeit darstellt. Ein Ringkampf im Kleinen ist der
Händedruck, die übliche Begrüßungsgeste, mit einer so feinen und unwillkürlichen zeitlichen Abstimmung, dass man von einem Koagieren ohne Reaktionszeit (wie zwischen den Gliedern eines Leibes beim Abfangen eines
drohenden Sturzes) sprechen kann.[49] Solches Ineinandergreifen von Aktion
und Reaktion auf Grund der Verschränkung von Engung und Weitung im
gemeinsamen Antrieb, ohne vor die Reaktion eingeschalteter Pause, ist ein
Leitsystem der Einleibung bei Mensch und Tier, etwa bei zusammen sä-
genden, rudernden oder musizierenden Menschen, Reiter und Pferd, Auto-
und Motorradfahrern im Verhältnis zu ihrem Fahrzeug, sportlichen Wett-
kämpfen unter Menschen und verwandten Kämpfen unter Tieren[50], Mutter
und Säugling. Nur durch die Abgestimmtheit in einem gemeinsamen vitalen Antrieb gelingt das exakte Ineinandergreifen von Aktion und Reaktion
in artspezifischen tierischen Ritualen.[51] Eine Leistung von besonderer Vir-
tuosität auf gleicher Grundlage vollbringen ohne jedes Pathos und achtlos
die Menschen auf den bevölkerten Gehwegen großer Städte, wenn sie z.B.
am Abend, jeder nur sein Ziel – oft ein Kaufziel – im Sinn, an einander vor-
beihasten. Um nicht anzustoßen, muss jeder nicht nur dem bevorstehenden
Kurs des auf ihn zukommenden Nächsten ausweichen, sondern auch den
bevorstehenden Kursen der daneben und dahinter Aufscheinenden, damit
er nicht, dem einen ausweichend, einem anderen in die Arme läuft. Die Lösung der Aufgabe durch Berechnung zu finden, wäre sehr schwierig und
hier undurchführbar; die Menschen lösen sie durch Einleibung in einander
mit achtlosen, beiläufigen Blicken, während jeder an etwas anderes denkt.

Außer der bisher bedachten optischen Einleibung gibt es die taktile mit anderen Chancen. Blicke sind wie Speere, die zwar nicht in den sicht- und tastbaren Körper, dafür aber unberechenbar tief in den spürbaren Leib eindringen. Dagegen hat die Berührung eine ausgezeichnete Chance der Feineinstellung, die der zarten Berührung zugute kommt. Sie kann viel tiefer und feiner in den Haushalt der leiblichen Dynamik des berührten Leibes als die heftige eindringen und über den gemeinsamen vitalen Antrieb Geborgenheit vermitteln, dabei aber auch auf den vitalen Antrieb des Berührenden überraschend zurückwirken.[52] Aus dem Bedürfnis solcher Einwirkung auf die eigene leibliche Dynamik durch zarte Berührung geht die liebevolle Zuwendung zu Kuscheltieren, auch leblosen Stofftieren, hervor. Wo dagegen der gemeinsame vitale Antrieb in der Berührung hohe Wellen schlägt wie beim Ringkampf – auch dem erotischen –, kann er sich ausleben und sein Maß in freier Entfaltung finden, am Einzelleib ebenso wie in der leiblichen Gemeinschaft. Daraus stammt das Glück leidenschaftlicher taktischer Einleibung, nicht nur im Ringkampf aller Schattierungen, sondern auch im Kampf mit den Elementen: als Auseinandersetzung des kraftvollen Schwimmers mit den Fluten, des Bergsteigers mit Erde und Fels, des unbekleideten Menschen mit der heißen Luft im Sonnen- oder Schwitzbad.

Damit hat sich gezeigt, dass die Einleibung nicht nur unter Leibern gelingt, sondern auch im Verhältnis zu leiblosen Gegenständen, die eines eigenen vitalen Antriebs unfähig sind. Das wird möglich durch leibnahe Brückenqualitäten, die sowohl am eigenen Leib gespürt als auch an begegnenden Gestalten wahrgenommen werden können. Wenn ein Gegenstand solche Qualitäten besitzt, kann er auch ohne eigenen vitalen Antrieb Partner im gemeinsamen vitalen Antrieb der Einleibung sein. Es handelt sich um Bewegungssuggestionen und synästhetische Charaktere. *Bewegungssuggestionen* sind Vorzeichnungen einer Bewegung, die über das Maß der ausgeführten Bewegung, falls eine solche erfolgt, hinausgeht, an ruhenden und bewegten Gestalten und an Bewegungen. *Synästhetische Charaktere* sind intermodale – quer über die Gegenstandsgebiete verschiedener Sinne verbreitete – Eigenschaften, die oft, aber nicht immer, den Namen spezifischer Sinnesqualitäten tragen, aber auch ohne solche Qualitäten vorkommen.

Ich gehe von den Bewegungssuggestionen aus. Engung und Weitung, die Komponenten des vitalen Antriebs, sind selbst Bewegungssuggestionen. Die Zeugnisse von Strehle[13] und Winckelmann[22] für leiblich gespürte Bewegungssuggestionen wurden schon angeführt; Strehles Bericht bezeugt überdies die Übereinstimmung mit der entsprechenden Gegenstandswahrnehmung. Solche Übereinstimmung drängt sich noch stärker auf, wenn dieselbe Bewegungssuggestion sowohl am eigenen Leib gespürt als auch am anderen Körper wahrgenommen wird. Das ist beim Gang der Fall, der als flinker, beschwingter oder im Gegenteil als schleppender, schleifender, entweder schlaffer oder wuchtiger, sowohl selbst gespürt als auch vom Beobachter wahrgenommen wird. In beiden Fällen geben Bewegungssuggestionen der Erscheinung das Gepräge. Im ersten Fall sind sie durch Spannung und privative Weitung, die von leiblicher Richtung in die Weite zusammengehalten werden, sowie durch epikritische Züge bestimmt, im zweiten Fall durch einen protopathischen, kompakten vitalen Antrieb, der bei Schlaffheit des Ganges schwach, bei Wucht stark ist. Ein anderes Beispiel solcher Übereinstimmung des Gesehenen mit dem Gespürten in der Bewegungssuggestion sind die Gebärden. Ein Augenaufschlag, als ausgeführte Bewegung winzig, kann durch Variation seiner Bewegungssuggestion eine Gebärde der Bitte, der Verführung, der Ergebenheit oder Ironie sein, wie ein Seil, das schwingt oder sich schlingt. Es gilt als peinlich, auf nahe Menschen mit dem Finger zu zeigen, weil die Bewegungssuggestion der knappen Bewegung wie ein Dolch den Gezeigten aufspießt, aber nur, wenn diesen der Finger nicht berührt, damit die suggestive Vorzeichnung Gelegenheit hat, anschaulich über das Ausmaß der ausgeführten Bewegung hinauszugehen. Die Gebärde des Stolzes, den Kopf etwas zurückzuwerfen und die Brust zu dehnen, hat geringes Ausmaß, wird aber als mächtig ausladende Schwellung in der von Strehle[13] beschriebenen Weise am eigenen Leibe gespürt und imponiert so auch dem Betrachter. Ein weiteres Beispiel solcher Übereinstimmung ist der Rhythmus, der von der Musik auf tanzende und marschierende Leiber überspringt und durch seine Bewegungssuggestion deren Bewegung formt und zusammenhält. *Rhythmus* ist die Bewegungssuggestion einer Reihenfolge bloß als Sukzession, die zudem mit weiteren Bewegungssuggestionen (z. B. tonaler Art) beladen sein kann; er kommt in stärkster Prägnanz akustisch vor, aber auch optisch z. B. als Rhythmus der Gliederung eines Kirchenschiffs durch Pfeiler (Säulen) und Nischen, oder semantisch als rhythmischer „Parallelismus der Glieder", das Stilprinzip der Psalmen. Weil der Rhythmus „unter die Haut geht", d. h. von der wahrgenommenen Gestalt in den spürenden Leib übernommen wird, werden Gedichte, die unter die Haut gehen sollen, eher in Versen als in der minder rhythmischen Prosa verfasst. Weitere Beispiele eigenleiblicher Bewegungssuggestionen sind die gespürten Als-ob-Bewegungssuggestionen von Sinken, Schwellen, Erhebung, Ausladen, Schweben bei Müdigkeit, Wollust, Stolz und Freude.

Bewegungssuggestionen sind zwar vor mir noch nicht als Grundzug im Wahrgenommenen beachtet worden[53], beherrschen aber weitgehend das natürliche Wahrnehmen. Wenn die Polizei von einem Menschen, der einen Verdächtigen, dem sie auf der Spur ist, gerade gesehen hat, Auskunft über dessen Aussehen verlangt, fällt diese oft beschämend dürftig aus, aber nicht, weil der Berichterstatter nicht genau hingesehen hätte; er hat nur andere als steckbrieffähige Merkmale aufgefasst, nämlich Bewegungssuggestionen und synästhetische Charaktere, etwa an Haltung und Bewegung, am Blick, an der Stimme, in den Gebärden. Solche Merkmale sind leicht vom Gesehenen in das Gehörte und das eigenleiblich Gespürte übertragbar, weil sich die leibnahen Brückenqualitäten in der Einleibung auf alles Wahrgenommene, gleich welcher Modalität, erstrecken. Conrad Ferdinand Meyer bringt in seinem berühmten Gedicht *Der römische Brunnen* die Bewegungssuggestion des Wassers in Berninis Springbrunnen vor der Peterskirche gleich anfangs in die Verse:

Aufsteigt der Strahl, und fallend gießt
Er voll der Marmorschale Rund.

Die Bewegungssuggestion stolzer Aufrichtung in gelassen strömender Lebendigkeit, ohne Krampf und Starrheit in der Höhe, wird durch diese Verszeilen aus der gesehenen Erscheinung in die gehörte übertragen und von da ins leibliche Spüren übernommen. Ebenso können synästhetische Charaktere und Bewegungssuggestionen in einander übergehen, wenn sie denselben Typ leiblicher Regung darstellen. Das wird sinnfällig an einer Beobachtung von Otto König: „Ein (...) weitgehend interspezifisch gültiges ‚Geh-weg‘-Signal ist (...) der Geräuschkomplex des Zischens, Rascheln, Summens und Ratterns, der tatsächlich, auf mannigfache Weise erzeugt, quer durch das Tierreich anzutreffen ist und von allen akustisch hinreichend ausgestatteten Wirbeltieren richtig verstanden wird. Das Schwanzrasseln einer Klapperschlange, das Zähneknirschen eines Siebenschläfers, das Drohguggern eines Murmeltieres, das Zischen einer Schlange, eines Geckos oder einer Meise, das Drohsummen einer Biene, eines Kolibris, oder das Fauchen einer Katze sind von prinzipiell ähnlicher Akustik, die auch der Mensch spontan als drohend beziehungsweise alarmierend empfindet und entsprechend einsetzt. Kein noch so energischer ‚Ruhe‘-Ruf bringt eine laut diskutierende Menschengruppe zu solch unmittelbarem Aufmerken wie ein einziges hell zischendes ‚pssst‘. (...) Telefonsummer und Türklingeln liegen ganz auf dieser Linie. In Italien verwendet man als Signal für Einsatzfahrzeuge einen sehr hellen, dem Drohsummen mancher Insekten durchaus vergleichbaren kontinuierlichen Sirenenton von kaum zu überbietender Alarmwirkung."[54] Ein synästhetischer Charakter eines Geräusches weckt als Erscheinung privativer Engung des Leibes, die auch noch den vitalen Antrieb einer mit ausgelassenem Eifer geführten Debatte zerreißt, zu einer leiblich entsprechenden Regung alarmierten Auffahrens, einer Bewegungssuggestion, die im Tierreich nach der geringsten Verstärkung in panische Flucht ausartet. Die Erstreckung dieser Reaktion bis tief ins Wirbeltierreich hinein verweist auf die leibliche Dynamik, die bei Mensch und Tier übereinstimmt, als Quelle.

Besonders üppiges Material zum Studium der Bewegungssuggestionen liefert der Schall. Die Musik bewegt sich im buchstäblichen Sinne nur, wenn die Schallquelle ihren Platz wechselt. Alle anderen Bewegungen der Musik sind Bewegungssuggestionen, Klanggebärden des Aufstrahlens und Versinkens, des Vorwärtsdrängens, der Drehung, des Ausweichens, der Entfaltung und Zusammenziehung usw. Sie fahren den tanzenden und marschierenden

Menschen in die Glieder, z. B. die weichen, ausladenden Kurven mit seitlichem Schwung beim Walzer, die vom Schall zwar deutlich vorgezeichnet, aber nur vom tanzenden Körper ausgeführt werden können. Der Beladenheit mit Bewegungssuggestionen verdankt der Schall seine Zeitverbundenheit oder Geschichtlichkeit, d. h. seine Fähigkeit, sich mit zeitlicher Dauer vollzusaugen und dadurch zu verstärken. Eine Farbe kann dauern, wie sie mag, sie wird dadurch nicht mehr, eher gleichgültiger. Dagegen schwillt ein schriller Pfiff oder stechender Lärm, je länger er dauert, bis zur Unerträglichkeit, weil in ihm durch besonders ausgeprägte Bewegungssuggestionen leibliche Dynamik übertragen wird und die Bewegungssuggestion wie die ausgeführte Bewegung Zeit mitnimmt. Die Zeit staut sich gleichsam als Zugabe zum vitalen Antrieb in den Bewegungssuggestionen von Tönen und Geräuschen. Dieser Zeitbeladenheit verdankt der Schall neben seinem Störpotential aber auch seine sukzessive Formbarkeit, die die Musiker in ihren Kompositionen nützen, indem sie die Motive und Themen, die Bewegungssuggestionen sind, durch mannigfache Schicksale führen.

Der Musikwissenschaftler Gustav Becking hat in einem 1928 veröffentlichten Buch die Personalstile großer Komponisten mit einer eigentümlichen Methode zu charakterisieren gesucht.[55] Er führte, sich möglichst unwillkürlich dem Gehörten überlassend, mit der Hand Begleitbewegungen aus, die in der Luft eine Figur nachzeichneten, die er nach vielfältigen Versuchen als die Personalkurve des betreffenden Meisters ausgab, aus der sich wesentliche Züge von dessen Kompositionsweise ablesen lassen sollten. Im Licht meiner Untersuchungen erweist sich diese Methode als ganz vernünftig. Wenn man nämlich davon ausgeht, dass die untersuchte Musik nicht eine bloße Galerie von Klangfolgen ist, sondern ein Spiel von Bewegungssuggestionen im Medium der Klänge, liegt es nahe, diese Bewegungssuggestionen in Bewegungen der Hand zu übernehmen, um das Wesentliche, das Leibverwandte, aus der Musik herauszuziehen; da sich die synästhetischen Charaktere, wie schon gezeigt wurde, in entsprechende Bewegungssuggestionen – Becking spricht ohne theoretisches Fundament von „Unterströmungen" – übersetzen lassen, können auch sie auf diese Weise berücksichtigt werden. Aufschlussreich ist besonders der Vergleich zwischen Mozart und Beethoven. Mozarts Kurve setzt spitz ein und geht dann kraftvoll gerade nach unten, mit leichtem Auf- und Absteigen gegen nur geringe Hemmung; sie widersetzt sich erheblichen Abwandlungen. Für Beethoven sind u. a. langsames, angestrengtes Schwellen des Tons, stark gewölbter Beginn, Klangschwall ohne scharfen Umriss, Zusammenfassung ohne Auflösung charakteristisch. In meiner Interpretation der Bewegungssuggestionen aus der leiblichen Dynamik bedeutet dies, dass Mozarts Musik Spannung, privative Weitung (beides durch leibliche Richtung vermittelt) und epikritische Tendenz verbindet, die Beethovens dagegen protopathische Tendenz mit mächtiger Schwellung in vitalen Antrieb.[56] Für Mozart wird diese Deutung bestätigt durch die Charakteristik eines anderen Fachmanns, dieser Musik eigne „ein ganz eigentümlich durchsichtiger, stoffloser, dabei doch in sich gespannter Klang, locker und dicht zugleich. Dieser Klang" sei „vielleicht die konzentrierteste Signatur Mozarts (...)."[57] Bei den Farben entspricht diesem leiblichen Stil der Musik von Mozart das Gelb mit den synästhetischen Charakteren des Spitzen (epikritisch), Gespannten und Hellen (privative Weitung), bei den Vokalen das i mit denselben Merkmalen[58], während die protopathische Schwellung Beethovens beim Rot wiederkehrt. Man kann auch Dunkelheit und Helligkeit als synästhetische Charaktere zuordnen. Der Dunkelheit ist eine spezielle Art von Weite zugehörig. Sie ist wie ein zähes Medium, das wenig Bewegung zulässt und gerichtete Impulse eher hemmt; so ist die Weitung des müde hingegossenen Leibes und die Weite dunkler, dumpfer Klänge beschaffen. Beethovens Musik hat etwas Dunkles, da Engung und Weitung in ihr kompakt verbunden sind (zäh an einander haften), weswegen die Durchsetzung der Schwellung gegen Spannung im musikalischen vitalen Antrieb schwer und mühsam ist. Mozarts Musik hat die spezifische Weite der Helligkeit, als Spielraum leichter, energischer, beschwingter Bewegung mit mehr Rhythmus von Spannung und Schwellung im Zuge leiblicher Richtung aus der Enge in die Weite. Von hier aus lässt sich zu den synästhetischen Charakteren der Geschwindigkeit übergehen: Das Schnelle ist hell, das Langsame dunkel, z. B. als Gang eines Menschen, wobei natürlich nicht an die spezifischen Sinnesqualitäten, sondern an die entsprechenden synästhetischen Charaktere zu denken ist. Die Physik hat die unbefangene Erfahrung der Geschwindigkeit ungeheuer verarmt, indem sie die Aufmerksamkeit von den synästhetischen Charakteren abzog und allein auf das dürre mathematische Verhältnis von Weg und Zeit lenkte.

In einem Zuge mit den Bewegungssuggestionen hat sich schon viel über synästhetische Charaktere ergeben. Es ist wohl nicht überflüssig, darauf hinzuweisen, dass sie mit echten Synästhesien – Hören von Farben, Sehen von Tönen – gar nichts oder nur zufällig und im Einzelfall zu tun haben. Ich meine nicht, dass jemand bei Musik von Mozart Gelb oder bei Musik von Beethoven Rot sieht; mir kommt es nur auf Übereinstimmung in den synästhetischen Charakteren an, die in die Musik und in die Farben eingehen. Eine bunt zusammengestellte Liste synästhetischer Charaktere, die beliebig ergänzt werden kann, ist diese: das Scharfe, Grelle, Sanfte, Spitze, Helle, Harte, Weiche, Warme, Kalte, Schwere, Massige, Zarte, Dichte, Glatte, Raue der Farben, Klänge, Gerüche, des Schalls und der Stille, des hüpfenden oder schleppenden Ganges, der Freude, des Eifers, der Schwermut der Frische und Müdigkeit. Die leibliche Dynamik der synästhetischen Charaktere hält Sinnesqualitäten, Bewegungen, Zuwendung des vitalen Antriebs (Eifer) und Gefühle (als leiblich ergreifende Mächte) zusammen. Was ist das übereinstimmende Schmeicheln im Gehabe eines schmeichelnden Höflings und in schmeichelnder Frühlingsluft? Nichts bleibt übrig als der synästhetische

Charakter des weich Sanften. (Es gibt auch eine festere sanfte Bestimmtheit.) „Hart" klingt hart, „weich" kling weich, ohne dass ein äußerlicher
Grund für die Übertragung von der taktilen auf die akustische Modalität
ersichtlich wäre. Auch der Gefühlston, auf den Wundt die synästhetischen
Charaktere reduzieren wollte[59], reicht nicht hin, denn zwar verwenden wir
„hart" metaphorisch für einen leidvollen Gefühlston („hartes Schicksal",
„ein harter Schlag"), aber das Entsprechende für „weich" will nicht funktionieren, und ohnehin sind Härte und Weichheit von Klängen direkt erlebt,
ihnen nicht erst metaphorisch zugesprochen. Überdies können sich synästhetische Charaktere von Sinnesqualitäten völlig lösen und auf ihre leibliche
Dynamik zurückziehen, die dann allerdings für Gefühle, aber verschiedene,
empfänglich ist. Das ist der Fall bei den synästhetischen Masseneigenschaf-
ten der Stille. Feierliche Stille ist weit und dicht; drückende Stille, z. B. eines
heißen Mittags, ist enger, aber gleichfalls dicht und überdies lastend; zarte
Stille eines unberührten Morgens ist gleichfalls weit, aber lockerer als die
beiden anderen Arten, privativ weitend.

Eine merkwürdige Geschichte aus dem Leben des Dichters Berthold
Brecht bleibt ein unverständlicher Anlass zum Kopfschütteln, bis man die
leibliche Dynamik synästhetischer Charaktere berücksichtigt. Ruth Berlau,
eine junge, aktive, emanzipierte, gut verheiratete, viel umschwärmte däni-
sche Journalistin, suchte ihn im Herbst 1933 für ein Interview auf. Sie berichtet: „Ich stand also unschlüssig mit meiner Schreibmaschine vor dem
Haus, als ich hinter mir ein leises ‚Hallo' hörte. Dieses zarte, fragende Rufen ist, wie ich später erfahren habe, für viele Frauen sozusagen der Inhalt
ihres Lebens geworden. Darauf haben sie gewartet, darauf haben sie ge-
baut, und davon haben sie geträumt." Der Rufende war Brecht, dem die
junge Frau auf den Ruf hin sogleich bis zur Hörigkeit verfiel, wie, da er sie
schlecht behandelte, später dem Alkohol.[60] Der synästhetische Charakter
einer besonderen Art, „Hallo" zu rufen, überträgt eine leibliche Dynamik,
für die die leibliche Disposition (s. u. Kapitel 9) vieler Frauen in besonde-
rem Maß prädisponiert ist oder damals war.

Einseitige antagonistische Einleibung: Die antagonistische Einleibung
ist *einseitig*, wenn die Rollenverteilung bezüglich Dominanz starr ist, indem
der passive (eingeleibte) Partner an dem dominanten wie gefesselt hängt
und auf ihn fixiert ist, gleich ob dieser sich ihm zuwendet oder nicht. Ein
besonders treffendes Beispiel, bei dem der dominante Partner selbst leiblos
sein kann, ist das schon erwähnte geschickte Ausweichen vor einer in drohender Näherung gesehenen wuchtigen Masse, z. B. einem heranfliegenden
Stein, einer schlagbereiten Faust. Ich habe unter 2 darauf hingewiesen, dass
die Geschicklichkeit in diesem Fall nicht der Kenntnis des Lage- und Ab-
standsverhältnisses zu dem bedrohlichen Gegenstand verdankt sein kann,
weil in diesem Augenblick keine Information von der erforderlichen Genauigkeit über die Position des eigenen Körpers (im Sinne eines relativen

Ortes) verfügbar ist. Vielmehr gelingt das Ausweichen, weil sich der Blick des als bedroht gespürten Leibes wie gebannt oder hypnotisiert an das bedrohliche Objekt hängt und dessen Bewegungssuggestion – die anschauliche Vorzeichnung seiner bevorstehenden Bewegung – so in das motorische Körperschema, zu dessen unumkehrbaren Richtungen er selbst gehört, übernimmt, dass unter dessen Führung das körperliche Ausweichen gelingt. Die Passivität der einseitigen Einleibung wird in diesem Fall durch die Aktivität einer erfolgreichen Reaktion kompensiert. Solches Wettmachen bleibt aus in einem anderen Fall, in dem das dominante Objekt der einseitigen Einleibung, wieder ein Stein, sich nicht nähert, sondern entfernt. „Wildheuer und Gemsjäger erzählen oft von einer verräterischen Anziehungskraft, die ein in die Tiefe fallender Gegenstand auf den auf schmalem Felsgesimse stehenden Menschen ausübe. Es dränge fast unaufhaltsam, dem Stein nachzuschauen in den Abgrund, besonders wenn er nahe am Fuße abfalle; wer ihm nachschaue, sei unrettbar verloren, und schon viele seien Opfer dieses sympathetischen Zuges geworden."[61] Die Bewegungssuggestion des in die Tiefe stürzenden Objektes springt auf den durch unsicheren Stand anfällig gewordenen Leib über und reißt ihn mit. Ohne Bewegungssuggestion, lediglich durch Fixierung des Blickes, wird die einseitige Einleibung zur Ursache ähnlicher, wenn auch weniger folgenschwerer Missgeschicke, wenn der passive Partner gegen seine Absicht auf eine ruhende Masse aufläuft: „Unser Körper stellt (…) unwillkürlich die Richtung seines Tuns in die Richtung des Blicks ein (weshalb eine alte Regel lautet, dass man dem Gegner beim Fechten in die Augen und nicht auf die Hände schauen soll). Und daraus ergibt sich die viel belachte ‚Sicherheit‘, mit der der junge Radfahrer auf den gefürchteten und daher unverwandt angeschauten Baum – das einzige Hindernis in der ganzen Umgebung – losfährt, und mit der junge Fußballspieler den Pfosten oder den Torwart treffen anstatt die viel größere Lücke dazwischen."[62] Die Bewegungssuggestion, wodurch sich der ruhende Gegenstand zum (sogar dominanten) Partner eines gemeinsamen Antriebs qualifiziert, ist in diesem Fall der von ihm ausgehende Sog.

Diese Beispiele zeigen, dass der dominante Partner der einseitigen Einleibung seine Macht dadurch ausübt, dass er die Richtungen im gemeinsamen Antrieb gleichsam in der Hand hat. Leibliche Richtung führt aus der Enge in die Weite und vermittelt dadurch zwischen Engung und Weitung (3). Durch die fesselnde Wirkung eines Schlüsselreizes zieht der dominante Partner die Enge, worauf die Engung im gemeinsamen Antrieb als Bewegungssuggestion hinweist, an sich und spinnt in das Netz der von dieser Enge in die Weite führenden Richtungen den passiven Partner, einschließlich der Richtungen von dessen Leib, so ein, dass dieser durch die vom dominanten Partner ausgehenden Richtungen geführt wird. Das ist der Mechanismus der Suggestion und Faszination, auch der unwillkürlichen des Drahtseiltänzers, der die durch seine gefährlich exponierte Stellung gefesselten Zuschauer zu unwillkürlichen Mitbewegungen treibt. Im Besonderen ist es der Mechanismus der Hypnose, die überhaupt nur als Geschehen antagonistischer Einleibung verstanden und nicht physikalisch oder physiologisch gedeutet werden kann – auch nicht psychologisch, wenn man an personale Seelenvermögen wie Denken, Wünschen, Wollen statt an leibliche Dynamik denkt.[63] Ein Lehrbuch zählt als „Methoden der Hypnotisierung" auf: Augenschluss (durch den Hypnotiseur), Striche (über den Körper), Anstarren eines glänzenden Gegenstandes oder rotierenden Spiegels, eintönige Geräusche, hypnotisierender Blick, Erschrecken.[64] Mich beschäftigt zunächst die Hypnose mit dem Blick. „Es empfiehlt sich hierzu, die Augen möglichst weit zu öffnen (…), ferner die Augenachsen parallel in die Unendlichkeit zu richten und die Stirn in senkrechte Falten zu legen. Dadurch erhält der Blick des Hypnotiseurs etwas Fremdartiges, Traumverlorenes, zugleich aber etwas Strenges und unter Umständen Einschüchterndes."[65] Es kommt darauf an, einen Blickwechsel zu vermeiden und dem „Opfer" eine Weite anzubieten, in die dessen Blick hineinschlüpfen kann, ohne aktiv zu werden und dadurch den Hypnotiseur zum Zurückblicken zu zwingen; solcher Blickwechselvermeidung dient auch der Blick auf die Nasenwurzel des Opfers.[66] Der Blick des zu Hypnotisierenden soll in die Leere laufen, damit der Hypnotiseur über ihn die leibliche Dynamik des anderen fangen kann, ohne sich ihr auszusetzen und dadurch gar in Gefahr zu sein, vom anderen Blick selbst hypnotisiert zu werden. Die einschüchternde Strenge spaltet durch privative Engung, ebenso wie das Erschrecken, den vitalen Antrieb der hypnotisch zu unterwerfenden Person, des „Opfers", und ermöglicht dem Hypnotiseur, die Enge seines Leibes als Richtungsquelle des gemeinsamen Antriebs an die Stelle der eigenen Enge des Opferleibes zu setzen. Die Striche (passes) setzen in der unter 3 beschriebenen Weise durch Leibesinselbildung privative Weitung frei und liefern damit die Weite des Opferleibes ebenso der Aneignung durch die Enge des hypnotisierenden Leibes als der Quelle der Richtungen im gemeinsamen Antrieb der einseitigen Einleibung aus. Diese Enge hat ihren Sitz in dem Focus, auf den hin in der Einleibung fixiert wird, und dieser Brennpunkt liegt in der Hypnose beim Hypnotiseur, in der faszinierenden Suggestion beim Suggestor.

Wechselseitige antagonistische Einleibung: Ihr Kennzeichen, das sie von der einseitigen Einleibung konträr unterscheidet, ist das Fluktuieren der Dominanzrolle im gemeinsamen vitalen Antrieb, entsprechend dem rhythmischen Fluktuieren der Dominanz von Spannung und Schwellung im vitalen Antrieb des Individuums bei solchen Regungen wie Angst und Wollust. Die Partner wechselseitiger Einleibung spielen sich in kleinen Intervallen die Dominanz wie einen Ball zu. Ein wichtiger Überträger bei diesem Spiel ist der Blickwechsel, z.B. im Gespräch. Der in Anwesenheit des anderen Sprechende neigt dazu, diesen anzusehen und Blickkontakt zu suchen, keineswegs in erster Linie, um die Wirkung seiner Worte zu kon-

trollieren, sondern um in einer ihm und dem Partner spürbaren Weise bei
diesem anzukommen. Solange dominiert in der zum Gespräch gehörigen
Einleibung der Angesprochene, als der für den Erfolg des Landeversuchs
Maßgebende. Ein kleines Signal der Akzeptanz, nicht des Redeinhalts, sondern der leiblichen Zuwendung des Sprechers, gibt diesem das Heft in die
Hand, und fortan oszilliert die Dominanz in beim Gespräch kaum registrierten Schwingungen der Einleibung. Mit dieser Oszillation, die sich auf
andere Weise auch im bloß akustischen Kanal abspielen kann, schwindet
die Du-Evidenz, mit einem anderen Bewussthaber zu tun zu haben. Dafür bezeichnend ist die Begegnung mit dem seelenlosen Winkemann, einer
als Tankwart gekleideten Puppe, die dank eines eingebauten Elektromotors
Winkbewegungen ausführt, die den Autofahrer veranlassen sollen, anzuhalten und in der anliegenden Tankstelle etwas zu kaufen. Ich zitiere aus einer
Zeitungsglosse: „(…) wir sehen einen Menschen oder glauben es zumindest
für Sekundenbruchteile. (…) die Dimensionen der Puppe (…) zeigen einen
wirklichen ‚lebendigen‘ Menschen, zumal die Armbewegung menschliches
Verhalten simuliert (…). Gleichzeitig sagt uns aber der Instinkt, hier stimmt
etwas nicht, die Figur ist zu starr, ‚wie tot‘. Diese Diskrepanz irritiert, mach
manchem Angst, erhöht die Spannung."[67] Der schon geschlagene Bogen
zum scheinbaren Bewussthaber zerbricht also, weil das Fluktuieren wechselseitiger Einleibung nicht gelingt; die Figur ist dafür „zu starr, wie tot".
Hieraus kann man entnehmen, dass wechselseitige Einleibung, auch ohne
direkten Kontakt im Handeln, für die unwillkürliche Gewissheit, mit einem
anderen Bewussthaber zu tun zu haben, zureichend und notwendig ist. Für
das Zureichen spricht auch, dass sie diesen Erfolg ebenso im Umgang mit
höheren, für den Menschen ausdrucksfähigen Tieren wie mit Menschen hat.
Die Meinung der Cartesianer, Tiere seien Maschinen ohne Bewussthaben,
ist, ob richtig oder falsch, jedenfalls kontraintuitiv; wer mit einer Katze,
einem Wolf, einem Stier, ja auch einem Raben zu tun hat, spürt sofort, dass
der Partner bei Bewusstsein ist, wenn auch vielleicht in ganz anderer Weise als er selbst. Auch gelingt wechselseitige Einleibung mit solchen Tieren
ebenso wie mit Menschen. Dagegen gibt es an ihnen kaum Anknüpfungs-
punkte für Analogieschlüsse, Einfühlungen und verwandte Projektionen,
denn sie sehen ganz anders aus als wir und sprechen auch nicht wie wir.

Es ist eine alte Rätselfrage, wie ein Mensch zu der Überzeugung kommt,
dass es außer ihm noch andere Bewussthaber gibt. Jahrtausendelang hat
man die Antwort im Analogieschluss gesucht. Ein Analogieschluss von
der äußeren Erscheinung könnte nur umgekehrt funktionieren, denn die
kennt der Mensch bei anderen viel besser als bei sich selbst, zumal vor der
Verfügbarkeit hinlänglich scharf abbildender Spiegel, die noch nicht lange
her ist, während die Menschen immer schon überzeugt waren, mit anderen
Bewussthabern zu tun zu haben. Erst zu Anfang des vorherigen Jahrhunderts wurde die Analogieschlusstheorie durch Projektionstheorien – die

Einfühlungstheorie von Lipps und die Apperzeptionstheorie (auch Einfühlungstheorie) von Husserl – überholt, wonach ein Bewussthaben auch ohne
(gebrechlichen) logischen Schluss in gewisse Körper hineingedeutet werde. Solche Projektionen könnten höchstens für spielerische Identifizierung
ausreichen, so, wie wir den Schauspieler auf der Bühne oder im Kino als die
gespielte Figur, ein Bild als das Abgebildete sehen, ohne zu glauben, dass
es sich tatsächlich darum handle. Man fühlt Hamlet oder Torquato Tasso in den Schauspieler ein, man apperzipiert diesen als Tasso, aber es wäre
geradezu verrückt, deshalb annehmen zu wollen, da auf der Bühne stehe
gerade tatsächlich Torquato Tasso. Solche Verrücktheit muten Lipps und
Husserl mit ihren Projektionstheorien allen normalen Menschen zu. Nicht
eine Projektion überzeugt uns von der Existenz anderer Bewussthaber,
sondern eine Konfrontation, das Zutunhaben mit ihnen im gemeinsamen
vitalen Antrieb wechselseitiger antagonistischer Einleibung.

Diese Du-Evidenz – ich habe den Ausdruck von Konrad Lorenz – ist
aber nicht untrüglich. Wechselseitige Einleibung gibt es im Verhältnis mit
lebendigen Bewussthabern ebenso wie im Verhältnis mit leb- und leiblosen
Sachen. Das Erste ist, abgesehen von den zwischenmenschlichen Beziehungen, besonders im Verhältnis von Reiter und Pferd der Fall. Das Pferd führt
nicht nur einen Auftrag aus, sondern reflektiert auch den Impuls dazu mit
eigener Resonanz auf den Reiter, so dass sich beide bei gut gelingendem
Einvernehmen in einem gemeinsamen vitalen Antrieb bestärken. Das ist in
Impulsgabe und -nahme ein ebenso deutliches Fluktuieren der Dominanz
wechselseitiger Einleibung wie beim Gespräch unter Menschen. In solcher
Wechselwirkung können beide Antriebe sich potenzieren und zu einem
einzigen Antrieb verwachsen; davor warnt in Goethes *Die natürliche Tochter* der Herzog seine Tochter Eugenie mit den Versen:

> Gesteh' ich's nur! Wie öfters hat mich schon
> Dein überkühner Mut, mit dem du dich,
> Als wie ans Pferd gewachsen, voll Gefühl
> Der doppelten, zentaurischen Gewalt,
> Durch Berg und Tal, durch Fluß und Graben schleuderst,
> Wie sich ein Vogel durch die Luft wirft,
> Ach! öfters mehr geängstigt als entzückt!
> Dass doch gemäßigter der Trieb fortan
> Der ritterlichen Übung sich erfreue![68]

In diesem Sinn habe ich von einem Eugenie-Effekt gesprochen, wobei Be-
weger und Bewegtes ihre Antriebe verschmelzen und hochschaukeln. Heute erliegen Auto- und Motorradfahrer im Verhältnis mit ihrem Fahrzeug oft
einem solchen Eugenie-Effekt und werden dadurch zu einem Bewegungs-
rausch angestachelt, dessen Ergebnis sein kann, dass sie sich wie Eugenie
mit doppelter, zentaurischer Gewalt durch Fluss und Graben schleudern.
Hunger nach Symbiose ist oft Ursache des Leichtsinns am Steuer. Zwar

wird kein normaler Fahrer sein Fahrzeug im Ernst für einen Bewussthaber
halten, aber im Rausch der Bewegung, vor der Überlegung, ist es ihm wie
ein solcher vertraut. Wechselseitige antagonistische Einleibung gibt nur die
erste unwillkürliche Gewissheit vom anderen Bewussthaber; die kritische
Überprüfung dieser bei Kindern oft weit über das vernünftig Annehmbare
hinaus ausgedehnten Ansicht bedarf anderer Maßstäbe, zu denen etwa auch
der Analogieschluss gehören kann.

Eine eigentümlich zwischen einseitige und wechselseitige Einleibung in
die Mitte verschobene Form antagonistischer Einleibung ist der sadistische
Genuss, dem ich 1965 eine Studie gewidmet habe.[69] Über den Sadismus sind
ganz verkehrte Vorstellungen verbreitet. Man hält ihn für eine Neigung zu
gewalttätiger Aktivität. Sartre stellt den Sadisten bei eifriger Bearbeitung des
gequälten Opferkörpers mit Drehen und Biegen in der Absicht, die Freiheit
des Opfers zu Fleisch werden zu lassen, vor.[70] In Wirklichkeit ist der sadistische Genuss passiv. Der Sadist liebt die Zuschauerrolle und überlässt das
Quälen gern vorgeschobenen Folterknechten. Ich erinnere an die sadistischen Volksbelustigungen der Römer bei festlichen Spielen, z. B. Menschen,
die sich zur Verlängerung des Schauspiels aussichtslos wehren durften, von
Tieren fressen zu lassen oder verurteilte Verbrecher als Schauspieler am
Ende des Stückes lebendig zu verbrennen. Das war gesellschaftlich legiti-
mierte Feier sadistischen Genusses der Zuschauer, ebenso, was Casanova
und andere von der Hinrichtung des Königsattentäters Damiens am 28.
März 1757 berichten.[71] In Dostojewskis Roman *Die Brüder Karamasow*
wird ein gelähmtes junges Mädchen (Lisaweta Chochlakowa) gezeigt, das
sich die Langeweile seiner Existenz mit der sadistischen Phantasie vertreibt,
beim Genuss von Ananaskompott einen gekreuzigten vierjährigen Knaben
zu beobachten.[72] Überhaupt lebt sich der Sadismus hauptsächlich in der
Phantasie oder Bildbetrachtung aus; Übergänge in direktes gewalttätiges
Handanlegen sind Entgleisungen. Eine Schwundform sadistischen Genusses ist die häufige Ansammlung Schaulustiger an Unfallstellen.

Der sadistische Genuss beruht auf einem einfachen Mechanismus leiblicher Dynamik. Engung und Weitung können sich als Spannung und Schwellung gegenseitig in die Höhe treiben; dieser rhythmische Wechsel ergibt bei
Übergewicht der Schwellung Wollust, die sich gegen eine Hemmung tri-
umphal durchsetzt. Auf dem Weg zur geschlechtlichen Ekstase wird dieser
Zusammenhang vom einzelnen Leib genützt, wobei es auch zur Gewalt-
tätigkeit kommen kann.[20] Der Sadist verlegt denselben Zusammenhang in
den gemeinsamen Antrieb zweier Leiber, des seinigen und des gequälten
Opferleibes. Für die Gemeinsamkeit des Antriebs ist es ebenso gleichgültig,
ob der Gequälte – wie nicht selten – willentlich mitmacht, wie es im Fall des
geschickten Ausweichens gleichgültig ist, ob der Antrieb den Bedrohten
mit einem Schläger oder einem Stein verbindet; in beiden Fällen genügen
Bewegungssuggestionen und synästhetische Charaktere zur Einfädelung

der Einleibung. In dem gemeinsamen Antrieb schiebt der Sadist dem Opfer die Seite der engenden Spannung zu; daher neigt er vorzugsweise zu allen Gestalten leiblicher Engung des Opfers, z. B. durch Würgen, Pressen oder schmerzhafte Fesselung. Sich selbst reserviert der Sadist die Weitung im gemeinsamen Antrieb, indem er sich von der dem Opferleib überlassenen Spannung sieghaft abstößt und dadurch wollüstige Schwellung abschöpft.

Die Einleibung des Sadisten ist einerseits einseitig, indem er fasziniert an seinem Opfer hängt und den Antrieb seiner Schwellung aus dessen Spannung bezieht. Er ist insofern Parasit seines Opfers; dieses befindet sich in der dominanten Stellung des Inhabers der Enge, der Quelle der leiblichen Richtungen, mit denen es den Sadisten umstrickt. Wenn es den gemeinsamen Antrieb annimmt, gewährt ihm diese Dominanz einen heimlichen Triumph anderer Art; das ist einer der Gründe, warum auch die Opferrolle, dem Sadisten ausgeliefert zu sein, genussvoll sein kann. Auf der anderen Seite ist die Einleibung des Sadisten wechselseitig durch das rhythmische Fluktuieren von Spannung und Schwellung, das der Angst, der Wollust und der wechselseitigen Einleibung eigen ist: Indem die Spannung variiert, variiert auch die Schwellung, wobei es dem Sadisten darauf ankommt, seinem Opfer immer größere Spannung in Schmerz und Angst zuzufügen (besser: zufügen zu lassen), damit er desto mehr wollüstige Schwellung aus dem gemeinsamen Antrieb für sich abschöpfen kann.

Patente und latente Einleibung: Oft merkt der Mensch nichts von seiner Einleibung und der in diese sich entfaltenden leiblichen Dynamik, weil diese Einleibung latent bleibt. Folgendermaßen unterscheide ich latente und patente Einleibung: Die Einleibung ist *patent*, wenn sie sich in teilheitlichen Regungen auf einzelnen Leibesinseln (im Kopf, im Bauch, in der Kehle usw.) niederschlägt, sonst *latent*, wobei sie aber ihren Sitz in den ganzheitlichen leiblichen Regungen behalten kann. Beides kann man sich am Gespräch klarmachen. Ein Gespräch ist nur durch Einleibung möglich, schon wegen der erforderlichen Du-Evidenz vom Gesprächspartner, die im Nahgespräch durch Blickwechsel zu Stande zu kommen pflegt, im Ferngespräch durch stimmliche Signale und Pausen. Gewöhnlich bleibt diese Einleibung latent; sie kann aber jederzeit patent werden, wenn der Gesprächspartner z. B. eine unvorhergesehene Bewegung auf den anderen zu macht oder es diesem in seiner Betroffenheit von jenem „warm ums Herz" oder beklommen zu Mute wird; dann machen sich Leibesinseln bemerkbar. Schon während der latenten Einleibung im Gespräch können aber ganzheitliche leibliche Regungen, die nicht auf einzelne Leibesinseln verteilt sind, spürbar wechseln. Ein sehr einleuchtendes Beispiel dafür bringt Edith Stein, indem sie folgendes Vorkommnis ausmalt: „Ich bin von anstrengender Tagesarbeit ermüdet und habe den Eindruck, dass ich heute zu gar nichts mehr fähig bin. Da kommt ein Freund zu mir herein, der noch ganz frisch ist, er trägt mir ein Problem vor, das ihn gerade beschäftigt, und bald sind wir mitten in der lebhaftesten Debatte, und von meiner Müdigkeit spüre ich nichts mehr."[73] „Unser' gemeinsames Tun geht frisch vorwärts und die Frische, als von dem einen ausgehend und nun beide erfüllend erlebt, wird zur Bekundung einer Kraft, an der beide zehren, die ihr gemeinsames Eigentum ist."[74] Der Freund hat die Schreiberin mit einem frischen vitalen Antrieb angesteckt, der zum gemeinsamen Antrieb antagonistischer Einleibung geworden ist. Frische und Müdigkeit (d. h. ganzheitliche Müdigkeit, im Unterschied von der teilheitlichen, z. B. in den Beinen nach einer Wanderung) sind ganzheitliche leibliche Regungen, die sich auf keiner Leibesinsel im Besonderen bemerkbar machen müssen. Ein anderes Beispiel für Umstimmung ganzheitlicher leiblicher Regungen in latenter Einleibung erlebt man bei länger währenden Verhandlungen, wenn man zu Abend gegessen hat oder am anderen Morgen wieder zusammenkommt. Oft ist das „Klima" des Gesprächs anders geworden, weil sich durch das leibliche Geschehen in der Zwischenzeit der Anteil der ganzheitlichen Regungen am gemeinsamen Antrieb der antagonistischen Einleibung geändert, z. B. geglättet oder aufgeraut hat. Einzelne Leibesinseln brauchen dazu keinen wesentlichen Beitrag zu leisten.

Der wichtigste Fühler der Einleibung, sowohl der latenten als der patenten, für ihre Nuancen, sowohl im Ganzen als auch bezüglich der Beiträge der Teilnehmer, ist beim Menschen die Fassung. *Fassung* ist das, was man verliert, wenn man die Fassung verliert. Sie vereinigt leibliche Dynamik mit Niveaus personaler Emanzipation und ist unentbehrlich für die Stabilisierung der Person, s. u. Kapitel 9. An der Wurzel ist sie unwillkürlich; darüber hinaus kann sie durch bewusste Stilisierung geformt werden. In der Fassung identifiziert sich der Mensch mit etwas, das eindeutiger ist als er selbst. Dabei handelt es sich teils um die Berufs- und Familienrolle, mehr aber noch um das, was der Psychiater Jürg Zutt die „innere Haltung" genannt hat.[75] Er schreibt: „Manche Haltungen, die aus bestimmten Wesenszügen hervorgehen, können fast dauernd die innere Haltung und damit das Handeln eines Menschen bestimmen, so Aufrichtigkeit, Stolz, Liebenswürdigkeit, Bedächtigkeit. Aus diesen Grundhaltungen heraus entwickeln sich die Nuancen von Einzelhaltungen, wie z. B. Entgegenkommen, Abweisen, Begrüßen, Verabschieden."[76] Die Grundhaltungen können aber auch wechseln, je nach Typen der Einleibung, in die ein Mensch sich entweder durch den Rhythmus seiner Persönlichkeit selbst verstrickt oder durch die verschiedenen Lebenskreise, in die er eintritt, verstrickt wird. Das Erste beschreibt François-Poncet aus persönlichem Umgang als die drei Gesichter Hitlers, d. h. drei Fassungen, die dieser annahm, je nach dem, ob er sich indifferent oder in rhetorischer Wallung oder in Abspannung nach Abklingen der Wallung befand.[77] Für das Zweite kann der „Soldatenkönig" Friedrich Wilhelm I. (etwa als Familienvater und im Tabakskollegium) als Beispiel dienen.[78] Als weitere Grundhaltungen, die mir einfallen, nenne ich:

misstrauische Vorsicht, Jovialität, sanfte Bestimmtheit und das, was Freud „analer Charakter" (mit den Merkmalen: ordentlich, sparsam, eigensinnig) nannte.

Die Fassung, die aus Anteilen der Rolle und der inneren Haltung besteht, ist der sensibelste Fühler der Einleibung im zwischenmenschlichen Kontakt. Wenn man den anderen am eigenen Leibe spürt, wenn man sich von ihm eigentümlich berührt fühlt, dann ist es im Wesentlichen die eigene Fassung, an die er gerührt hat. Wer sich nicht so rühren lässt, wer seine Fassung starr festhält, sieht am anderen vorbei. Wer sie schwingungsfähig hält und bereit ist, sie auch einmal aufs Spiel zu setzen, kann ihr über den, mit dem er zu tun hat, in der antagonistischen Einleibung mehr entnehmen als durch bloße Beobachtung. Dazu gehört nicht einmal patente Einleibung; oft genügt schon die latente. Und nicht nur für Gesprächspartner ist der Mensch mit seiner Fassung empfindlich, sondern auch für Atmosphären (des Gefühls, des Wetters, der Stille) und für Situationen („was los ist"); es handelt sich dann um Einleibung in Halbdinge.

Die Fassung ist nicht nur Organ der Sensibilität, sondern auch Werkzeug der Durchsetzung gegen den Blick des anderen in der Einleibung. Ich habe schon bemerkt, dass der Blick als Überträger des vitalen Antriebs in der Einleibung immer ein Anschlag auf Dominanz ist, sogar und erst recht der liebevolle und der demütige Blick. Dazu kommt eine wirkliche Dominanz des Mitmenschen über den anderen, auf den er blickt, durch einen überlegenen Zugang zu dessen Persönlichkeit, die ich als zuständliche persönliche Situation analysiert habe.[79] Der Mitmensch kann sich der Persönlichkeit seines Mitmenschen vom Ganzen her nähern, da er, oft schon bei der ersten Begegnung, einen vielsagenden Eindruck von ihr gewinnt, der freilich trügen kann, aber im Abstieg vom Ganzen durch kritische Prüfung an Einzelerfahrungen verbesserbar ist. Der Mensch hat von der eigenen Persönlichkeit keinen vielsagenden Eindruck, sondern kann sich ihr nur aufsteigend, aus Einzelerfahrungen Lehren über sich ziehend, nähern. Daher ist er nicht so kompetent für ganzheitliche Charakterisierungen seiner Persönlichkeit, z. B. ob es sich bei ihm um einen zuverlässigen, offenherzigen, tapferen, vertrauenswürdigen, leichtsinnigen, sprunghaften usw. Menschen handelt. Der Mitmensch sieht ihn (seine persönliche Situation) als ein Ganzes, selbst wenn er sich irrt; er sieht sich selbst als offenes Feld immer neuer Erfahrungen mit sich. Dieser Überlegenheit des Blickes des Mitmenschen beim Zugang zum Ganzen der Persönlichkeit setzt der Mensch seine Fassung als ein Ganzes entgegen, das er mit sich identifiziert, wenn sie auch eindeutiger ist, als er tatsächlich ist; er begegnet dem Blick auf das Ganze mit dem Ganzen, als das er sich gibt. So ergibt sich in der antagonistischen Einleibung von Personen eine Auseinandersetzung von Blick und Fassung, weil beide Partner einander anblicken und jeder dem Blick des anderen seine Fassung entgegenhält. Weil aber auch im Blick Fassung liegt, treten in der Auseinandersetzung zwei Fassungen gegeneinander an und haben Gelegenheit, sich aneinander zu messen und im gemeinsamen Antrieb der Einleibung aufeinander abzustimmen. Dabei können mannigfaltige Stellungen von Menschen zueinander entstehen, die mehr oder weniger darüber entscheiden, wie sie miteinander auskommen.

Außer der Fassung bedient sich die latente Einleibung noch anderer Instrumente der Orientierung. Dazu gehört eine Vorformung des Blickes durch ein System leiblicher Richtungen, das eine Verlängerung des motorischen Körperschemas ist. Aufschluss darüber gibt der Kleint'sche Drehstuhlversuch[80]. Kleint drehte Personen, deren Augen geschlossen waren, mit unterschwelliger Geschwindigkeit, so dass sie von der Drehung nichts merkten, und ließ sie dann die Augen öffnen. Wie sie sich dann befanden, beschreibt er u. a. so: „Beim Wiederöffnen der Augen tritt eine große Verwunderung ein, oft erscheint zunächst alles diffus, verstreut, wie beim Aufwachen aus einem Traum. Die jetzt gegenüberliegende Zimmerpartie erscheint fremd, unwirklich, unecht, wie eine Kulisse usw. Manchmal ist zunächst der Eindruck eines Chaos da, Farbkomplexe ohne Konturen, die keine ‚Dinge' und nicht auf Gegenstände bezogen sind. Das Gesehene hat weniger Abstand, gehört mehr zu einem." Durch die unbemerkte Drehung ist die Abstimmung des motorischen Körperschemas auf das Gesichtsfeld verloren gegangen. Der Blick bedarf, um sich an fest bestimmten Gegenständen halten zu können, demnach einer vom motorischen Körperschema geformten Einbettung in ein System von Richtungen der Zuwendung, aus dem er seine jeweils passende Einstellung wählen kann. Dieses Ergebnis bekräftigt und ergänzt meine an der spontanen Abstimmung von Blick und Motorik unter 3 gewonnene Feststellung, dass der Blick selbst eine der Richtungen des motorischen Körperschemas ist.

Solidarische Einleibung verbindet menschliche oder tierische Leiber durch einen gemeinsamen vitalen Antrieb ohne einseitige oder wechselseitige Zuwendung zueinander, bedarf aber eines integrierenden Themas, das häufig durch antagonistische Einleibung der Genossen solidarischer Einleibung in ein Zentrum einseitiger Einleibung (in einen Dritten, wenn die Genossen als für einander Zweite verstanden werden) geliefert wird. Typische Beispiele sind Aufruhr (z. B. in kollektiver Empörung), panische Flucht und stürmischer Mut, die über eine Truppe kommen, die alberne oder feierliche Hochstimmung eines Festes, die mitreißende Hochspannung vor einem entscheidenden Ereignis, z. B. einer Schlacht (Goethes „Kanonenfieber"), gemeinsames Sägen[81], Rudern und Musizieren, vor allem aber Ereignisse, die durch Schall zu Stande kommen. An erster Stelle steht das gemeinsame Singen, das gleichsam über die Anwesenden eine Stimmungsglocke zieht, die sie in solidarischer Einleibung zusammenschließt. Das integrierende Thema ist dann das Lied. Kein anderes Verfahren wirkt so stark sozial integrierend wie das gemeinsame Singen von Kirchenliedern, Arbeitsliedern,

Kriegs- und Kampfliedern, National- und Klassenhymnen und Volksliedern. Wesentlich ist dafür der Rhythmus, der sich als leibnahe Bewegungssuggestion zur Anstiftung solidarischer Einleibung ebenso eignet wie zur vorhin erwähnten Wirksamkeit von Gedichten, „unter die Haut" zu gehen. Auf dem Rhythmus beruht die sozial integrierende, solidarisch einleibende Kraft des Rufens, Klatschens, Trommelns. Was früher, in der bürgerlichen Kultur, das Klatschen im Theater oder Konzert war, ist jetzt das anfeuernde Rufen von den Rängen der Zuschauer beim Fußballspiel. Prototypisch ausgeprägt ist die Verbindung solidarischer und antagonistischer Einleibung bei einem gelungenen Konzert mit Chor und Orchester. Die Chorsänger singen wie aus einem Munde, aber mit subtil auf verschiedene Stimmen (Sopran, Alt, Tenor, Bass usw.) verteilten Rollen, in solidarischer Einleibung untereinander und in antagonistischer in den Dirigenten, der ihren gemeinsamen Antrieb auf das Thema, das aufzuführende Werk, hin zusammenhält; für das Orchester gilt das Entsprechende. Darüber hinaus nimmt auch der Dirigent an der solidarischen Einleibung teil. Eine dem Dirigenten vergleichbare Stellung hat der junge energische Lehrer, der eine zu gelangweilter oder aggressiver Unruhe neigende Schulklasse durch ein fesselndes Thema und dessen suggestive Präsentation zu solidarischer Einleibung bei der gemeinsamen Arbeit daran mitreißt. Der gemeinsame vitale Antrieb ist der Schwung, der dann auf einmal in die Klasse kommt.

Die Überlagerung antagonistischer Einleibung durch solidarische ist charakteristisch für die ausgelassene Partyatmosphäre, die Lacrosse nach 40 einschlägigen Beobachtungen in Europa und Amerika eingängig charakterisiert hat.[82] Er legt drei Querschnitte durch das Geschehen: am Anfang, auf dem Höhepunkt und am Ende. Am Anfang besteht das Risiko, dass das Fest nicht in Gang kommt. Viele Gäste erscheinen zu spät, um der Verlegenheit eines mühsamen Beginns auszuweichen, und die Tapferen, die die Initiative ergreifen, benötigen enorme Energie, wenn sie sich einzeln oder paarweise tanzend zur Schau stellen. Wenn es gut geht, platzt plötzlich diese Blase hemmender Spannung, und die solidarische Einleibung ist da. Nun empfinden die Teilnehmer so etwas wie Exaltation, elektrisch geladene Spannung, und zugleich breitet sich eine Atmosphäre kollektiver Intimität aus, in der sich die Zuschauer von den privaten Vertraulichkeiten zärtlich Liebender nicht mehr wie sonst herausgefordert und ausgeschlossen fühlen. Diese Atmosphäre wird bestimmt von der integrierenden Kraft „eines fast physikalischen Gefühls der Fülle; dieses resultiert gleichzeitig aus der reduzierten Beleuchtung, die das visuelle Volumen einschränkt, aus der Klangfülle, die ‚den Raum ausfüllt', und aus der Personendichte, die (...) die Interaktionen nicht nur intensiviert und (...) vermehrt, sondern auch das Verhältnis der Teilnehmer zur räumlichen Distanz verändert."[83] Sie häufen sich an „strategischen Punkten" an, während die Besucher eines Restaurants sich tunlichst verteilen. Anders als beim gemeinsamen Gesang entsteht aber kein Gleichtakt. „Die Geselligkeit und auch der ‚kollektive Aufruhr' bleiben immer ein wenig unvorhersehbar und verschwommen. Als Produkt eines instabilen Gleichgewichts und eines unsicheren Kampfes von entgegengesetzten oder komplementären Kräften vermitteln sie den Teilnehmern den leichten Schwindel über etwas, was in jedem Moment in die Belanglosigkeit abgleiten kann und nur aufrechtzuerhalten ist durch die permanente Mitwirkung als Teilnehmer und ihr Bedürfnis, Geselligkeit und ‚Aufruhr' existieren zu lassen."[84] Am Ende einer gelungenen Party kehrt Ruhe ein, gegensätzlich abstechend von der gehemmten und aufwendigen Gespanntheit am Beginn. Manche Aktivitäten, die damals peinlich und ungemütlich waren, können nun glatt ablaufen, „ein Paar oder eine einzelne Person können allein auf der leeren Tanzfläche unter den Augen der ‚abgesackten' Teilnehmer tanzen, ohne dass diese Blicke wie ‚eine Hölle' (Sartre) erscheinen."[85] Die Party lebt hiernach von einem unübersichtlichen, ja chaotischen Durcheinander antagonistischer Einleibungen, die, um sie zu unterhalten, zum Aufruhr farciert werden müssen, zugleich aber vom Gleichmaß der solidarischen Einleibung so überdeckt werden, dass sie als einzelne weniger als sonst aus dem Rahmen fallen können; die Solidarität als Hintergrund schluckt sozusagen die antagonistischen Figuren und wird doch nur durch diese unterhalten. Der plötzliche Übergang von einem stümperhaften Anfang zum selbstverständlichen Gelingen der solidarischen Einleibung gleicht dem beim Erwerb einer motorischen Kompetenz, wenn nach der Lernphase mit Orientierung an Lagen und Abständen das motorische Körperschema die Führung übernimmt. Anders als das Tier muss der personale Mensch gleichsam erst die Eintrittskarte in das leibliche Können lösen, ehe er sich dem motorischen Körperschema oder der Einleibung überlassen kann.

Im Fall der Party fehlt die antagonistische Einleibung der solidarisch Eingeleibten in einen Dirigenten oder Lehrer, nicht aber das gemeinsame Thema, in der aufgerührten Hochstimmung mit Lizenz für Ausgelassenheit zu verweilen. Wie schwierig es wird, wenn der solidarischen Einleibung auch noch das Thema abhanden kommt, kann man folgendem Beispiel einer unfreiwilligen Studentenversammlung entnehmen, wobei die Wirksamkeit eines „fast physikalischen Gefühls der Fülle"[83] beinahe größer ist als auf der Party: „Der Hörsaal lag im vierten Stock. Im Fahrstuhl das gewohnte Bild. Er ist immer überfüllt, hält auf jeder Etage (...), und was für Fahrten im Aufzug charakteristisch ist: keiner sagt auch nur ein einziges Wort. Es ist so still, dass man glauben könnte, die Menschen hielten sogar den Atem an, um nur das summende und monotone Geräusch der Kabine nicht zu stören. Selbst wenn man sich gelegentlich gegenseitig auf die Füße tritt, ist diese Unannehmlichkeit in der Regel kein Grund, sich aufeinander aufmerksam zu machen. Denn in dieser Atmosphäre der völligen Stille, die weit davon entfernt ist, einer inneren Ruhe der auf- und abfahrenden Menschen zu entsprechen, würde schon das kleinste Wort wie ein großer

Satz wirken. Nur einen Moment lang wäre man dem Scheine nach Subjekt, um schon im nächsten Moment nichts mehr als das Objekt der Blicke und Ohren aller anderen zu sein. Und davor haben alle Angst. So begegnen sich über den Köpfen zwar viele Gedanken, die sich aber nie zu nahe kommen und einander ausweichen, so wie sich etwa auf der Straße Bekannte aneinander vorbeidrücken, die sich gerade nicht sehen wollen. Wahrscheinlich lastet der Druck dieser Stille auf den Meisten derart, dass sie darauf hoffen, irgend etwas möge passieren. Aber aus der Anonymität hinauszutreten, macht niemand den Anfang. Man steht zwar auf Körperfühlung nebeneinander, aber die Enge entschädigt die Leere nicht."[86] Die sogar sehr intensive solidarische Einleibung bleibt in diesem Fall an der Schwelle des Übergangs in gekonnte Selbstverständlichkeit liegen, weil sie kein Thema findet, an dem sie Form annehmen könnte, und lastet als eine schwere Verlegenheit auf den Teilnehmern. Diese ruft nach einem Dirigenten, der als Zentrum gemeinsamer antagonistischer Einleibung die Formgebung leisten könnte, aber keiner von den Anwesenden will dazu die Initiative ergreifen, weil er damit zum Zentrum einseitiger Einleibung in der Rolle der Richtung sendenden Enge werden würde, aber passiv als Objekt fremder Blicke, ohne die zu einer solchen Rolle gehörende Dominanz.

Ausleibung ist leibliche Kommunikation mit maßloser (d. h. nicht durch umkehrbare Abstände oder unumkehrbare Entfernungen metrisch geformter) Weite durch Abspaltung privativer Weitung aus der Schwellung im vitalen Antrieb, wobei die Spannung und die von ihr vorgehaltene Enge des Leibes – die exponierte Gegenwart mit absoluter Identität und Subjektivität (1) – sich in die Weite hinein auflösen: ein Zustand des Versinkens und der Versunkenheit. Eine gute Gelegenheit dazu ist das Starren in Glanz; von der Ausleibung, die auf diese Weise erfahren werden kann, gibt der mittelalterliche Mystiker Heinrich Seuse eine höchst eindrucksvolle Beschreibung: „Als er noch ein anfangender Mensch war, trug es sich einmal zu, dass er am St. Agnes-Tag – es war nach dem Mittagessen des Konvents – in den Chor ging. Dort war er allein; er stand an dem niederen Gestühl der rechten Seite. Und wie er da so stand, des Trostes bar, und niemand in seiner Nähe war, da ward seine Seele entrückt, ob im Leib, ob außer ihm, das wusste er nicht. Was er da sah und hörte, lässt sich nicht in Worte fassen. Es hatte weder Form noch bestimmte Art und hatte doch aller Formen und Arten freudenreiche Lust in sich. Des Dieners Herz verlangte danach und fühlte sich doch gestillt, sein Sinn war freudvoll und bewegt; Wünschen war ihm entfallen, Begehren entschwunden; er starrte nur in den hellen Abglanz, in dem er sich selbst und alles um sich vergaß. War es Tag oder Nacht? Er wusste es nicht. Ein Ausbruch war es von des ewigen Lebens Lieblichkeit, seinem Wahrnehmen gegenwärtig, bewegungslos, ruhig."[87] Diese Ausleibung ist mystische Versunkenheit, die auch Seuses Zeitgenosse Jan van Ruysbroeck als „grenzenloses Starren" und überdies als Vereinigung bis zur Identität mit dem,

was wir anstarren, bestimmt. [88] Der Kern der Erfahrung einer mystischen
Vereinigung mit Gott (unio mystica) dürfte Ausleibung sein. Diese in an-
derer Form, nicht mit Zuspitzung auf Gott, sondern mit Ausbreitung zum
All, kommt ebenso als Starren in Glanz beim Liegen in der Sonne vor. Die
tibetischen Einsiedler legen sich bei ihrer Meditation zur „Betrachtung der
Sonne und des Himmels", um „nichts als den Himmel zu sehen", auf den
Rücken. „Der Brauch soll zur Verzückung führen und ‚ein Gefühl unbe-
schreiblicher Verbundenheit mit dem Weltall herstellen'." [89] Eine verwandte
Erfahrung widerfuhr Ernst Mach und prägte seine Denkweise, den mystischen Positivismus: „An einem heitern Sommertage im Freien erschien mir
mit einmal die Welt samt meinem Ich als *eine* zusammenhängende Masse
von Empfindungen, nur im Ich stärker zusammenhängend. Obgleich die
eigentliche Reflexion sich erst später hinzugesellte, so ist doch dieser Moment für meine ganze Anschauung bestimmend geworden." [90] Machs Initi-
ationserlebnis beim Liegen in der Sonne, dessen negatives Resultat sich in
seiner Sentenz „Das Ich ist unrettbar" niederschlug, ist Ausleibung, in der
die absolute Identität und Subjektivität der exponierten Gegenwart in die
Welt als eine ununterbrochene Masse von Empfindungen, wie in ein ufer-
loses Meer, ausläuft.

Dieselbe Erfahrung von Ausleibung, aber ohne Belastung mit mystischen und weltanschaulichen Konsequenzen, macht die von Conrad-Martius durch „vollständige Gelöstheit, Inaktivität und Entspanntheit", also
privative Weitung des Leibes, charakterisierte „sinnliche Ichhaltung", wenn
nur noch „der Wind, der mich umspielt, die Wärme, die mich einhüllt, der
Duft, der in mich eingeht" gespürt wird[91], die Atmosphäre des Sonnenba-
des. Den Selbstverlust in einem solchen Zustand beschreibt Nietzsche in
den Versen:

Hier saß ich wartend, wartend, doch auf Nichts,
Jenseits von Gut und Böse, bald des Lichts
Genießend, bald des Schattens, ganz nur Spiel,
Ganz See, ganz Mittag, ganz Zeit ohne Ziel. [92]

Die „vollständige Gelöstheit, Inaktivität und Entspanntheit" ist hier ebenso
getroffen wie der Selbstverlust, den Novalis auf Grund einer nah verwandten Erfahrung so ausdrückt: „Und was bin ich anders als der Strom, wenn
ich wehmütig in seine Wellen hinabschaue und die Gedanken in seinem
Gleiten verliere?" [93] Zwar sprechen Nietzsche und Novalis/Hardenberg
nicht von Empfindungen und Halbdingen wie Conrad-Martius, sondern
von See und Strom, aber dass Nietzsche Mittag und Zeit ohne Ziel daneben stellt, deutet an, dass es um Gegenstände nur als Medien für ein Trans-
zendieren ins Gegenstandslose geht, so wie Ranke die Gegenstände seines
historischen Studiums als Medien der unio mystica mit Selbstverlust erlebt:
„Man lebt mehr im Ganzen als in der Person. (...) Oft weiß man kaum mehr,

dass man eine Persönlichkeit ist. Der ewige Vater, der sie alle belebt, zieht uns ohne allen Widerstand an sich." [94]

Eine andere Gelegenheit für Ausleibung ist das Auslaufen des Blickes in die Tiefe des Raumes, wenn es in privativer Weitung Identität und Subjektivität mitnimmt und in maßloser Weite versinken lässt. Das ist der Fall bei der „gefährlichen Autobahntrance", wenn der Fahrer auf langer gerader, reizarmer Strecke die Kontrolle über sich und sein Fahrzeug verliert. Das ist nicht, wie man meint[95], allein die Folge von Monotonie und Müdigkeit, denn der Fahrer wäre, wenn er, statt zu fahren, die lange monotone Strecke zu Fuß zurückgelegt hätte, vielleicht von Mühen erschöpft gewesen, hätte aber kaum die Selbstkontrolle verloren, weil die ständige Erneuerung seines vitalen Antriebs im Gehen die leibliche Engung aktiv und ihn dadurch wach gehalten hätte. Verhängnisvoll wird die Eintönigkeit der Reize erst dadurch, dass er ohne Anstrengung im Fahrzeug sitzt und seine leibliche Dynamik ganz in den Blick nach vorne legt. So kann in diesem die vernachlässigte Engung in privative Weitung auslaufen und ihm den Rückhalt an der Enge seines Leibes, der exponierten Gegenwart, für Identität und Subjektivität nehmen.

Die Ausleibung beschert dem Menschen aber nicht nur Selbstverlust durch Entrückung und Versunkenheit, sondern auch eine ausgezeichnete Erkenntnischance durch Zugang zur Reindarstellung konkreter Arten, als eine Art von Wesensschau. Ich habe mehrfach zwischen abstrakten Universalien (Gattungen im engeren Sinn und Halbarten) und konkreten Arten in der Weise unterschieden, dass bei Wiederkehr konkreter Arten das Wiederkehrende als das Selbe in Reindarstellung hervortritt, während das bei abstrakten Universalien nicht gelingt. [96] Man kann sich das an Tonqualität und Lautstärke klar machen. Beim Stimmen von Instrumenten hören Musiker genau denselben Ton, ganz unabhängig von seiner Einbettung in verschiedene Klangfarben und Lautstärken. Dagegen kann man nicht ebenso unmittelbar dieselbe Lautstärke hören, sondern nur durch Vergleich ausschließen, dass der eine Schall (Klang oder Geräusch) lauter oder leiser als der andere ist. Es gibt also nicht in allen sinnlichen Dimensionen gleiche Chancen für Prägnanzstufen konkreter Arten. Diese kommen aber nicht nur bei Sinnesqualitäten vor, sondern auch z. B. als die unverkennbare Stimme, die unverkennbare Lache eines Menschen, ja als seine einzigartige Zartheit oder Schmierigkeit, wenn man sich getraut, solche „Wesenseigenschaften" im Sinne von Metzger[97] auch unter tausend ähnlichen in einer fremdartigen Umgebung noch herauszukennen. Als Telemach incognito Sparta besucht, erkennt ihn Menelaos als den Sohn des Odysseus außer an Körperteilen an der Art, wie er die Blicke wirft. [98] Zur Reindarstellung solcher konkreter Arten gibt die Ausleibung ausgezeichnete Gelegenheit. Sinnliche Qualitäten, z. B. Gerüche, werden gewöhnlich mit Einbindung in Dinge oder Orte und Umstände erlebt; man sagt dann etwa „Das riecht" so

und so (angenehm, widerlich) oder „Hier riecht es" so und so (z. B. brenz-
lich). Sobald im Zustand der Ausleibung gerochen wird, entfällt die Lokalisierung; man ruft dann etwa „Das duftet", „Das duftet stark", „Das riecht
verführerisch" oder dgl. „Das" meint jetzt nicht mehr ein Ding, sondern so
etwas wie das reine Wesen von Rosenduft, Apfel- oder Holzgeruch. Man
ist der Fixierung auf Gegenstände, der Auseinandersetzung mit ihnen im
Dienst der Selbstbehauptung, nicht mehr ausgesetzt, und damit kann das
Interesse am Einzelfall hinter das an Arten zurücktreten. So gibt man sich
auch in der Ausleibung entspannter sinnlicher Ichhaltung nach Conrad-
Martius[91] der Sonnenwärme als absolutem Eindruck hin, ohne darauf zu
achten, dass irgend ein Ding warm ist; nicht einmal darauf reflektiert man
mehr, dass es hier warm ist. Diesen nur noch den Arten zugewandten Typ
der Wahrnehmung durch Ausleibung kann man sich auch am Weingenuss
klar machen. Für den wachsam, aber entspannt hingegebenen Genießer des
Weins verselbständigt sich dessen Aroma, das sonst nur Geschmacksquali-
tät eines Dinges wäre, zu einer prägnant herausgehobenen Art, etwa einer
bis in fein differenzierte Nuancen wiedererkennbaren zarten Säure; es wäre
ein komisch plumpes Missverständnis, ihm auf den Kopf zuzusagen, dass er
sich nicht mit der delikaten Säure beschäftige, sondern mit dem sauren Ding
da, der alkoholhaltigen Flüssigkeit im Glas.

5. Der Mund

Der Mund ist die Körpergegend, in der sich beharrlich spürbare Leibes-inseln zu einem Theater versammeln, in dem von den ersten Lebenstagen an die Grundformen leiblicher Dynamik und leiblicher Kommunikation unablässig aufgeführt werden. Daher empfiehlt es sich, dem Kapitel 3 und 4 eine exemplarische Veranschaulichung am Mund nachzuschicken. Ich werde zu diesem Zweck erst den geschlossenen Mund als Kammer, sodann den geöffneten Mund als Höhle und schließlich die Lippen als Vorposten des Mundes betrachten.

Der Mund als Kammer in leiblicher Dynamik: Der vitale Antrieb lebt sich im Zungenspiel aus, das am Gaumen und den Zähnen engenden Wider-stand findet. Dieser engende Einschluss, der im Herausstrecken der Zunge nur wenig und gelegentlich gelockert werden kann, würde Angst machen, wenn die Zunge nicht durch ihre Formbarkeit so anpassungsfähig und be-weglich wäre, dass ihr expansiver Impuls schon in sich, im bloßen Zungen-spiel, als vitaler Antrieb aus Spannung und Schwellung sich sättigen kann; das Anstoßen ist dann nur Anreiz zur Entfaltung dieses Spiels. Dabei kann die neugierig im Mund umherirrende Zunge alle Richtungen einschlagen, unter denen die dominante aber die Richtung nach vorne ist, die Richtung zum Herausstrecken der Zunge aus dem Mund, die als leibliche Richtung unumkehrbar aus der Enge in die Weite führt. Protopathisch ist die schlei-mige Zunge im flüssigen Milieu des Speichels; bei ihrem Spielen im Mund trifft sie auf die Zähne, die die epikritische Tendenz rein darstellen.

Der Mund als Kammer in leiblicher Kommunikation: Manche Philo-sophen (Palágyi, Husserl, Waldenfels) legen für leibliche Selbsterfahrung besonderen Wert auf die sogenannte Doppelempfindung, die eintritt, wenn eine Hand die andere betastet. Sie beachten nicht die viel frühere Doppel-empfindung beim Betasten des Gaumens und der Zähne mit der Zunge. In beiden Fällen handelt es sich um antagonistische Einleibung, im Fall des empfindlichen Gaumens in eine Leibesinsel, im Fall der normalerweise un-empfindlichen Zähne in einen durch Bewegungssuggestionen und synäs-thetische Charaktere leibverwandten Körper. Die Einleibung kann sowohl einseitig als auch wechselseitig sein.

Der Mund als Höhle in leiblicher Dynamik und leiblicher Kommuni-kation: Der Mund wird zur Höhle, indem man ihn aufmacht. Das kann auf zwei Weisen geschehen: durch Gähnen und durch Fallenlassen des Un-terkiefers. Gähnen ist leiblich kompakter vitaler Antrieb mit ungefährem Gleichgewicht von Spannung und Schwellung wie bei Kraftanstrengung (Heben, Ziehen, Klettern). Interessanter ist die zweite Methode. Sie ist schon dem Kleinkind geläufig, als Gelegenheit zu frühen Erfahrungen einer ungegliederten, maßlosen Weite, die ohne Hemmung in den gespürten eigenen Leib einfließen kann. Dabei ist der vitale Antrieb außer Dienst. Es handelt sich um das seltene Vorkommen privativer Weitung auf einer einzelnen Leibesinsel. Diese privative Weitung führt zu der bekannten Gebärde, dass man bei Überraschung den Unterkiefer herunterklappen lässt und mit offenem Munde staunt. Das Erstaunen setzt den vitalen Antrieb aus, aber nicht als privative Engung (Schreck), sondern wegen seiner Grenzenlosigkeit als privative Weitung.

Der vitale Antrieb als antagonistische Verschränkung von Spannung und Schwellung im Mund als Höhle entfaltet sich reichlich beim Eindringen fester Körper in diese Höhle, und zwar gleich als antagonistische Einleibung, besonders beim Umgang mit Nahrungsmitteln, die je nach ihrer Konsistenz auf vielfältige Weise spannenden Widerstand leisten oder mit sanfter Schwellung, wie süßliche und breiige Speisen, den Mund gleichsam überfluten und mit nur leiser Spannung von ihm aufgefangen werden müssen. In diesen Fällen ist die antagonistische Einleibung wechselseitig, erst recht beim Küssen; eher einseitig ist sie dagegen bei anhaltender Beschäftigung mit beharrenden Festkörpern, beim Lutschen und beim Rauchen. Der Einstrom flüssiger Nahrung in den Mund ist eine mehr oder weniger mächtige Schwellung, die im Schlucken engend aufgefangen wird, und zugleich leibliche Richtung, die unumkehrbar aus der Enge in die Weite führt; denn die Tiefe, in die die flüssige Nahrung abstürzt, ist leiblich nicht in Körperteile (Schlund, Speiseröhre, Magen) gegliedert, sondern maßlose Weite wie beim Ausatmen oder Sichzurücklehnen.

Lippen: Die Lippen als Vorposten des Mundes sind mit einer Leibesinsel besetzt, in der sich, ebenso wie im Mund, die Grundformen leiblicher Dynamik und leiblicher Kommunikation üppig ausleben. Das Saugen, ihre früheste Verrichtung, ist bereits Entfaltung des vitalen Antriebs in antagonistischer Einleibung. Unabhängig davon bieten die Lippen dem Leib ein beständig und eifrig benütztes Spielfeld für das Ausagieren des vitalen Antriebs nach beiden Seiten. Dabei führt zunächst die Engung, weil die einfachste Lippengeste das Zusammenpressen ist, auch mit epikritischer Tendenz als Spitzen der Lippen. Vielseitiger ist die leibliche Dynamik der Lippen im Lächeln, bisweilen mit epikritischer Engung beim höhnischen und ironischen Lächeln, meist aber mit protopathischer Weitung im warmen, zutraulichen Lächeln, übrigens aber mit unabsehbar vielen feinen Nuancen. Im Schlürfen werden die Lippen wulstförmig geöffnet, wodurch Schwellung in eine mehr oder weniger wollüstige Konkurrenz mit Spannung tritt. Der Feinschmecker demonstriert seine Erwartung des Leckerbissens durch eine Gebärde, in der einem Spitzen der Lippen eine geringe, fast schlürfende Öffnung mit trichterförmiger Ausbuchtung folgt, eine Gestalt leichter, gleitender Wollust, in der sich Schwellung gegen Spannung durchsetzt. Unbefangener lebt sich diese Gestaltung des vitalen Antriebs

im behaglichen Schmatzen aus. Dann folgt einem kurzen Zusammenpressen der Lippen und Zähne ein Auseinanderreißen, das schwellende Weitung
genießt. Dabei entsteht das Geräusch.

6. Die anale Zone

Zu den beharrlich mit spürbaren Leibesinseln besetzten Körpergegenden gehört außer der oralen Zone auch die anale, in der beständig, sogar bei Verlegung der leiblichen Dynamik in sonst nur latente Einleibung, ein wenigstens leises Wechselspiel von Spannung und Schwellung gespürt wird, außer wenn der Mensch ausgestreckt auf dem Rücken liegt. Zur Dramatik steigert sich dieser Antagonismus bei der Kotausleerung; auf diese Weise hat die anale Zone das Privileg, die einzige Leibesinsel zu beherbergen, die sich im nicht durch chronischen Schmerz gestörten Leben regelmäßig in eher kurzen Abständen ins Zentrum der Aufmerksamkeit drängt. Das ist aber nicht ihr einziges Privileg. Der vitale Antrieb ist die Grundlage der leiblichen Dynamik und Voraussetzung dafür, bei Bewusstsein zu sein. Demgemäß kommt er in vielfältigen Gestalten und Funktionen vor, namentlich als Träger der leiblichen Kommunikation in der Einleibung. In der Mundgegend entfaltet er, wie eben gezeigt wurde, reichlich diese Vielseitigkeit. In der analen Zone ist dagegen der vitale Antrieb als sozusagen eintöniges Spiel von Spannung und Schwellung ganz sich selbst überlassen. Nicht einmal der Kot wird, bevor er ausgetreten ist, als möglicher Partner der Einleibung gespürt. Die Konkurrenz von Spannung und Schwellung in der analen Zone ist aber nicht nur monoton, sondern auch in allmählichen Übergängen fein einstellbar. Nur hier hat der Mensch die Chance, sich nach Belieben pressend auf die Seite der Schwellung oder hemmend auf die Seite der Spannung zu stellen und so die Gewichtsverhältnisse im vitalen Antrieb frei zu verteilen. Im analen Drama muss er sich häufig darum bemühen; wenn dann die Ausscheidung gelungen ist, wird er durch Erleichterung, also privative Weitung, belohnt, und das ist der einzige Ausbruch aus dem vitalen Antrieb, den die anale Zone zulässt.

Freud hat der analen Zone eine anale Phase der frühkindlichen Entwicklung zugeordnet und deren Bedeutung in der Entstehung und Pflege des Besitzwillens, bezüglich auf den Kot als erstes natürliches, veräußerbares Besitztum des Kindes, das von diesem geschätzt und gern festgehalten werde, gesehen; in diesem Sinn vergleicht er sogar Kot und Gold. Leiblich gesehen, ist aber die Ausscheidung von Kot nur eine Zugabe zum analen Drama, etwas, das nur nachträglich auffällt, nachdem das Geschehen abgelaufen ist. Von einer analen Phase in der Lerngeschichte des Kindes möchte auch ich sprechen, aber deren Aufgabe sehe ich nicht so sehr in der Weckung und Pflege des Besitzwillens, sondern im Erlernen der Verfügung über die Regulierung des vitalen Antriebs. Da dieser an jeglichem Verhalten fundamental beteiligt ist, kommt dem analen Lernen eine grundlegende Bedeutung für die Steuerungsfähigkeit des eigenen Verhaltens zu. Dass das seiner Analität inne werdende Kind genüsslich dabei verweilt, lässt sich nicht nur mit Freud durch seine Liebe zum Kot als ungern veräußertem Besitz erklären, sondern auch durch die Wollust, die das anale Drama gewährt, wenn die Schwellung ein Übergewicht über die Spannung gewinnt.

7. Die geschlechtlich Ekstase

Nach der Analyse der Strukturen des Leibes, seiner Ausdehnung, Dynamik und Kommunikation nach, habe ich diese Strukturen auf zwei Zonen von Leibesinseln verfolgt, um der Strukturanalyse zusätzliche Anschaulichkeit zu geben. Aus demselben Grunde empfiehlt es sich, die geschlechtliche Ekstase in Betracht zu ziehen, eine ungemein eindrucksvolle und prägende Erfahrung, an der sich die Vertrautheit mit den Strukturen des Leibes besonders deswegen bewähren kann, weil die Reflexion, die das Geschehen begrifflich durchsichtig zu machen hat, noch sehr zurückgeblieben ist. Über den Orgasmus schreibt Kinsey: „Die explosive Entladung der neuromuskulären Spannungen auf der Höhe der sexuellen Reaktion bezeichnen wir als Orgasmus." [99] Und Shaines: „Im Orgasmus löst die sich steigernde genitale Empfindung plötzlich ein heftiges, aber diffuses Körpergefühl aus, das von einer Bewusstseinsveränderung oder einem kurzen Bewusstseinsverlust begleitet wird." [100] Kinsey weicht in die Physiologie aus; was Shaines sagt, träfe auch auf den epileptischen Anfall zu. Dass die geschlechtliche Ekstase mehr als den Orgasmus umfasst, fällt unter den Tisch. Es dürfte angebracht sein, sich genauere Rechenschaft zu geben.

Im Ablauf der geschlechtlichen Ekstase, als unverkürzt ausgearbeiteter Idealtyp verstanden, lassen sich vier Phasen unterscheiden, zwei der Vorbereitung und zwei der Durchführung:

1. Am Anfang steht diffuse protopathische Weitung, eine stolze Schwellung des ganzen Leibes durch Erzeugung protopathischer Wollust auf Leibesinseln. (Wollust ergibt sich aus Übergewicht der Schwellung über die Spannung im vitalen Antrieb.) Dazu dient die Weckung möglichst vieler Leibesinseln wegen der unter 3 erörterten Anregung leiblicher Weitung, also auch Schwellung, durch Leibesinselbildung. Eine solche Leistung - ich denke jetzt an die geschlechtliche Ekstase eines Paares – vollbringt namentlich der Kuss, der die Wollust aus den bereits wollüstig schwellenden Leibesinseln der Lippen und der Zunge auf den Partnerleib überträgt, wie eine brennende Kerze, an entzündliche Stoffe gehalten, diese entflammt. Demgemäß setzt er an wenigen, als wollustempfänglich gut bekannten Zonen des Partnerleibes an und breitet sich darin aus, indem er gleichsam immer neue Feuer der Wollust unter die Haut setzt.

2. Damit verbindet sich eine mehr epikritische Wollust kitzelartiger Sensationen, ausgehend wiederum von besonders geeigneten Zonen, aber auch als wollüstiger Schauder, der den ganzen Leib überrieselt. Der süße, kitzelnde Stich in den Eingeweiden macht den Menschen schwach und hinfällig, so dass er der Lockung des sich anbahnenden Geschehens ausgeliefert ist.

3. Der Aufstieg zur geschlechtlichen Ekstase beginnt mit einem rhythmischen Wechsel des Übergewichts von Spannung und Schwellung im
vitalen Antrieb, wobei aber im Ganzen des Verlaufs das Gewicht der
Schwellung gegenüber dem der Spannung fortgesetzt steigt. In diese
Phase, in der sich die Schwellung von Widerständen abstößt, gehört
das wollüstige Stöhnen. Stöhnen ist Signal einer Weitung, die im Begriff ist, sich aus den Fesseln hemmender Engung loszuwinden, aber
der Hemmung noch nicht (wie im Schrei) entkommt. Kraftanstrengung
und sogar schmerzhafte Reize passen gleichfalls in diese Phase. Der Antagonismus beider Komponenten des Antriebs treibt auf einen Gipfel
zu, einen Höhepunkt, auf dem er umkippt, indem die Schwellung die
Mauer hemmender Spannung durchbricht und, damit der Fessel ledig
geworden, in privative Weitung umschlägt. Dieser Höhepunkt ist der
Orgasmus, in dem sich die leibliche Dynamik auf eine rein epikritische
Spitze zusammenzieht, die nicht mehr räumlich und zeitlich orientiert
ist, sondern absoluter Ort und absoluter Augenblick wie bei der Expo-
nierung der Gegenwart durch den plötzlichen Einbruch des Neuen (1).
4. Auf die Sammlung der leiblichen Dynamik in epikritischer Engung
beim Orgasmus folgt die protopathische Ergießung im Rausch, das
Verströmen und Versinken in maßlose Weite. Es ist, als seien der absolute Ort, der absolute Augenblick nur darum so betont worden, um
nun vollständig preisgegeben zu werden. In diesem Untergang wurzelt
die metaphysische Bedeutung der geschlechtlichen Ekstase, die oft von
den Mystikern herangezogen worden ist, als Eintritt in das Unendliche.
Der Mensch, der im Rausch der geschlechtlichen Ekstase versinkt, vollbringt gleichsam die befreiende Tat, die Hölderlin seinem Empedokles
als den die All-Einheit wiederherstellenden Sprung in den Ätna zumu-
tet. Die Bewegungssuggestion des Versinkens ist im Rausch besonders
ausgeprägt, wenn es gelingt, den Gipfel nicht mit einem Schlage preiszugeben, sondern in rhythmischen Absätzen, wodurch der Eindruck
eines mächtig ausschwingenden bogenhaften Abfalls entsteht. Wichtig
ist aber die Sonderung des Orgasmus vom Rausch in deutlicher Sukzession. Wenn beide zusammenträfen, würde abgerissene Enge direkt
mit maßloser Weite in unüberbrückbarem Gegensatz konfrontiert, und
es entstünde Angst als Hinderung eines expansiven Impulses „Weg!".
Wenn die Sonderung einmal nicht ganz gelingt, so dass der Rausch nicht
frei auszuschwingen vermag, kann ein unbehagliches Zumutesein, eine
Beklemmung, die Ekstase heimsuchen.

Wegen der Sonderung spitz gipfelnder Engung im Orgasmus von maßloser
Weitung im Rausch zersetzt die geschlechtliche Ekstase den vitalen Antrieb.
Dazu kommt der Leibzerfall durch Inselbildung. Die Preisgabe der Span-
nung im Rausch begünstigt den Zerfall der Einheit des Leibes in locker ver-

streute Leibesinseln, s. o. Kapitel 3. Daher ist es für den Menschen, der aus dem Rausch der geschlechtlichen Ekstase zu sich kommt, nicht immer ganz leicht, seine Glieder – verstanden als Leibesinseln – wieder zusammenzusuchen. Aus beiden Quellen resultiert eine Erschöpfung, die der Regeneration bedarf. Daher wird die geschlechtliche Ekstase gern ins Bett verlegt.

Bisher habe ich das Geschehen überwiegend auf den Mann bezogen. Wenn es nicht gehemmt wird, läuft es bei ihm sehr straff in einer schönen Kurve ab, die das ist, was die Gestaltspsychologen als eine gute Gestalt bezeichnen. Die Verlaufsform bei der Frau kann ebenso beschaffen sein, weicht aber der Tendenz nach von der männlichen durch Lockerung des Zusammenhanges ab. Die Frau kann, z. B. bei klitorider Onanie, die epikritische Engung auf dem spitzen Gipfel des Orgasmus rein und scharf spüren, mit einem kümmerlichen Rausch als Schwanz. Ebenso kann sie von einem relativ schwach ausgeprägten Orgasmus, für den etwa der Halt am Partner einen Ausgleich gibt, in einen hemmungslos strömenden Rausch entlassen werden. Mit der Lockerung des straffen und glatten Zusammenhangs der Phasen hängen weitere Züge des weiblichen Orgasmus zusammen, dass es z. B. für die Frau trotz gleicher Bereitschaft in geschlechtlicher Erregung weniger leicht und sicher als für den Mann ist, überhaupt dahin zu gelangen, aber auch die größere Variationsmöglichkeit, die die Plateauphase, der multiple Orgasmus usw. der Frau bieten. Sie wird für die Minderung der straffen Führung des Ablaufs durch einen größeren Spielraum für Variation des Genusses entschädigt.

8. Einzelne leibliche Regungen

Um die Veranschaulichung der Strukturanalyse der leiblichen Dynamik fortzusetzen, greife ich einige leibliche Regungen heraus, die sich mit dieser Analyse durchleuchten lassen, und wähle Schmerz, Hunger, Durst, Ekel, Frische und Müdigkeit.

Über den *Schmerz* wurde das Grundlegende schon gesagt. Er ist ein Konflikt im vitalen Antrieb, wobei ein expansiv schwellender Drang „Weg!" vom absoluten Ort von übermächtig engender Hemmung abgefangen wird; die Bindung zwischen Spannung und Schwellung ist hier kompakt, nicht rhythmisch. Überdies ist der Schmerz ein Halbding in zwiespältiger Stellung zum betroffenen Leib: einerseits dessen eigene Regung, andererseits wie die reißende Schwere ein zudringlicher, in den Leib eindringender Widersacher, mit dem der Betroffene sich auseinandersetzen muss, statt sich ihm einfach ausliefern zu können, wie der Geängstete der Angst in panischer Flucht. Durch diese Doppelseitigkeit entzweit der Schmerz den Leib in sich. So viel ist schon klar. Aber noch birgt der Schmerz ein Rätsel durch die Widersprüchlichkeit der Schmerzgesten, die teils weiten, teils engen, also sich sowohl der Engung als auch der Weitung widersetzen. Weitende Schmerzgesten sind der Schrei, der für den Gequälten in die Weite ausgestoßen wird, ihn aber hinter sich lässt, und das Aufbäumen, das ohnmächtig einer Bewegungssuggestion zu folgen sucht, „aus der Haut zu fahren", „die Wände hoch zu gehen". Engende Schmerzgesten sind das Ballen der Fäuste, das Zusammenpressen der Lippen, das Zusammenbeißen der Zähne. Was will der Gepeinigte damit abwehren? Sicher nicht die Weitung, die er ja sucht, sondern den Schmerz. Offenbar ist diesem eine eigene Weitung eigen, von der er durch die engenden Schmerzgesten abgehalten werden soll. Dem „Weg!" des Gepeinigten, der vom Schmerz weg will, korrespondiert ein anderes „Weg!", der expansive Impuls des Schmerzes selbst, mit dem er den Gepeinigten zerreißend bedrängt. Wenn es sich so verhält, gibt es eine Antwort auf die Frage, von welcher Art eigentlich die engende Hemmung ist, die den expansiven Drang im Schmerz übermächtig abfängt: Es ist die zerreißende Macht des Schmerzes selbst, gleichfalls ein expansiver Drang, vergleichbar der reißenden Schwere, die den Stürzenden mitreißt. Während dieser dem Reißen keinen expansiven, sondern einen fixierenden, auf Festhalten und Stabilität gerichteten Drang entgegensetzt, durchkreuzen sich im Schmerz zwei expansive Impulse und hemmen sich dadurch gegenseitig, aber so, dass der expansive Impuls des Schmerzes selbst über den in ihm innig verschränkten expansiven Impuls des Gequälten „weg vom Schmerz" die Oberhand behält und sich nicht erfolgreich hemmen lässt. Der Schmerz ist daher doppelt zwiespältig, einerseits durch seine Randstellung als leibliche Regung und zudringliches Halbding, andererseits durch seine innere Gegensätzlichkeit als Gegeneinanderwirken zweier expansiver Impulse. Dennoch schafft er im Leben des Menschen eine Eindeutigkeit, die anders auch durch Engung wie in Angst und Beklommenheit nicht zu erreichen ist, indem er Engung mit Konfrontation verbindet: Der Mensch kann im Schmerz nicht untertauchen, er muss ihm gleichsam ins Auge sehen, sich ihm stellen, wie er vom Schmerz gestellt wird.

Der *Hunger* ist ein Zustand protopathischer Engung, die durch ihre Heftigkeit, wie sich schon gezeigt hat[24][25], den vitalen Antrieb zerreißen und nach der anderen Seite privative Weitung (Erleichterung, Schwebesensationen) freisetzen kann. Als protopathische Engung gleicht der Hunger dem benommenen Kopf nach zu reichlichem Alkoholgenuss, aber während in diesem Fall eine teilheitliche Regung auf einer einzelnen Leibesinsel vorliegt, ist der Hunger nicht nur eine Sache des Magens, sondern eine ganzheitliche leibliche Regung, eine Verstimmung des ganzen Leibes. Die Spannung drängt darauf, konzentriert zu werden, gleitet aber immer wieder in die Formlosigkeit protopathischen Verschwimmens ab. Aus dieser Vergeblichkeit der Konzentration im Abgleiten ergibt sich das unwirsche, reizbare Verhalten des Hungernden, sein Knurren und Herumirren, seine ziellose Vielgeschäftigkeit. Das Protopathische passt nicht zur Engung, das Entgleiten in Diffusion nicht zur Zusammenziehung. Das ist der Hungerkonflikt. Aus ihm gibt es zwei Auswege: die Entspannung und die Sammlung durch Dominanz einer leiblichen Richtung und Stärkung der epikritischen, zuspitzenden Tendenz. Mit Entspannung kann man wenig gegen den Hunger ausrichten, doch hilft ein warmes Bad.[101] Der andere Weg führt zum Erfolg. An seinem Anfang steht die Nahrungssuche, die der diffusen, abgleitenden Spannung Halt an einer dominierenden leiblichen Richtung in die Weite zu einem noch fehlenden Ziel, wie an einem suchend herumirrenden Blick, gibt. Zur Lösung gelangt der Hungerkonflikt im Essen fester Nahrung, indem einerseits die leibliche Schwellung gegen die Spannung und andererseits die epikritische Tendenz gegen die protopathische aufgewertet wird. Das Packen, Zermahlen und Verschlingen der Nahrung aktiviert als Kraftanstrengung die Schwellung bis zu einem Maße, in dem sie als Wollust der Überwindung des Widerstandes der Nahrungsmasse das Übergewicht über die Spannung erlangt, und das Zustoßen und Einbohren der Zähne mit Fortführung des Bisses zur Zerkleinerung der Nahrung verleiht der Auseinandersetzung starke epikritische, zuspitzende Züge, ganz besonders, wenn die Nahrung etwas Eckiges, Kantiges, Körniges enthält.

Durst ist das Ganze leiblicher Engung, Weitung und Richtung, verklebt in rhythmusloser Innigkeit, das Extrem kompakter Bindung der Komponenten des vitalen Antriebs. Der Hungernde sucht eine Richtung, in der er sich sammeln kann; der Dürstende hat sie vorgegeben als Richtung des Saugens in eine Weite, die leer bleibt, weil es nichts anzusaugen gibt. Diese Weitung klebt an der beengenden, schnürenden Spannung in Mund und Kehle mit gierigen Kontraktionen der Zunge. Enge, Weite und Richtung sind abstandslos verbunden; es fehlt das Pulsieren, der Rhythmus. Das Würgen in der Kehle, das Schlucken und andere krampfhafte Bewegungen sind vergebliche Versuche, aus der allzu innigen Verstrickung der Engung in Weitung freizukommen und den Rhythmus im vitalen Antrieb neu zu organisieren. Das Misslingen dieser Ansätze macht sich in der Austrocknung des Schlundes von den Lippen her bemerkbar. Diese Trockenheit ist eine Erstarrung, worin die Impulse von Engung und Weitung ihre Regsamkeit verlieren. Die epikritische Tendenz kommt in der gleichförmigen Wüste des ausgetrockneten Schlundes nicht mehr zum Zuge; sie findet keine Stelle zum Ansatz für ein Festhalten der Engung gegen Weitung. Durst macht hilflos, nicht aggressiv wie der Hunger, der sich gegen die protopathische Engung durch Einsatz von Richtung, Schwellung und epikritischer Tendenz wehrt. Durst ist Tod als Erstarrung des Leibes in allzu großer Innigkeit und Intensität. Statt energischen Einsatzes bleibt ihm nur ein hilfloses Zappeln, ein unrhythmisches, misslingendes Ansetzen der leiblichen Impulse dazu, voeinander loszukommen. In dieser Verklebung besteht aber auch die intensive Größe, der Triumph des Durstes, weil die gesamte leibliche Dynamik auf das Äußerste zusammengedrängt und dadurch gesteigert ist. Das Symbol dieser verdichteten Intensität ist das Feuer. Man spricht von brennendem Durst.

Im Trinken, wenn das Saugen, das vorher als Sog nur Richtung in die Weite war, zur Bewegung am Ziel wird, stillt sich der Durst, indem der Rhythmus im vitalen Antrieb, namentlich durch das Schlucken, wiederhergestellt wird. Diese Stillung des Durstes ist zugleich eine Steigerung, weil die vorher allzu kompakt gebundenen Komponenten nun wieder energisch aufeinander wirken und sich gegenseitig bestärken können. Daher ist der erste Schluck des Dürstenden Anlass zum Selbstgenuss der wiederbelebten leiblichen Dynamik, eine wollüstige, triumphale Erfahrung, die aber gefährlich werden kann, da, wie sich schon gezeigt hat, ein übermäßiger Ausschlag nach der einen Seite den vitalen Antrieb nach der anderen zersetzen kann. Der Dürstende hat ein Bedürfnis nach einem kühlen oder kalten Trank. Dafür ist der synästhetische Charakter dieser Qualitäten ausschlaggebend. An der Flüssigkeit – nicht unbedingt an der Weite des Wetters, der sogenannten frischen Luft, wo, wie meine Analyse der Dämmerungsangst[102] zeigt, Kühle und Kälte im synästhetischen Charakter zu unterscheiden sind – sind das Kühle und Kalte synästhetische Charaktere der Entfernung und Distanzierung, wirksam wie ein kühler Blick und kalte Farben. Sie begünstigen dadurch privative Weitung des Leibes, und das ist es, was der Dürstende braucht, um die kompakte Verklebung beider Komponenten im vitalen Antrieb aufzulockern.

Ekel kommt zwar meist als Ekel vor etwas Ekelhaftem vor, aber auch als reine leibliche Regung ohne Gegenstand, z. B. bei Seekrankheit mit Würgen vor dem Erbrechen. Auch ohne solche Indisposition sagt der Angeekelte: „Es würgt mich vor Ekel, als ob ich erbrechen sollte." Solches Würgen ist einerseits gleich dem Schlucken, und diesem nah verwandt, ein engendes Zurückhalten im eigenen Leib, andererseits ein Hervordrängen und Abstoßen mit Tendenz zum Auswurf im Erbrechen. So ist der Ekel als leibliche Regung in sich zerrissen durch die konträren Tendenzen der Engung und der Weitung (in der leiblichen Richtung des Auswurfs). Was im Erbrechen ausgeworfen wird, ist selbst ekelhaft: Schleim, Galle, verschiedene Körpersäfte. „Ärztlicher Erfahrung ist es geläufig, dass Laboratoriumsdamen (…) fast durchweg der Umgang mit Auswurf besonders antipathisch ist: Formlos, schleimig, zerfließend, fädenziehend sind häufig die ersten Schilderungen, die man erhält, wenn man Auskunft über das Ekelmotiv haben will."[103] Aurel v. Kohnai nennt in einer breiten Sichtung von Ekelanlässen „Feuchtigkeit, Breiartigkeit, Klebrigkeit". [104] Das sind Eigenschaften, die als synästhetische Charaktere protopathische Tendenz des Leibes rein darstellen. Sie stoßen ab, können aber gerade dadurch eine merkwürdige Anziehungskraft erlangen, die den Angeekelten nicht loslässt. So etwas berichtet vom Anblick faulender Leichen Platon: „Ich habe nämlich einmal etwas gehört und glaube dem, wie nämlich Leontios, der Sohn des Aglaion, einmal aus dem Peiraieus an der nördlichen Mauer draußen heraufkam und merkte, dass beim Scharfrichter Leichname lägen, er zugleich Lust bekam, sie zu sehen, zugleich aber auch Abscheu fühlte und sich wegwendete und so eine Zeitlang kämpfte und sich verhüllte, dann aber, von der Begierde überwunden, mit weitgeöffneten Augen zu den Leichnamen hinlief und sagte: Da habt ihr es nun, ihr Unseligen, sättigt euch an dem schönen Anblick." [105] Zur Ambivalenz von Zurückhaltung und Auswurf im Würgen vor Ekel gesellt sich also eine weitere Ambivalenz zwischen Abstoßung und einer Anziehung, die von dem Abstoßenden nicht loskommen lässt, angesichts der Reindarstellung des Protopathischen in synästhetischen Charakteren, und diese doppelte Ambivalenz scheint eine gemeinsame Wurzel zu haben: Es ist das Protopathische im eigenen Leibe, das abgestoßen wird und abstößt, wo es durch synästhetische Charaktere an Objekten begegnet, und doch nicht abgestoßen werden kann, sondern an sich festhält, weil es unerlässlich zum eigenen Leibe gehört. Der Kot steht in dieser Hinsicht dem Schleim gleich, und alle Lebensweisen schließen sich an, die, ohne direkt durch leibnahe Brückenqualitäten protopathisch zu sein, im übertragenen Sinn der protopathischen Tendenz nahestehen, weil sie feste Formen, Schärfen, Kontraste, Pointen – alles, was epikritische Spitzen und Orte finden lässt – in Verschwommenheit überführen; v. Kohnai nennt Korruption und allzu weiche, lang fortgesetzte Behaglichkeit als ekelhaft, ferner wimmelndes Ungeziefer. [106] Nietzsches Zarathustra wird durch die Vorstellung einer formlos wogenden Masse unbedeutender Menschen, die sich durch ewige Wiederkehr endlos potenziert, in einen Ekel versetzt, der so stark ist, dass er ins Koma fällt. [107] Ekelhaft sind auch groteske Missgeburten, weil sie an der festen Bestimmtheit biologischer Gattungen irre werden lassen. Diese Überlegungen lassen sich zu folgender Deutung zusammenfassen: Ekel besteht im Versuch der Abstoßung des Protopathischen aus dem Leib zusammen mit Abstoßung durch das Protopathische, wo es sich durch synästhetische Charaktere oder in übertragener Weise analog präsentiert, sofern der Versuch nicht gelingt, indem das Abzustoßende auch zurückgehalten wird und das Abstoßende den Abgestoßenen nicht von sich loskommen lässt.

Aus dieser komplizierten Gemengelage ergibt sich eine eigentümlich zwiespältige einseitige (antagonistische) Einleibung: Sofern der Angeekelte von dem Ekelhaften nicht loskommt, ist er fasziniert als Opfer einseitiger Einleibung; weil er aber von dem, was ihn fasziniert, abgestoßen wird, kann er damit nicht mitgehen wie der Hypnotisierte mit dem Hypnotiseur oder der Beobachter des Drahtseiltänzers mit unwillkürlichen Mitbewegungen, sondern gräbt sich dem Fesselnden gegenüber gleichsam in nächster Nähe ein. Aber auch eine solche Konfrontation gelingt nicht, weil das faszinierende Ekelhafte durch seine protopathische, verschwommen ausbreitende Natur ein Widersacher klarer Verhältnisse ist, wie sich an den Beispielen der Korruption und der grotesken Missgeburten gezeigt hat. Es lässt keine festen Formen und Gegenüberstellungen zu. Daher ist der Ekel ein Zustand mehrfacher Zerrissenheit des Leibes: geengt und geweitet, angezogen und abgestoßen, mit von Verschwommenheit durchkreuzter Distanz von dem, was ihn anzieht und festhält.

Die *Frische*, eine ganzheitliche leibliche Regung, möchte ich jetzt anders als 1965 [108] charakterisieren, nämlich durch die im Vorstehenden schon mehrfach (am frischen, energischen Gang und an der Helligkeit als synästhetischem Charakter) beschriebene Konstellation, wobei im vitalen Antrieb die Spannung betont ist, der auf der Seite der Weitung aber weniger die Schwellung (die natürlich nicht fehlt) entspricht, als die aus dieser abgespaltene privative Weitung, die der Frische das Leichte gibt. Die Brücke von Spannung zur privativen Weitung schlägt die ausgeprägte leibliche Richtung aus der Enge in die Weite; dadurch wird es möglich, dass die Spannung nicht als Hemmung die Weitung aufhält, sondern glatt, als leichte, federnde Kraft, in sie übergeht. Zur Frische gehört überdies eine deutliche epikritische Tendenz, eine spitze Helligkeit mit klaren Konturen.

Die *Müdigkeit* kommt sowohl als ganzheitliche leibliche Regung als auch auf einzelnen Leibesinseln vor. Als ganzheitliche Regung ist sie gekennzeichnet durch starke protopathische Tendenz (zum Verschwimmen), Dämpfung des vitalen Antriebs, Übergang von der rhythmischen Bindung seiner Komponenten zur kompakten und starken privativen Weitung bei entsprechendem Zurücktreten der Schwellung. Dadurch wirkt sie wohltätig glättend und erleichternd. Diese Erleichterung steht nicht im Gegensatz zu der für Müdigkeit bezeichnenden Schwere, denn diese Schwere besteht nicht in drückender Engung (wie die Schwere drückender Hitze), sondern in Schwerbeweglichkeit, insbesondere Hemmung des Aufrichtens, auf Grund der Dämpfung des vitalen Antriebs. Solche Müdigkeit begünstigt die Ausleibung, die schließlich zum Verlust der Engung und damit des Bewusstseins (etwa beim Einschlafen) führt. Andererseits ist sie sogar günstig für die besonderer Zartheit fähige wechselseitige taktile Einleibung, solange der vitale Antrieb nur gedämpft ist; denn solche Dämpfung behindert nicht die Nuancierung von Spannung und Schwellung im Austausch durch Einleibung, sondern kann sie sogar verfeinern, weil durch heftigere Ausschläge beider Komponenten zarte Nuancen eher übertönt werden. Daher ist bei sensibler Bindegewebsmassage Müdigkeit des Behandlers seiner Einfühlung – lies: Einleibung – sogar günstig, wie Kohlrausch berichtet: „Von Interesse scheint mir, dass das besondere Einfühlungsvermögen bei mir persönlich nicht an die Perioden besonderer allgemeiner Frische, sondern an die Zeiten besonderer Labilität gebunden ist. Im Zustand der Urlaubsreifheit zu Semesterende steigert sich mein Vermögen zur manuellen Behandlung vegetativer Leiden." [109]

Von anderer Art ist die hemmende Müdigkeit, die dann eintritt, wenn sich die Dämpfung des vitalen Antriebs nicht gleichmäßig durchsetzt, sondern mit der ganzheitlichen Müdigkeit Partialspannungen auf einzelnen Leibesinseln konkurrieren und sich ihr widersetzen. Dann entsteht ein Zustand, in dem sich der Müde „wie zerschlagen" fühlt, weil eine einzelne Leibesinsel oder eine Mehrzahl davon aus der Gesamtspannung des Leibes ausschert. Die Dissonanz ist nicht überwindbar und hindert am Einschlafen, solange es nicht gelingt, die störende Leibesinsel in protopathischer Diffusion abzubauen. Die Konzentration auf ein Thema, z. B. auf Gedanken, die man nicht los wird, oder eine Tätigkeit, der der vitale Antrieb trotz seiner Dämpfung zugeführt werden soll, fördert die Entstehung und Stärkung solcher widerspenstiger Leibesinseln. Derselben Gefahr sind Entspannungsübungen ausgesetzt, wenn die Entspannung nicht gleichmäßig gelingt, sondern dazu führt, dass die Gesamtspannung, die den Leib zur Einheit zusammenhält, in Partialspannungen einzelner Leibesinseln aufgesplittert wird, z. B. beim autogenen Training: „Ich hatte durchaus das Gefühl des Schweren im Arm. Dabei stellte sich ein Kribbeln in den Fingern und Ziehen im Arm ein. Letzteres hält mitunter noch stundenlang nach der Übung an. Es gleicht dem Schmerz bei Rheumatismus und Reißen." [110]

9. Leib und Person

Ein Mensch, der eine Person ist, kann sich und anderen Rechenschaft von sich geben, Verantwortung übernehmen und ablehnen, sich über seine Stellung in seiner Umgebung klar werden und eine solche in gewissen Grenzen auch selbst wählen, sich überlegen, was er aus sich machen kann, welche Wege und Aussichten er dafür hat, und einen Beschluss darüber fassen. Solche reflexiven Fähigkeiten scheinen mir das Charakteristische von Personen auszumachen im Vergleich mit Tieren und solchen Menschen, die wie kleine Kinder, lebenslang Schwachsinnige oder dement Gewordene nicht dazu in der Lage sind,. Wenn ich eine gemeinsame Wurzel dieser Merkmale suche, etwas, das die unentbehrliche, aber auch genügende Grundlage für sie bildet und sie auf eine kurze Formel zu bringen gestattet, fällt mir ein: Es ist die Fähigkeit, etwas für sich selbst zu halten, oder genauer: sich selbst für einen Fall verschiedener Gattungen zu halten. Eine Gattung im hier gemeinten Sinn ist alles, wovon etwas ein Fall sein kann. Jene Fähigkeiten bestehen nämlich für Gattungen x, y und z darin, sich als ein x zu verstehen, das auch ein y ist und vielleicht ein z sein könnte, und die Möglichkeiten zu überdenken, die sich aus solchen Kombinationen ergeben. Sich als etwas und etwas als sich zu verstehen, ist aber dasselbe Verhältnis. Daher betrachte ich die *Selbstzuschreibung*, einen Fall mehrerer Gattungen für sich selbst zu halten, als das charakteristische Merkmal der Person und definiere bündig: Eine *Person* ist ein Bewussthaber (der etwas bewusst hat) mit Fähigkeit zur Selbstzuschreibung.

Die Person muss laut Definition in der Lage sein, Bestimmungen oder Eigenschaften (ein Fall dieser oder jener Gattung zu sein) von sich anzugeben, wobei sie sich auch täuschen darf. Solche Angaben lassen sich so gut wie immer leicht zu einer eindeutigen Kennzeichnung ergänzen. Dann versteht sich die Person als Fall einer Gattung, die nur diesen Fall hat. In Leipzig mögen am 16. Mai 1928 mehrere Söhne geboren worden sein. Wenn aber hinzugefügt wird, dass es sich um einen Sohn von Reichsgerichtsrat Hermann Schmitz sowie einen Sohn seiner Ehefrau Magdalene (geborene Malkwitz) handelt, bleibt nur ein Mann übrig, der Verfasser dieser Zeilen. Insofern kann man mit geringem Risiko die Person auch als einen Bewussthaber, der sich selbst zu kennzeichnen vermag, bestimmen. Man sollte dann annehmen, dass irgend eine Kennzeichnung, die ein Mensch von sich geben kann, dazu genügen würde, ihn als Person zu qualifizieren. Aber weit gefehlt! Vielmehr ist eine ganz besondere Kennzeichnung erforderlich, die sich von allen anderen Kennzeichnungen, die keine Selbstzuschreibung sind, durch eine eigentümliche Schwäche, eine Armut an Information, auszeichnet. Das Normale ist, dass man durch eine Kennzeichnung mit der

Sache, die gekennzeichnet wird, bekannt gemacht wird, indem sie einen
Leitfaden hergibt, um die Sache zu finden. In diesem Sinne wird man mit
einem zur Übernachtung angewiesenen Hotelzimmer durch die Angabe
von Stadt, Straße, Hausnummer, Stockwerk und Zimmernummer bekannt
gemacht. Im Fall der Selbstzuschreibung ist das unmöglich. Jede beliebige
Kombination von Merkmalen (Gattungsfällen), die in einer zutreffenden
Kennzeichnung meiner selbst vorkommen, könnte ebenso auf ein anderes
Individuum zutreffen. Aus der Tatsache, dass am 16. Mai 1928 in Leipzig
ein Mann als Sohn von Reichsgerichtsrat Hermann Schmitz und seiner Ehefrau Magdalene (geborene Malkwitz) geboren worden ist, folgt überhaupt
nicht, dass gerade ich dieser Mann bin, und ebenso wenig folgt aus einer
zutreffenden Kennzeichnung eines anderen Menschen, dass nicht ich das
dadurch gekennzeichnete Individuum bin. Der Mathematiker Hermann
Weyl verdeutlicht diese Lücke an dem Versuch von Leibniz, alle Bestimmt-
heiten jedes Individuums, darunter die des unglücklichen Verräterapostels
Judas, als durch Gottes Wahl der besten aller möglichen Welten eindeutig
festgelegt hinzustellen: „Diese Lösung mag objektiv zureichend sein, sie
zerbricht aber an dem Verzweiflungsschrei des Judas: Warum musste *ich*
Judas sein!" [111] Auf diese Frage könnten weder Leibniz noch sein Gott Judas eine Antwort geben.

    Aus dieser Beobachtung, die ohne Weiteres von Kennzeichnungen auf
weniger eindeutige Angaben übertragen werden kann, ergibt sich, dass eine
Selbstzuschreibung nur möglich ist, wenn das Relat, dem etwas zugeschrieben wird, schon unabhängig davon bekannt ist, so dass niemand erst durch
Selbstzuschreibung mit sich bekannt gemacht werden kann. Selbstzuschreibung besteht darin, sich mit einem Fall einer oder mehrerer Gattungen zu
identifizieren; sie ist gleichbedeutend mit identifizierendem Selbstbewusstsein (Sichbewussthaben). Also ist identifizierendes Sichbewussthaben nur
durch nicht identifizierendes möglich. Ein solches ist nicht schwer zu finden. Es liegt am Tage im affektiven Betroffensein. Wenn ich z. B. Schmerzen
habe, spüre ich sofort, dass ich leide; ich brauche dafür nicht etwa einen
zu finden, der Schmerzen hat, und den mit mir zu identifizieren. Es gibt
Zustände der Unbesonnenheit, in denen das affektive Betroffensein dem
Betroffenen keine Gelegenheit mehr lässt, eine Gattung zu finden, um sich
mit einem Fall davon zu identifizieren, obwohl das Sichbewussthaben als
Sichspüren sogar besonders stark ist. Das sind übererregte oder im Gegenteil versunkene Zustände. Von der ersten Art sind panische Angst, rasender
Zorn, kopflose Unruhe, ekstatische Hingerissenheit, Eifer des Gefechts mit
einem gerade durch Selbstvergessenheit geförderten Geschick beim Umgang mit Herausforderungen; von der zweiten Art sind tiefe Schwermut
und Ausleibungen (4). Der Mensch ist sich dann nicht mehr als dieser Einzelne gegenwärtig, er ist außer sich, aber er spürt sich immer noch, denn
man kann Angst, Zorn, Eifer, Schwermut usw. nicht spüren, ohne sich da-

bei zu spüren, als den, den es angeht, der in Anspruch genommen ist. Also genügt das affektive Betroffensein zum Sichbewussthaben auch ohne Identifizierung. Dafür ist der Grund, dass seine Tatsachen nicht neutrale sind, d.h. solche, die höchstens durch ihren Inhalt, nicht aber durch ihre Tatsächlichkeit auf jemand besonders bezogen sind, sondern subjektive Tatsachen, die schon durch ihre bloße Tatsächlichkeit jemand besonders angehen. Man kann den gemeinten Unterschied an einem sprachlichen Merkmal festmachen, das so einfach und präzise ist, dass es zur exakten Definition genützt werden kann: Eine Tatsache ist *neutral*, wenn jeder sie aussagen kann, sofern er genug weiß und gut genug sprechen kann; sie ist *subjektiv* für jemand, wenn höchstens er sie aussagen kann, auch wenn andere sie kennzeichnen und daher *über* sie sprechen können. Alle Tatsachen des affektiven Betroffenseins (und nur sie) sind für jemand subjektiv. Wenn ich in der ersten grammatischen Person des Singulars mein affektives Betroffensein aussage, kann mir kein anderer dasselbe in dieser Form nachsprechen, denn er ist nicht ich; er muss in die dritte grammatische Person ausweichen und etwas z.B. über Hermann Schmitz aussagen, ohne sagen zu können, dass ich er bin. Ich kann ihm das, was er sagt, nachsprechen, muss dann aber davon absehen, dass ich Hermann Schmitz bin. Dann sage ich aber eine ärmere Tatsache aus, der die Kraft des Angehens, des Ergreifens fehlt, die der Tatsache zukommt, dass ich selbst so betroffen bin. Dabei haben beide Tatsachen denselben Inhalt, sogar einschließlich derselben affektiven Ergriffenheit desselben Menschen von demselben Betroffensein. Der Unterschied besteht nur in der Tatsächlichkeit, die nicht als neutrale, wohl aber als für mich subjektive für die Ergriffenheit zureicht. Der Unterschied der für mich subjektiven Tatsache von der entsprechenden neutralen, deren Tatsächlichkeit verarmt ist, besteht nicht nur für mich, sondern ebenso für die anderen. Man erkennt das an der Bedeutung des Wortes „ich". Meistens fungiert es als Pronomen und ist dann entbehrlich, weil man es gleichsinnig durch ein Nomen, das es vertritt, ersetzen kann. Wenn es aber auf affektives Betroffensein ankommt, hat dieses Wort die andere Funktion, den Hörern die Subjektivität der mitgeteilten Tatsache für den Sprecher zu signalisieren. Ich zeige das an drei Beispielen und fingiere dafür ein Individuum namens Peter Schulze. Zunächst eine Liebeserklärung:

Mann: „Peter Schulze liebt dich."

Frau: „Warum sagst du nicht: ,Ich liebe dich'?"

Mann: „Das ist doch ganz überflüssig."

Frau: „Das ist gar nicht überflüssig, gerade darauf kommt es mir an."

Die Frau ist verstimmt; die Liebeserklärung ist missglückt.

Nun eine Szene im Beichtstuhl:

Sünder: „Peter Schulze hat gesündigt."

Beichtvater: „Sprich, mein Sohn: ,Ich habe gesündigt.'"

Sünder: „Das ist doch ganz überflüssig."

Der Beichtvater verweigert die Absolution.

Schließlich ein Schrei aus dem Wasser:

„Hilfe, Peter Schulze ertrinkt, es ist überflüssig, zu sagen, dass ich er bin."

Der hilfsbereite Mitmensch, der auf den Ruf „Hilfe, ich ertrinke" sofort eingegriffen hätte, wird erst einmal neugierig nachsehen, was eigentlich los ist. Schulzes Fehler in allen drei Fällen besteht darin, dass er auf die Pronominalfunktion des Wortes „ich" pocht und übersieht, dass hier die andere Funktion gefragt ist. Auf die Pronominalform kommt es nicht an; andere Sprachen lassen den relevanten Unterschied anders ausdrücken, die griechische und lateinische etwa durch die bloße Flexionsform der ersten und dritten Person. Wohl aber geht es um die Mitteilung einer Tatsache, deren Tatsächlichkeit – anders als die neutrale – der Ergriffenheit im affektiven Betroffensein gewachsen ist. Wenn ein affektiv gleichgültiges Beispiel gewählt wird, etwa „Ich heiße Thomas Nagel" [112] oder „Ich schreibe" [113], passiert beim Übergang von der ersten zur dritten grammatischen Person (mit Ersatz des Pronomens) nichts, was die Mitteilung einer Tatsache beschädigen könnte, weil keine Ergriffenheit zu berücksichtigen ist.

Die Tatsachen des affektiven Betroffenseins sind also schon durch ihre bloße Tatsächlichkeit, nicht erst durch den Inhalt, an den Betroffenen adressiert und gestatten ihm deshalb, sich zu finden, ohne etwas über das Betroffensein hinaus suchen zu müssen, womit er sich identifizieren könnte. Aber dafür muss er den finden, an den sie adressiert sind, und zwar identifizierungsfrei, weil sich sonst die Aufgabe ad infinitum wiederholen würde. Wie findet der affektiv Betroffene ohne Identifizierung sich als den, für den die Tatsachen seines affektiven Betroffenseins subjektiv sind? Die Antwort ergibt sich aus Kapitel 1. Dort wurde gezeigt, wie der plötzliche Einbruch des Neuen Dauer zerreißt, ins Nichtmehrsein verabschiedet und dadurch eine Gegenwart exponiert, in der absoluter Ort (Enge des Leibes), absoluter Augenblick (das Plötzliche), absolute Identität (dieses selbst zu sein, verschieden von dem, was vorbei ist) und Subjektivität (selbst betroffen, in Anspruch genommen zu sein) zusammenfallen; ich füge das in der Wucht des Betroffenseins hervortretende Sein (die Wirklichkeit) hinzu und erhalte, was ich seit 1964 die *primitive Gegenwart* nenne. Ohne diesen Einschnitt wäre keine Identität; das Geschehen wäre in Weite und Dauer ergossen, in einem gleitenden Übergang, in dem sich nichts fassen lässt. Zustände des Dösens, der Benommenheit, geben eine Vorstellung davon. Es bedarf des Geschehens der primitiven Gegenwart, um die Form der Identität und Verschiedenheit einzuführen, die auf dieser Grundlage glatt und ohne Aufwand verwendbar wird, als sei sie selbstverständlich. Die Identität, um die es dabei geht, ist aber erst die absolute, keineswegs die relative Identität von etwas mit etwas. Relative Identität ist erst möglich, wenn Gattungen zur Verfügung stehen, unter die etwas subsumiert (als Fall davon verstanden) werden kann, denn sie besteht darin, dass etwas als Fall einer Gattung wiederum Fall einer Gattung – im Normalfall, wo relative Identität benötigt wird, einer anderen, nur im nichtssagenden Ausnahmefall der Tautologie derselben Gattung – ist. Erst durch relative Identität wird Identifizierung möglich. Im plötzlichen Einbruch des Neuen steht sie nicht zur Verfügung. Statt dessen sorgt der Zusammenfall von absoluter Identität mit Subjektivität in primitiver Gegenwart für identifizierungsfreies Sichbewussthaben als Sichspüren und damit für die Möglichkeit des Sichbewussthabens (Selbstbewusstsein) überhaupt, sowohl als affektives Betroffensein als auch als Selbstzuschreibung. Nicht bloß für Identität, sondern auch für Personalität ist die primitive Gegenwart also unabdingbar. Von der leiblichen Dynamik her gesehen, entspringt die primitive Gegenwart als Schreck, Ruck oder Schock aus dem vitalen Antrieb durch Abspaltung privativer Engung. In ganz reiner Form, wenn nichts als primitive Gegenwart mehr präsent wäre, ist sie nicht einmal bewusstseinsfähig, weil Bewusstsein einen nicht vollständig gespaltenen vitalen Antrieb erfordert. Sie wird in völlig reiner Form also nicht unmittelbar erlebt, sondern von der Engung im vitalen Antrieb vorgehalten, das aber nicht rein gedanklich, wie eine regulative Vernunftidee nach Kant, sondern als Quelle von Identität und Subjektivität im elementaren Spüren, etwa so, wie man im Höhenschwindel, beim Blick in den Abgrund, den Boden verliert, ohne schon zu stürzen, aber den Sturz vorwegnimmt. Auf jeden Fall ist es Sache der leiblichen Dynamik, primitive Gegenwart zu präsentieren und dadurch Selbstbewusstsein in jeder Form, einschließlich personaler Selbstzuschreibung, zu ermöglichen. Diese ist überdies durch das affektive Betroffensein, das stets leiblich spürbar ist, vermittelt. Damit ist der unabdingbare Zusammenhang der Person mit dem Leib besiegelt. Eine leib- und zeitlose Person – zeitlos, d. h. nicht angewiesen auf plötzliche Ankunft des Neuen – kann es nicht geben. Ihr würde für die Selbstzuschreibung das Relat fehlen, womit sie das, was sie für sich selber hält, identifiziert.

Die Person ist also immer auch leiblich, geht aber in diesem Leiblichsein nicht auf. Was sie daraus erhebt, habe ich mehrfach im Zusammenhang dargestellt[114]; es soll jetzt, da es über den Leib hinausgeht, nur skizziert werden, um den Faden nicht zu verlieren. An die Ergossenheit in Dauer und Weite und deren Zerreißen durch primitive Gegenwart schließen sich leibliche Dynamik und leibliche Kommunikation so an, dass ein Leben aus primitiver Gegenwart entsteht, in dem Tiere und Säuglinge befangen sind. Es ist voll von Situationen, die ohne Explikation mit Rufen und Schreien angesprochen, nämlich heraufbeschworen, modifiziert und beantwortet werden. Eine *Situation* ist Mannigfaltiges, das durch eine binnendiffuse Bedeutsamkeit aus Bedeutungen, die Sachverhalte, Programme oder Probleme sind, zusammengehalten und nach außen mehr oder weniger abgehoben wird. Die Bedeutsamkeit ist binnendiffus in dem Sinn, dass nicht

alle (beim Leben aus primitiver Gegenwart: dass gar keine) Bedeutungen
in ihr einzeln sind. *Einzeln* ist, was eine Anzahl um 1 vermehrt oder – logisch gleichwertig – was Element einer endlichen Menge und damit Fall
einer Gattung ist. Einzelheit hat also die beiden Begriffsmerkmale der absoluten Identität und des Fallseins. Die menschliche oder satzförmige Rede
hat den tierischen Rufen und Schreien die explikative Fähigkeit voraus, aus
der binnendiffusen Bedeutsamkeit von Situationen einzelne Bedeutungen
– hauptsächlich Sachverhalte, die oft Programme oder Probleme enthalten
– zu entbinden. Diese können Gattungen sein, die beliebige einzelne Sachen
als ihre Fälle ermöglichen und mit solchen Fällen in unspaltbarem (nicht in
gerichtete Beziehungen aufspaltbarem) Verhältnis verbunden sein können;
wer auch nur „das da" sagt und auf etwas zeigt, hat schon eine Sache als Fall
der Gattung des an einem bestimmten Ort Befindlichen vereinzelt. Mit der
Vereinzelung entfaltet sich die primitive Gegenwart nach den fünf in ihr
verschmolzenen Seiten zur Welt als dem Rahmen möglicher Vereinzelung:
Der absolute Ort wird zum System relativer Orte, der absolute Augenblick
zum System relativer Augenblicke in einer modalen Lagezeit mit Fluss der
Zeit. Das Sein wird zum Gegenteil des Nichtseins in aller möglichen Breite,
wobei die Grenze zwischen beiden Seiten durch Projektion von Einzelnem
in das Nichtseiende überschritten wird. Die absolute Identität bereichert
sich durch die Vielzahl von Gattungen, die jeweils für das Fallsein zur Verfügung stehen, zur relativen Identität. Der absolut identische Bewussthaber
des Lebens aus primitiver Gegenwart wird durch Selbstzuschreibung als
Fall von Gattungen zum einzelnen. Mit der Vereinzelung verbindet sich
die Neutralisierung von Bedeutungen, von denen die Subjektivität für den
Bewussthaber abfällt. (Wie Tatsachen können auch untatsächliche Sachverhalte, Programme und Probleme für jemand subjektiv oder neutral sein).
Damit entsteht der Gegensatz des Eigenen und Fremden. Eine Sache wird
einem Bewussthaber *fremd*, wenn der tatsächliche oder untatsächliche
Sachverhalt, dass sie existiert, für ihn neutral wird. Dem Neutralen der Bedeutungen und Fremden der Sachen gegenüber sammelt sich das subjektiv
Gebliebene der Bedeutungen und das nicht fremd Gewordene der Sachen
als das *Eigene*. Eine Sache gehört zum Eigenen, wenn der tatsächliche oder
untatsächliche Sachverhalt, dass sie existiert, für den Bewussthaber subjektiv ist, so dass dieser in affektivem Betroffensein (z. B. freundlich oder
feindlich) daran hängt. Zwischen dem Eigenen und dem Fremden gibt es
breite Grauzonen, in denen sich teils die Unterschiede verwischen, teils
subjektive und neutrale Bedeutungen gleichen Inhalts parallel laufen.

Neutralisierung (von Bedeutungen) und Verfremdung (von Sachen)
bringen die Chance mit sich, das Eigene in Abhebung und Rückzug deutlicher herauszuschälen. Der Prozess, der diese Chance nützt, ist *personale Emanzipation*. Ihm entgegen läuft der Prozess der Resubjektivierung,
in dem die Grenze zwischen dem Eigenen und dem Fremden wieder ver-

wischt wird, als *personale Regression*. Die personale Emanzipation bildet Niveaus aus, von denen eines höher als das andere ist, wenn es durch Neutralisierung und Verfremdung mehr Abhebung des Eigenen vom Fremden gestattet. Von einem höheren Niveau personaler Emanzipation aus ist ein niedrigeres ein Niveau personaler Regression. Die Person kann zugleich auf mehreren solchen Niveaus stehen. Lachen und Weinen integrieren auf verschiedene Weisen personale Emanzipation und personale Regression. In Prozessen der personalen Emanzipation und personalen Regression bildet und entwickelt sich die (zuständliche, d. h. auf ständige Veränderungen von Augenblick zu Augenblick nicht angelegte) persönliche Situation oder Persönlichkeit einer Person, bestehend aus den jeweils für sie subjektiven Bedeutungen und den Sachen, die dazu in unspaltbarem Verhältnis stehen. Zu ihrer Entwicklung gehören, eng verknüpft mit Emanzipation und Regression, die Implikation einzelner Bedeutungen in die binnendiffuse Bedeutsamkeit der persönlichen Situation (u. a. durch Vergessen) und die Explikation einzelner Bedeutungen aus ihr angesichts von Herausforderungen. Die persönliche Situation enthält viele partielle Situationen, die in ihr gleiten und sich reiben oder anders beeinflussen. Dieses Prozessgefüge, der Aufbau der Person, bleibt unausweichlich angewiesen auf das leiblich-affektive Betroffensein und durch dieses hindurch auf die Vorhaltung der primitiven Gegenwart durch die Engung im vitalen Antrieb, weil sonst die Fähigkeit zur Selbstzuschreibung und damit das Personsein abgeschnitten wäre.

Die philosophische Tradition seit Demokrit und Platon hat diesen dynamischen Zusammenhang zerrissen, den Leib ignoriert und den Menschen in Körper und Seele – manchmal ergänzt durch einen der Seele unklar zugeordneten Geist – zerlegt, wobei die Seele als eine Art Haus verstanden wurde, in dessen Oberstockwerk die Vernunft, das Resultat personaler Emanzipation, über die weiter unten angesiedelten unwillkürlichen Regungen Regie führen sollte; um diese Arbeit nicht durch Zufluss ergreifender Mächte zu gefährden, wurde die Seele als private Innenwelt mit allem Erleben des Bewussthabers als Inhalt nach außen abgedichtet, von dort zugänglich nur durch das Zeugnis der Sinne, das an die Vernunft (den Verstand) weitergemeldet wird, die (der) es sich zurechtlegen, aber, da sie (er) nicht mehr aus dem Haus herauskommt, nicht direkt kontrollieren kann. Diese ziemlich verschrobene, aber zum Zweck der personalen Selbstermächtigung gegen die unwillkürlichen Regungen pädagogisch gut geeignete Konstruktion hat auf manchen Wegen, auch über das (ursprünglich anthropologisch anders orientierte) Christentum, das private und öffentliche menschliche Selbstverständnis weitgehend kolonisiert und ist auch durch die heute wieder einmal vorpreschenden materialistischen Versuche, an die Stelle der Seele einen Körperteil (das Gehirn) zu setzen, nicht wesentlich geändert worden. Unklar blieb dabei, wie sich der Bewussthaber selbst, das Subjekt, auch mit fragwürdiger Substantivierung „das Ich" oder „das Selbst" genannt, zu

seiner Seele verhalte. Sehr leicht machten es sich Philosophen wie Hume,
Mach und der frühe Husserl, die ihn mit dem Inhalt der Seele, dem Vorrat
an Perzeptionen, Empfindungen oder Akten, ganz und gar identifizierten.
Das ist eine Theorie, die man nur so lange vertreten kann, wie man ruhig am
Schreibtisch sitzt. Wenn es ernst wird, indem der Theoretiker z. B. buchstäblich brennt oder auch nur von brennender Scham befallen wird, wird
er schon merken, dass er selber leidet und nicht nur ein gewisser Vorrat
an Empfindungen und dergleichen einige Modifikationen durchmacht. Im
Allgemeinen neigen die Philosophen mit mehr oder weniger Unentschiedenheit dazu, den Bewussthaber teils mit seiner Seele zu identifizieren, teils
in diese hinein zu verlegen. Platon bietet ein Beispiel dieses Schaukelns, indem er einerseits jeden mit seiner Seele identifiziert[115], andererseits aber das
Denken als Zwiegespräch der Seele in der Seele mit der Seele ausgibt[116], so
dass der Sprecher, das Subjekt, die unverträglichen Rollen des Hauses (Seele) und des Bewohners im Haus erhält. In der Neuzeit wechseln beide Auf-
fassungen unregelmäßig, wobei nach Kant die Seele manchmal durch das
Bewusstsein mit fast denselben Bestimmungen ersetzt wird; dabei steigt für
das in seiner seelischen Innenwelt eingeschlossene Subjekt von Descartes
über Locke, Leibniz, Kant und Fichte bis zu Husserl einschließlich beständig die Härte seiner Einsperrung, wogegen erst Sartre mit allem Nachdruck
protestiert. [117] Eine Verschiebung des Subjekts aus der Immanenz in eine
Randstellung versuchen der spätere Husserl und Scheler, jener, indem er ein
reines Ich, das nichts weiter, aber für jeden Bewusstseinsstrom ein anderes
ist, diesem zusetzt, Scheler, indem er die Person als reinen Aktvollzieher
von Akten verschiedenen Wesens von der Seele unterscheidet.

Alle diese ziemlich unentschiedenen und vagen Versuche der Philosophen, den, der etwas erlebt und bewusst hat, in ein Verhältnis zu seiner
Seele (seinem seelenartigen Bewusstsein) zu setzen, kommen zu spät. Sie
machen nur Vorschläge für das Referens der Selbstzuschreibung, d. h. für
das, was der Bewussthaber für sich selbst halten soll, und sehen darüber
hinweg, dass, wie gezeigt wurde, kein solcher Vorschlag dafür ausreicht, begründet darauf zu schließen, dass gerade ich das Vorgeschlagene bin, sofern
ich mir nicht schon unabhängig von jeder vorgeschlagenen Identifizierung
bekannt bin. Nur unter dieser Voraussetzung kann ich mich dann, so wie
ich mit mir bekannt bin, in meiner Umgebung zurechtfinden und auf dieser
Grundlage Vorschläge, womit ich mich, oder was ich mit mir, identifizieren soll, prüfen und bewerten. Dieser ursprünglichen, jeder Identifizierung
vorausgehenden Bekanntschaft mit sich hätte man nachgehen sollen, um
den Bewussthaber zu finden, statt sich, als Anhang zur Seelenkonstruktion,
allerlei Vorschläge dafür auszudenken. Wenn man diesen Weg beschreitet,
führt er auf das affektive Betroffensein und die leibliche Dynamik, den vitalen Antrieb und die primitive Gegenwart. An die Stelle einer Schichtung
oder Stückelung, in der schwer verträgliche Bausteine – Körper und Seele

– sowie Schichten in der Seele zusammengesetzt werden, tritt eine dynamische Verbindung präpersonalen Lebens aus primitiver Gegenwart mit Niveaus personaler Emanzipation, wobei die Person keinen festen Platz hat, sondern auf einen Spagat, eine Ausspannung im Zwischenraum zwischen Niveaus personaler Emanzipation und primitiver Gegenwart, angewiesen ist, mit der Folge des Ineinandergreifens von personaler Emanzipation und personaler Regression. Man wundere sich nicht, dass man in der Routine des Alltags von dieser Ausspannung oft wenig merkt. Etwas von derselben Art macht man nämlich, ohne darauf zu achten, in jedem Augenblick durch, in dem man ein paar Sätze spricht. Im Verhältnis zur Sprache, einer zuständlichen Situation mit binnendiffuser Bedeutsamkeit aus Programmen für die Darstellung von Sachverhalten, Programmen und Problemen in Sprüchen, d. h. aus Sätzen, lebt der Sprecher wie die Tiere, die so nicht sprechen können, präpersonal aus primitiver Gegenwart: Er greift blind, d. h. ohne Explikation (ohne Musterung der einzelnen Rezepte), aber treffsicher in die Sprache hinein und holt die für seine Darstellungsabsicht passenden Muster heraus. Im Verhältnis zu dem, was er in sprechendem Gehorsam so bespricht, lebt er personal in der Welt, in entfalteter Gegenwart, indem er einzelne Sachverhalte, Programme und Probleme in geeigneter Kombination darstellt. Diese Wendung zwischen zwei Lebensformen vollzieht der Sprecher, solange er spricht, simultan und achtlos, es sei denn, dass er bloß vom Blatt abliest oder sonst etwas nachspricht.

An dem festgestellten dynamischen Zwiespalt der Person zwischen personalem und präpersonalem Leben scheitert die traditionelle Vorstellung einer geschlossenen privaten Innenwelt, einer Seele. Das gilt ohne Einschränkung für die präpersonale Grundlage, denn durch ihre leibliche Dynamik ist die Person von vornherein in leibliche Kommunikation verstrickt, und nur durch diese kommt sie an etwas heran. Die sogenannte Intentionalität auf personaler Stufe ist ein Überbau über antagonistische Einleibung durch Kombination aus Situationen explizierter Bedeutungen; an die Stelle der direkt auf Einzelnes zielenden Intentionalität sollte die Explikation aus der Bedeutsamkeit von Situationen als Grundform des bewussthabenden Zugangs zu Einzelnem gesetzt werden. [118] Die zwiespältige, personal-präpersonale Zwischenstellung der Person, die diese durch eine stabilisierende Fassung auszugleichen sucht, hindert sie an der festen Unterbringung in einer Seele. Zwar erbt die Person aus ihrem präpersonalen Leben einen Vorrat für sie subjektiver Bedeutungen und baut ihn durch personale Emanzipation und personale Regression ein Leben lang als ihre persönliche Situation, ihre Persönlichkeit, zu einer Hülle aus, die sie nicht los wird; aber sie steckt nicht fest in dieser Hülle, sondern lebt eingetaucht ins Präpersonale schon bei allen routinierten Verrichtungen, ferner in Ausgelassenheit und Fassungslosigkeit, in Lachen und Weinen hinabtauchend ins Präpersonale. Obendrein ist ihr die persönliche Situation nicht nur Hülle, sondern auch

ein gegenüberstehender Partner, mit dem sie sich arrangieren muss, beim
Wollen, in schwierigen Lebensentscheidungen wie ein Orakel, das mühsam
befragt werden muss, um zu erfahren, welche Entscheidung zu ihm und
damit zu ihr passt. [119] Insgesamt scheitert der Versuch, der Person eine geschlossene private Innenwelt als ihre Seele anzuweisen, an der dynamischen
Ausgespanntheit der Person in mehreren Richtungen (personal-präpersonal,
zwischen Sichbewussthaben und Anderes-bewussthaben, zwischen ihrer Persönlichkeit als Hülle und als Partner), die sie kein Verhältnis zu einer
bis auf die Sinne abgeschlossenen Seele finden lässt.

Diese Preisgabe traditioneller Vorstellungen will ich noch kurz am Beispiel eines einflussreichen modernen Platonismus beleuchten, an der Meta-
psychologie Freuds. Freud setzt den Bewussthaber als das Ich ganz fest und
förmlich in eine Mittelschicht der Seele, zwischen das Es als den Inbegriff
der unwillkürlichen Regungen und ein Überich, ein dem Ich eingeprägtes
Normensystem. Dieses Ich entspricht ungefähr der Vernunft als oberster
Schicht in der gleichfalls dreischichtigen Seele Platons. Für die Erziehung
des Menschengeschlechts stellt Freud die Aufgabe: „Wo Es war, soll Ich
werden. Es ist Kulturarbeit wie die Trockenlegung der Zuydersee." [120] Das
ist platonisch gedacht. Platon schreibt in seiner Dichterkritik: Geschlechts-
lust, Zorn, alle Begierden und Lüste in der Seele werden von den Dich-
tern aufgeregt und zur Herrschaft gebracht, obwohl sie verdorren müssten,
mindestens aber beherrscht werden sollten. [121] Sogar im Bild der Austrocknung stimmen beide Denker überein. Die unwillkürlichen Regungen sollen
von besonnener Vernunft überwunden und aufgesaugt werden, so dass sie
keine oder nur eine ganz untergeordnete Rolle spielen. Freud ahnt nicht,
dass er mit dieser Absage an die Autonomie des Präpersonalen, an den Antagonismus und die Aufrührbarkeit des vitalen Antriebs, an die zwar kon-
trollierbare, aber nie in die Herrschaft der Kontrolle personaler Emanzipation ganz einfangbare personale Regression das Ich selbst zerstören will,
nämlich die personale Fähigkeit zur Selbstzuschreibung, zur Rechenschaft,
zur Übernahme der Verantwortung, zur Wahl des eigenen Platzes in der
Umgebung.

Das Grundsätzliche über die Abhängigkeit der Person vom Leib ist damit gesagt. Nun bleibt die speziellere Aufgabe, den Beitrag des Leibes zur
Entfaltung der Person und ihrer Persönlichkeit (der persönlichen Situation) genauer zu bestimmen. Gegenstand dieses Studiums ist die persönliche
leibliche Disposition. Jeder Mensch verfügt über eine leibliche Disposition,
gleichsam die Unterstimme der persönlichen Situation. Sie ist eine Konstellation der leiblichen Dynamik, die den Menschen weitgehend gleichför-
mig durch sein Leben begleitet, aber je nach Tagesform oder aus anderen
Gründen auch kurzfristigen Schwankungen ausgesetzt ist. Wenn sie sich
längerfristig verschiebt, wirkt sich das zwar erheblich auf die Persönlich-

keit aus, aber es gibt keine entsprechende Rückwirkung der persönlichen
Situation auf die leibliche Disposition, die ihren eigenen Gesetzen folgt.
Die persönliche Situation ist der gleichsam dramatische Teil der Person, der
Niederschlag ihrer Erfahrungen und Reaktionen in personaler Emanzipation und Regression, Explikation und Implikation angesichts von Herausforderungen, hauptsächlich in Gestalt von Sachverhalten (psychologisch
ausgedrückt: Überzeugungen), Programmen und Problemen. Die leibliche
Disposition ist der träge, nicht im Gleichschritt mitgehende Spender des
Antriebs für diesen Betrieb. Ich habe früher[122] die leibliche Disposition der
persönlichen Situation eingeordnet, bin aber nach langem Schwanken davon abgekommen, zunächst aus dem ganz äußerlichen Grund, dass mir für
die persönliche Situation abzüglich der leiblichen Disposition kein besserer
Name als „der persönliche Charakter" einfiel. Von der Sache her kann man
auch die Einordnung vertreten; weil aber die leibliche Disposition eher eine
Konstellation bestimmbarer Einzelfaktoren als eine Situation in meinem
Sinn zu sein scheint, ist es wohl besser, sie neben die persönliche Situation
zu stellen.

Tragende Säule der leiblichen Disposition ist der vitale Antrieb, dessen
Differenzierung nach zwei Seiten in Betracht kommt, der Stärke und der
Bindungsform nach. Die *Stärke* des vitalen Antriebs beruht auf der gegen-
seitigen Stimulation der beiden in ihm antagonistisch verschränkten Komponenten Spannung und Schwellung, bemisst sich also nach deren Ausge-
prägtheit in der Konkurrenz. Diese ist dafür aber nicht auf Schwankungen
angewiesen; die Konkurrenz kann ebenso simultan geschehen. Kant stellt
sich die Materie dynamisch als das Ergebnis des Ineinanderwirkens zweier
gegensätzlicher Kräfte vor, der expansiven Repulsion und der kontraktiven
Attraktion; das ist ein Analogon, ein Symbol des simultanen Antagonismus
von Schwellung und Spannung.

Für die Bindung von Spannung und Schwellung im vitalen Antrieb gibt
es drei Möglichkeiten. Sie kann kompakt sein, so dass beide Komponenten
zäh zusammenhängen und sich nur mühsam und in geringen Ausschlägen
voneinander absetzen, obwohl sich in einem solchen Prozess die Gewichte verschieben können. Zweitens kann die Gewichtsverteilung rhythmisch
schwingen, so dass bald mehr Spannung, bald mehr Schwellung vorhanden
ist, ohne dass eine Spaltung eintritt. Drittens kann die Bindung locker sein,
so dass es leicht zur Abspaltung privativer Engung aus der Spannung, privativer Weitung aus der Schwellung kommt, ohne dass beide Komponenten
durch die Spaltung verbraucht werden und der vitale Antrieb aufgezehrt
wird. Man kann diese drei Möglichkeiten mit den entsprechend umdefi-
nierten Titeln der Konstitutionslehre von Kretschmer in der Weiterbildung
durch Veit[123] benennen, wodurch der ganz verschwommene, Charakter
und Körperbau umfassende Konstitutionsbegriff Kretschmers durch eine
verengende Anwendung präzisiert wird. Kretschmer hatte Schizothymi-

ker und Zyklothymiker unterschieden und dieser Polarität einen dritten Typ, den viskösen Athleten, nachgeschickt. Veit hat diesen dritten Typ genauer als den der Bathmothymiker, der Stufenmütigen, bestimmt und von Kretschmer nicht gesehene Differenzierungen darin aufgedeckt. Ich werde demgemäß die drei Typen der Bathmothymiker, Zyklothymiker und Schizothymiker als Repräsentanten für die drei Formen der kompakten, rhythmischen und lockeren Bindung von Spannung und Schwellung im vitalen Antrieb vorstellen und beim Bathmothymiker beginnen.

Die kompakte Bindung im Antrieb macht die Bathmothymiker lange und gleichmäßig belastbar, mit einer Schwerfälligkeit, die nicht in Verzögerung des Tempos zu bestehen braucht, sondern in einer verminderten Fähigkeit zum Ausweichen, sowohl nach der Enge als auch nach der Weite hin. Daher sind sie einerseits „Felsen in der Brandung", wenig durch Engung erschütterbar, andererseits bar der spritzigen Beweglichkeit, eher vom „Geist der Schwere" (Nietzsche) als vom Geist des Tanzes besessen, zur Feineinstellung ihrer Impulse wenig befähigt. Wenn die Belastung zu groß wird, hat der Antrieb keinen Spielraum zum Ausweichen, weder durch rhythmischen Wechsel der Gewichtsverteilung von Spannung und Schwellung noch durch Abspaltungen aus ihnen. Dann staut sich der kompakte Antrieb, um ruckartig auf eine andere Stufe überzugehen, entweder durch explosionsartige Steigerung (Ausbruch) oder durch Absacken; daher die Bezeichnung „stufenmütig". Veit unterscheidet unter den Bathmothymikern die beiden Untertypen der Phlegmatiker und der Dynamiker; jene sind schwer in Bewegung zu setzen, diese schwer anzuhalten. In Bezug auf mein System der leiblichen Dynamik sind die Phlegmatiker bzw. Dynamiker solche Bathmothymiker, in deren vitalem Antrieb die Spannung bzw. die Schwellung führt. Es wäre also ganz verkehrt, den bathmothymen Phlegmatikern deswegen, weil sie Mühe haben, aus sich herauszukommen, einen schwachen oder schlaffen Antrieb zuzuschreiben; ihr Ruhetonus ist der höchste, wie Veit bemerkt. Sie sind nur schwergängig wie ein Kraftfahrzeug, das nicht leicht zu schalten ist; ein Musterbeispiel ist der von Hotho eingängig geschilderte Vorlesungsstil Hegels, eines genialen bathmothymen Phlegmatikers. [124]

Der Zyklothymiker neigt zum rhythmischen Wechsel des Übergewichts von hemmender Spannung und weitender Schwellung, wobei sich diesem leiblichen Rhythmus leicht, aber nicht immer, Gefühle mit kontraktiver bzw. expansiver Bewegungssuggestion anlagern, so dass der Mensch bald himmelhoch jauchzend, bald zu Tode betrübt ist, auch ohne äußeren Anlass; Mörike gibt davon Zeugnis in seinem Gedicht *Verborgenheit*. Je nach dem, ob die Spannung oder die Schwellung mehr betont ist, unterscheiden sich stillere, zurückhaltende, eher ängstliche und leicht deprimierbare Zyklothymiker von aufgedrehten, hypomanischen Typen (Justinus Kerner von Chruschtschow). Der Schizothymiker macht wie der Zyklothymiker

Höhen und Tiefen durch, aber in anderer Weise. Die Höhen und Tiefen des
Zyklothymikers haben ein Gegengewicht aus ungespaltenem vitalem Antrieb. In der Hochstimmung des Hypomanikers wird die Schwellung von
kraftvoller Spannung getragen, und der von engender Spannung niederge-
drückte Zyklothymiker behält mindestens in seiner Ängstlichkeit die zur
Angst gehörige Schwellung des übermächtig gehemmten Impulses „Weg!".
Die entsprechende Hochstimmung des Schizothymikers ist ein abgehobe-
nes Entzücken, auf Flügeln entschwebend wie in Winckelmanns Fall[22] beim
Betrachten des Apoll im Belvedere. Das Gegenteil ist beim Schizothymiker
weniger Beklommenheit und Niedergeschlagenheit als Bestürzung, die aus
dem Antrieb herausfällt wie der Sturz aus dem Stand. In beiden Fällen wird
Weitung bzw. Engung als privative aus dem Antrieb freigesetzt. Dadurch
gerät in die Antriebskurve des Schizothymikers eine bedenkliche Labilität,
die er aber ausgleichen kann durch die Fähigkeit, sich über etwas hinweg-
zusetzen, die Distanzierungsfähigkeit, die ihm als Ausweg aus Bewegungen
und Bedrängnissen aller Art durch den leichten Zugang zu privativer Weitung geschenkt wird. Der Schizothymiker kann ironisch und strategisch
Abstand nehmen, eventuell die eigene labile Treffbarkeit von oben belä-
cheln und auch auf gebogenen oder gezackten Wegen einer klaren Linie
auf lange Sicht treu bleiben. Der idealtypische Schizothymiker war und ist
E. T. A. Hoffmann, zugleich nüchterner Jurist und hoher Beamter sowie
phantastischer Dichter, Komponist und romantischer Schwärmer. Seinen
Zeitgenossen erschien er als ein gespenstisches Wesen, „an welches die Natur nur das unentbehrliche Quantum an Fleisch und Bein gewendet hat, um
es unter die Körper reihen zu können. Glut und Beweglichkeit war alles,
was man an ihm wahrnahm", dem unerschöpflichen Anreger, Tänzer, Un-
terhalter in Gesellschaften, elend auch bei äußeren Erfolgen, aber fähig, sich
mit einem Ruck aus diesem Elend loszureißen. Er beobachtet und notiert
minutiös seine Stimmungen und Verstimmungen, auch seine alkoholischen
Exzesse, die er im Tagebuch durch geflügelte Becher markiert, und erlebt
seine sexuellen Regungen als „eine Naphtaflamme", wie er sich ausdrückt,
eine exotische, exaltierte, ihm selber unheimliche Gestimmtheit. [125] Sehr
deutlich wird an diesem Fall ein weiteres Merkmal des Schizothymikers:
seine spirituelle Leichtigkeit, Feinheit und Zartheit, die zur privativen Weitung als Erleichterung, als Loskommen der Weitung aus dem Druck enger
der Spannung, passt.

Damit ist Stärke und Form des Antriebs beschrieben, noch nicht aber
seine Einsetzbarkeit, auf die es für die Person hauptsächlich ankommt. Die
Einsetzbarkeit ist Angelegenheit der Vitalität, in der ich drei Stufen unterscheide: den Antrieb selbst, seine Reizempfänglichkeit und seine Zuwendbarkeit zu empfangenen Reizen. Der Antrieb selbst ist ziellos; so bloß in
sich schwingend kann man ihn etwa am Einatmen beobachten. Über sich
hinaus gelangt er durch seine Empfänglichkeit für Reize, eine Selektions-

fähigkeit, die aus dem Rauschen des vorübereilenden, betroffen machenden Geschehens absolut Identisches (beim Tier) oder auch Einzelnes (bei menschlichen Personen) auslesen und merken kann. Darauf baut sich eine Selektionsfähigkeit zweiter Stufe auf, die Fähigkeit, den Reizen den Antrieb zuzuwenden, wodurch er wirksam wird, unentbehrlich für das Agieren und Reagieren in der Einleibung und beim Menschen für das Wollen. Dieses führt in einer ersten Stufe zur Bildung einer Absicht, die aber wirkungslos bleibt, wenn es nicht gelingt, ihr den vitalen Antrieb zuzuwenden und dadurch den Impuls zur Handlung, zur Realisierung zu gewinnen. Das zeigt sich deutlich in der Hypnose: Die Absicht kann noch gebildet werden, aber die Zuwendung des Antriebs zu ihr gelingt nicht mehr, und so bleibt das Wollen auf der Strecke. [126] Die drei Schichten des Antriebs lassen sich an der Krankengeschichte eines Depressiven, bei dem sie nach depressivem Ausfall durch erfolgreiche Medikation sukzessiv wieder eintreten, deutlich unterscheiden. Einer gereizten Manie eines Diplomkaufmanns nach beruflichem Erfolg schloss sich ein typisches Depressionsbild an: Der Patient fühlt sich bedrückt und wie gelähmt, kann nichts mehr tun, weiß nicht, wie er den Tag hinbringt, und empfindet als seine größte Qual, dass er zu nichts mehr Lust hat. Nach achttägiger Behandlung mit einem Bradyolyticum geht es ihm besser, er kann wieder schaffen, der Tag ist fast zu kurz für ihn, er hat großen Appetit, aber seiner Frau kommt er wie ein Roboter vor, freud- und resonanzlos. Eine Woche später wirkt er rechthaberisch, überempfindlich gegen Kritik. Nach weiteren vierzehn Tagen ist er wieder „normal", besonnen, zärtlich, zuvorkommend, nuanciert. [127] Vor der Behandlung war der vitale Antrieb zwar nicht erloschen, aber so gelähmt, dass er nicht mehr eingesetzt werden konnte. Kaum hat der Langsamkeitslöser sein pharmazeutisches Werk getan, ist ein lebhafter Antrieb wieder einsetzbar, aber wie von einem Roboter ohne Reizempfänglichkeit. Auf der folgenden Stufe ist auch die Reizempfänglichkeit zurückgekehrt, aber der Kranke weiß noch nicht mit ihr umzugehen, weil die angemessene Zuwendung noch nicht gelingt; er hilft sich mit einer Standardreaktion rechthaberischer Überempfindlichkeit über diese Schwäche hinweg. Erst als auch die Zuwendbarkeit des Antriebs zu empfangenen Reizen sich eingestellt hat, ist seine normale Vitalität wieder voll da, die Störung überwunden.

Der Entdecker der Vitalität ist Ernst Braun. [128] Er unterscheidet Antrieb und Reizempfänglichkeit und deckt ihr Zusammenwirken an Störungen auf, zunächst an den nasskalten Übergangszeiten des Jahres mit erhöhtem Bedarf an Aspirin und wärmenden Getränken, sodann auch an Menstruation, Basedow, Hypertonie, Morphiumsucht und -entzug, Luft- und Seekrankheit. [129] Allerdings bleibt sein Begriff des Antriebs ganz vage; er weiß nichts von dessen Fügung aus Spannung und Schwellung. Daher vermengt er den Antrieb mit dessen Zuwendbarkeit und erhält nur zwei statt drei Schichten der Vitalität.

Um die Störungen der Vitalität durch alle drei Schichten zu deklinieren, beginne ich mit der Erwähnung der bloß ephemeren Zuwendungsstörungen, morgens in Gang zu kommen; der Schwung fehlt, man kann sich nicht aufraffen. Ebenso verhält es sich mit abendlicher Erschöpfung; wie leicht dann aber (besser als am Morgen) durch wechselseitige antagonistische Einleibung Antrieb, Reizempfänglichkeit und Zuwendbarkeit wieder mobilisiert werden können, zeigt das von Edith Stein erdachte Beispiel.[74] Radikal und dauerhaft ist die Schädigung der Vitalität in allen drei Schichten bei dem, was Conrad als „Reduktion des energetischen Potentials" für den Kern des Defektzustandes nach überstandenem schizophrenem Schub hält; er ist der Meinung: „Jeder Mensch verfügt über ein festes energetisches Potential (...). Er erlebt selbst das Maß dieser Spannkraft in der Kraft seines Wollens, in der Intensität seines Wünschens und seiner Interessen, in der Dynamik seiner Zu- und Abwendungen." [130] Was Conrad „energetisches Potential" nennt, ist ein reizempfänglicher und zuwendbarer vitaler Antrieb; der Griff zu der aristotelisch-physikalischen Metapher entspringt hier wie so oft der Unvertrautheit mit der leiblichen Dynamik. Bei dem Charakterologen Julius Bahnsen kommt dasselbe als die Spontaneität vor, die Lust, die der Wille von sich aus den Motiven entgegenbringt, das Leben, das man vermisst, wenn man sagt: „Es ist kein Leben in dem Menschen." [131] Eine spezielle Störung der Reizempfänglichkeit registriert Klaus Ernst nach Selbstversuchen mit dem Neuroleptikum Megaphen. Dieses Medikament verschleiert Gebärde, Mimik, Wort, verwischt leise die Konturen, namentlich im gefühlsmäßigen Kontakt, der Partner fühlt sich „kaltgestellt". Der Megaphenvergiftete will von nichts wissen, interessiert sich für nichts mehr und empfindet statt Furcht eine durch Hilflosigkeit und Apathie halb verdeckte Ängstlichkeit. Nur kleinliche Bedürfnisse und verdrießliche Beschwerden bestimmen seinen Lebensinhalt. Er befindet sich in einer verdrossenen, trocken-unbeweglichen Stimmung. [132] Hier ist nicht primär der Antrieb (Bahnsens Spontaneität) gestört, sondern dessen Störung sowie die der Zuwendung scheint auf eine Art von Trübung oder Ermatten der Reizempfänglichkeit zurückzugehen. In den folgenden Fällen setzt die Störung teils erst bei der Zuwendbarkeit ein, teils betrifft sie in erster Linie diese auf Grund einer Schwäche des Antriebs oder einer Überlastung der – dabei eventuell vermehrten und verfeinerten – Reizempfänglichkeit.

Braun kontrastiert niederdeutsche Bauern, deren Antrieb über den Reizempfang nur schwer in Gang kommt, dann aber normale Stärke gewinnt, mit modernen Städtern, deren Antrieb flinker, geschmeidiger, elastischer auf Reize abgestimmt sein muss, aber bei zu wendiger Anpassung von Nivellierung und Zersplitterung bedroht wird.[133] Diese niederdeutschen Bauern sind die Menschen fälischer Rasse, an deren Zuwendbarkeit zu als fremdartig empfundenen Reizen Clauß sehr anschaulich als anfängliche Hemmung eine Sperrung aufweist, „vor der alle seelische Bewegungs-

möglichkeit zunächst erstarrt"; sie löse sich aber, wenn das Fremde durch
Gewöhnung nicht mehr fremd ist, und könne dann in strömende (z. B.
erotische) Zuwendung umschlagen. [134] Die fälischen Menschen nach Clauß
sind Bathmothymiker mit der für solche charakteristischen Anpassungs-
erschwerung: Der kompakte Antrieb kann nicht ohne Überschreiten einer
Stufe umgestellt werden, sobald das aber geschehen ist, kann er in kompakter Gedrängtheit massiv strömen. Der Gegentyp nach Braun, die von allzu
wendiger Anpassung an Reize bedrohten modernen städtischen Menschen,
wird schon um die Mitte des 19. Jahrhunderts von dem damals führenden
Nervenarzt Griesinger (1817-1869) unter dem Titel der nervösen Konstitution festgehalten; seine Merkmale seien: gesteigerte Empfindlichkeit, leichte Erschöpfbarkeit, Neigung zu rascheren, ausgebreiteteren, aber weniger
energischen Bewegungen, rascher und leichter Stimmungswechsel, Schwäche und Inkonsequenz des Wollens, Energielosigkeit, reizbare Schwäche. [135]
Reizbare Schwäche ist das Gegenteil der gegen Reize sich sperrenden Kom-
paktheit eines geballten bathmothymen Antriebs. Die Schwäche des Antriebs kann die Reizempfänglichkeit erhöhen; das kann sogar ein Vorteil für
differenziertere Aufgeschlossenheit sein, wie der Bericht von Kohlrausch
über größere Erfolge mit subtiler Massage in Ermattungszuständen[109] zeigt.
Gerda Walther bezeugt Ähnliches, nämlich gesteigerte Empfänglichkeit
für die von einem Menschen ausgehende Atmosphäre, „wenn man selbst
gerade innerlich ‚müde' oder geschwächt (...) oder mit keiner besonders
starken Konzentration einem anderen Gegenstand zugewendet ist."[136] Hier
zeichnet sich ab, dass die durch schwachen Antrieb gesteigerte Reizempfänglichkeit der Zuwendbarkeit des Antriebs ungünstig ist. Allgemein ist
Nervosität Störung der Zuwendbarkeit des Antriebs durch Überlastung
der Reizempfänglichkeit, bis zu völliger Unansprechbarkeit für Reize wie
bei den zitternden Soldaten des ersten Weltkriegs, die aus der Hölle von
Verdun kamen.

Der Gewinn aus Schwächung des Antriebs für die Reizempfänglichkeit
scheint aber nur so lange zu bestehen, wie genügend Antrieb in Reserve gehalten wird, um sich den Reizen auch zuzuwenden. Wenn die Schwächung
auch dafür nicht mehr reicht, ergibt sich das heute unter Jugendlichen verbreitete Aufmerksamkeitsdefizit-Hyperaktivitäts-Syndrom, das ich, um
die monströse Bezeichnung abzukürzen, mit dem *Struwwelpeter* „Zappelphilippsyndrom" nennen will. Der Betroffene kann nicht mehr still halten
und sich nicht mehr konzentrieren. Die Reizempfänglichkeit ist breit, aber
zu flach, um sich in der Zuwendung an empfangene Reize zu binden. Ich
erkläre mir das so: Das Leben ist unter der Führung technischer und sozi-
aler Systeme zu glatt geworden. Die Lebensführung ist geschient in einem
riesigen Schienensystem mit lauter dem individuellen Belieben angebote-
nen Weichenstellungen. Die Jugendlichen werden nach Optimierungsplä-
nen gefördert, was so viel ist wie: befördert (in dem Schienensystem). Für

kräftige Ausbildung der antagonistischen Konkurrenz von Engung und Weitung im vitalen Antrieb (einschließlich des gemeinsamen Antriebs der Einleibung) ist kein Platz mehr. Dadurch wird der Antrieb schwach. Ein habituell schwach gewordener Antrieb leistet den Reizen nicht mehr den Widerstand, der dazu nötig ist, sie nicht nur kommen und gehen zu lassen, sondern aufzufangen und festzuhalten. Wenn das aber nicht gelingt, ist die Zuwendung nur noch flüchtig möglich. Die Zuwendbarkeit ist gestört, und es entsteht das Zappelphilippsyndrom.

Zum Schluss will ich die Frage wenigstens streifen, ob nicht auch die Dimension *protopathisch-epikritisch* einen Anteil an der leiblichen Disposition haben kann. Der Schriftsteller Henri Michaux trug von einer Meskalinvergiftung eine zwei Monate anhaltende Verstimmung seiner leiblichen Disposition ins Protopathische davon. „In einer Verweiblichung der Welt zerfließt der zufriedene Sünder. *Wonne des Zerfließens.*" Eine Strapaze an einem Herbstabend auf dem Meer brachte ihn wieder zurück. „Ich hielt stand, wie es sein musste, und da trat jene schroff abweisende Seite meines Wesens wieder hervor, die mir acht Wochen lang gefehlt hatte. Seitdem habe ich den Eindruck gehabt, dass diese Haltung sich noch steigerte, dass Härte und Widerstand gegen jedes Zerfließen meine Parolen sind, meine guten Kameraden und mein Ziel." [137] Die epikritische Tendenz hat wieder die führende Stellung in der leiblichen Disposition des Autors eingenommen.

10. Leib und Gefühl

Nachdem die traditionelle Seelenvorstellung als Illusion durchschaut ist (9), kann auch die Introjektion der Gefühle in die Seelen, die sich bei Platon – nicht ohne Gegentendenzen – durchsetzt und von Aristoteles besiegelt wird[138], durch eine den wirklichen Erfahrungen besser angepasste Auffassung ersetzt werden. Ein gut geeignetes Beispiel ist der Zorn, keineswegs ein Seelenzustand – noch niemand hat in seiner Seele nachgesehen und dabei einen Zorn gefunden –, sondern eine ergreifende Macht wie die reißende Schwere, überfallartig im Leib aufsteigend und ihn treibend, aber mit einem wichtigen Unterschied: Gegen den Zug der Schwere kann der Ausgleitende und Stürzende sich von Anfang an sträuben; mit dem Zug des Zorns muss der Zürnende erst einmal ein Stück weit mitgehen, ihn als eigenen Impuls übernehmen; sonst zürnt er nicht wirklich. Erst nach einer Anfangsphase, in der er sich mitreißen lässt, kann er als Person dazu Stellung nehmen, indem er den Zorn hemmt oder ihm die Zügel schießen lässt. Damit ist ein Leitbild für das Verhältnis von Gefühl, Leib und Person vorgegeben, das im Folgenden verfolgt und ausgebaut werden soll.

Gefühle – wohl zu unterscheiden vom Fühlen als Wahrnehmen oder als affektives Betroffensein von Gefühlen – sind ausgedehnte Atmosphären in einem flächenlosen Raum, einem Gefühlsraum, der sich den unter 2 erwähnten flächenlosen Räumen, darunter dem Raum des Leibes, an die Seite stellt. Seit der Ausbildung der griechischen Geometrie in der Zeit von Demokrit, Platon und Aristoteles – also, wohl nicht zufällig, zugleich mit der Introjektion der Gefühle – wurden die flächenlosen Räume zwar nicht aus der Erfahrung, aber aus dem Denken der Menschen verdrängt; seitdem gibt es, sobald Räumlichkeit der Gefühle behauptet wird, törichte Fragen wie diese: wie lang, breit und dick sie denn seien, welche Figur sie hätten, in welchem Zentimeterabstand sie aufgereiht seien. Solche Fragen beruhen auf einem Verkennen der Raumform, um die es sich handelt. Es ist die Raumform von Atmosphären. Eine *Atmosphäre* im hier gemeinten Sinn ist eine randlose, unteilbar ausgedehnte Besetzung eines flächenlosen Raumes. Im Fall der Gefühle ist die Atmosphäre ortlos ergossen, d. h. sie erstreckt sich (mindestens dem Anspruch oder der Tendenz nach) auf den ganzen Bereich dessen, was jeweils als anwesend erlebt wird. Damit gleicht sie den Atmosphären des Wetters und der Stille, von denen, soweit sie nicht selbst Gefühle sind, sie sich durch die besondere Weise des affektiven Betroffenmachens unterscheidet. Atmosphären haben auch die ganzheitlichen leiblichen Regungen, wie Frische, ganzheitliche Müdigkeit, ganzheitliches Behagen. Diese sind aber nicht randlos ergossen, sondern örtlich umschrieben, und zwar zunächst durch den absoluten Ort der ganzheitlichen Regungen, nach dessen Einordnung in das perzeptive Körperschema zusätzlich auch durch relative Orte. Das Behagen in der Badewanne reicht z. B. nicht über deren Ränder hinaus; dagegen trägt das Behagen als Gefühl der Geborgenheit in der Liebe eines Menschen oder eines harmonischen Familienkreises den Ergriffenen überall, wohin er auch geht, und kennt keine Grenzen, wird übrigens u. a. auch mit leiblichem Behagen gefühlt.

Die atmosphärische Natur der Gefühle will ich zunächst durch einige Beispiele beleuchten. Feierlicher Ernst (bei einem sozialen Anlass oder als Naturstimmung) ist ein mächtig, aber in reiner Form ohne Lust oder Unlust, ergreifendes Gefühl. Zu ihm gehört eine weite, dichte Stille, die mit dem Gefühl verschmilzt und in es eingeht. Diese dichte Weite ist die Atmosphäre. Es kann sich auch um ein anderes Gefühl handeln, das mit Stille zur Atmosphäre verschmilzt. Der polnische Schriftsteller Sienkiewicz berichtet von einem Krankenlager in Sansibar: „Gegen Mittagszeit verfiel das Spital in Totenstille und traurige Ruhe; man hatte dann die sonderbare Empfindung, als schwebe eine Katastrophe über der Stadt – und wenn dann in dem allgemeinen Schweigen die Uhren zwölf schlugen, glaubte man, es müsse jetzt etwas Schreckliches eintreten." [139] Diese Stille ist die drückende des Tropenmittags, erfüllt von drohender Trauer. Freude ist eine hebende Atmosphäre, die den Leib zum Schweben („in Seligkeit"), zum beschwingten Gang, ja zum Hüpfen anstiftet, obwohl sich an der Schwere des Körpers nichts geändert hat; diese imponiert aber nicht mehr als Hindernis. Das könnte an gesteigerter Kraft liegen; es gibt aber auch eine passive Freude, in die man sich erschlaffend fallen lässt, z. B. bei Erleichterung von einer schweren Sorge, und die hebt nicht weniger. Dann kann es nur die hebende Atmosphäre der Freude sein, die die Erdenschwere überspielt und das Leben leiblich leicht macht.

Gelegentlich kommt es vor, dass jemand sich beschämend benimmt, sich aber selbst nicht schämt, während die Anwesenden und Angehörigen peinlich berührt sind. Dann erweist sich die Scham als Atmosphäre, die sich von dem sich nicht Schämenden oder, in anderen Fällen, sich auch Schämenden in den Bereich merklicher Anwesenheit oder auch darüber hinaus erstreckt, bis an einen Rand, wo sie nur noch als Peinlichkeit gespürt wird, von der man noch berührt, aber nicht mehr durch und durch ergriffen ist. Der peinlich Berührte will nicht wie der von katastrophaler Scham Ergriffene im Boden versinken, aber er würde lieber weg sein; er senkt nicht den Blick, kneift aber die Augen etwas zu, um nicht zu genau hinzusehen. Diese Scham ist eine Atmosphäre, die in ihrem Verdichtungsbereich vernichtend, aber zum Rand hin verdünnt ist; in beiden Fällen ist es dieselbe Scham, die im ersten Fall sagen lässt „Es ist mir entsetzlich peinlich, dass …", im zweiten Fall „Ich bin peinlich berührt von …".

Verzweiflung, hier nicht als Reaktion auf die Vereitelung von Wünschen zu verstehen, ist ein Gefühl der Sinnlosigkeit wie die *acedia*, der Mittagsdämon, der frühchristlichen Wüstenväter oder der *ennui* der Franzosen, eine mit Ekel gemischte Langeweile. Sie hat mit Trauer viel gemein, z.B. die Schwunglosigkeit, die Verzagtheit, die Neigung zur Vereinsamung, ist aber nicht wie die Trauer drückend, sondern haltlos als Atmosphäre einer Leere des Gefühls, in der keine Richtung vorgezeichnet ist, auch nicht die beugende und drückende. Dieses Gefühl, das dem Ergriffenen ziellose Unruhe eingibt, kann aus Reflexion hervorgehen, aber auch spontan in manchen Umgebungen auftauchen, z.B. im hässlichen Häusermeer einer Großstadt an einem nasskalten Morgen oder auf dem Bahnhof, oder abends, wenn die bleiche Kühle des verblassenden Tages alles wie hinter Glas entrückt und fremd werden lässt. Diese abendliche Atmosphäre hat Nietzsche packend beschrieben[140], aber als Traurigkeit verkannt, wie Thomas von Aquin und die anderen Scholastiker die *acedia* (als Traurigkeit oder Faulheit).

Ich begnüge mich hier mit diesen Beispielen, denen ich an anderen Stellen die Trauer, die sich mit stärkerem Anspruch im Raum erlebter Anwesenheit gegen Fröhlichkeit durchsetzt, und die strahlende Freude des Kindes, die festlichen Glanz über die Weihnachtsfeier verbreitet, beigefügt habe, und fertige kurz einige Einwände ab. Man sagt: Wären Gefühle räumlich ausgedehnte Atmosphären, müsste in dem betreffenden Raumstück jeder sie spüren und beim Übertritt in ein anderes von einem anderen Gefühl befallen werden; beides ist nicht der Fall. Gefühle sind nämlich Halbdinge (4) mit unterbrechbarer Dauer und Anwesenheit im Raum. Sie verschwinden und sind wieder da wie eine Stimme, ohne dass man sinnvoll nach ihrem Zustand in der Zwischenzeit oder im Zwischenraum fragen könnte. Oft werden sie durch die Schicksale eines Einzelnen geweckt oder – wie aufsteigende Bitterkeit, Scham, Zorn, Wehmut oder Freude einer Erinnerung – wieder geweckt und sind dann nur diesem gegenwärtig, anderen unzugänglich wie Bauch-, Kopf- und Rückenschmerz, die deswegen nicht weniger wirklich sind als Steine, die jeder sehen kann. Es gibt aber ebenso kollektiv ergreifende Gefühle wie private, die nur einer hat.

Gefühle als Atmosphären werden auf zwei Weisen gefühlt: entweder durch bloße Wahrnehmung der Atmosphäre oder durch affektiv-leibliches Betroffensein von ihr. Besonders interessant sind die Übergänge. Der ernsthafte Beobachter der albernen Fröhlichkeit eines Festes (etwa mit vor Vergnügen laut kreischenden Menschen) kann die Atmosphäre unbeteiligt registrieren oder auch abgestoßen und etwa gar traurig werden; er kann aber auch in ihren Sog geraten. Faust, als lüstern verliebter Spion Gretchens Zimmer betretend, ruft aus:

Wie atmet rings Gefühl der Stille,
Der Ordnung, der Zufriedenheit![141]

Sein affektives Betroffensein beim Eintritt ist so entgegengesetzt wie nur möglich, aber leicht lässt sich vorstellen, dass er von dem Gefühl, das ihm als rings ergossene Atmosphäre entgegentritt, angerührt, vielleicht eingefangen wird. Ähnliches geschieht, wenn ein zerrissener oder böswilliger Mensch eine Kirche betritt und von der milden, frommen und feierlichen Atmosphäre umgestimmt wird. Dann ist es ein und dasselbe Gefühl, das erst als bloße Atmosphäre wahrgenommen und dann am eigenen Leibe des nun selbst Ergriffenen gespürt wird. Das ist der beste Beleg für die These: Gefühle und Atmosphären. Es kommt aber auch vor, dass ein Gefühl, das niemandes eigenes Gefühl ist, durch ein anderes, das jemand lebhaft fühlt, hindurch gefühlt wird, ohne zum eigenen, leiblich ergreifenden Gefühl dessen, der von dem Vorgefühl ergriffen ist, zu werden. Das ist bei schwerem Schuldgefühl der Fall, das sich mit einer Furcht verbindet, die sich auf einen gewissermaßen absoluten Zorn richtet, den der Schuldige fürchtet, obwohl niemand, der zürnt, in Sicht ist. So ruft der Kindsmörderin Gretchen in der Szene *Im Dom* des *Faust* die vor Angst halluzinierte Stimme eines bösen Geistes zu: „Grimm fasst dich." [142] Von keinem Grimmigen, auch nicht einem grimmigen Gott, ist die Rede. Ebenso spricht der Muttermörder Orestes in den *Choephoren* des Aischylos (Vers 1021–1025) noch vor der Erscheinung der Rachegöttinnen von der Furcht, die sich an seinem Herzen zum Tanz nach der Musik des Grimms bereite. Man kann dann nur mit Rudolf Otto sagen: „Unheimliche Zornmacht wird gefühlt." [143] Das Gefühl ist da und ergreift als reale Macht, aber durch ein anderes, ihm unähnliches; es bleibt eine nicht anzueignende, erst recht nicht als Seelenzustand deutbare Atmosphäre.

Sofern das Fühlen der Gefühle nicht bloßes Wahrnehmen ist, sondern affektives Betroffensein, durch das die Gefühle zu eigenen werden, ereignet es sich in Gestalt leiblicher Regungen, mit denen die Gefühle den Betroffenen ergreifen. Das deutlichste Zeichen für dieses Eingreifen der Gefühle in den Leib ist die erstaunliche Sicherheit der Gebärden, die sie ihm eingeben. Man muss schon ein guter Schauspieler sein, um den komplizierten Ausdruck der Freude – die lachenden Augen, den beschwingten Gang, die lächelnde Versunkenheit, die helle Stimme – wie echt hervorzubringen; dem Freudigen, und sei er noch so ungeschickt, gelingt das ganz von selbst. Desgleichen weiß der Bekümmerte zu seufzen und gebückt zu sitzen, der Beschämte die Augen niederzuschlagen, der Zornige die Faust zu ballen, die Stirn zu runzeln, die blitzenden Augen aufzureißen, mit schneidender Stimme zu sprechen; niemand, der so betroffen ist, muss sich erst erkundigen, wie man so etwas macht. Dagegen muss der Mitleidige sich sehr oft verlegen fragen, wie er einem Gefühl den passenden Ausdruck geben, wie er kondolieren soll. Das liegt daran, dass ihn fremdes Leid nicht so unmittelbar leiblich ergreift wie eigenes. Wenn aber das Mitleid doch einmal so spontan und stürmisch ist wie eigener Jammer und Kummer, versteht sich sein Ausdruck ebenso von selbst wie der der anderen Gefühle, einschließlich der zwiespältigen, die spontan entsprechend zwiespältiges Ausdrucksverhalten inspirieren.

In der Zeit, als James und Lange im Gegensatz zu mir die Gefühle mit leiblichen Regungen (James) oder körperlichen Vorgängen (Lange) geradezu identifizierten, verteidigte Carl Stumpf die Gefühle scharfsinnig gegen solchen Export aus der Seele, und es dürfte zweckmäßig sein, die hier vorgelegte Auffassung an seiner Kritik zu prüfen. Diese bezieht sich einerseits auf die Intensität, andererseits auf den Verlauf des Fühlens. Zur Intensität sagt er: „Der tiefen Rührung über einen großen und edlen Charakterzug, der Ergriffenheit eines künstlerisch veranlagten Menschen vor einem Bildwerk ersten Ranges oder bei einer Beethoven'schen Symphonie entspricht keineswegs die verhältnismäßig äußerst geringfügige Pulsbeschleunigung, Erweiterung der Blutgefäße und Vermehrung des Wärmegefühls, die erhöhte Spannung der Augen- und Ohrenmuskeln und was sonst noch an empfindbaren Veränderungen auftreten mag." [144] Auf körperliche Vorgänge, soweit nicht leibliche Regungen mitgemeint sind, brauche ich nicht einzugehen. Was aber diese betrifft, verwechselt Stumpf Intensität als Eindringlichkeit mit Intensität als Heftigkeit. Ich habe unter 4 ausgeführt, dass zarte Berührung eindringlicher sein kann als heftige Umarmung. Das gilt auch für die Bewunderung von Kunstwerken und edlen Taten. Wenn sich die Bewunderer dabei so aufregen, dass sie schreien und ihre Hüte schwenken, werden die leiblichen Regungen schon entsprechend ausfallen, aber tiefes und starkes Fühlen braucht nicht stürmisch zu sein, sondern kann sich auch einschleichen und im Leib sanft ausbreiten. Tiefe Freude ist gelassener und stiller als flache. Weiterhin denkt Stumpf viel zu einseitig nur an teilheitliche leibliche Regungen, die er für Organempfindungen (ich für Besetzungen von Leibesinseln) hält, und vergisst die ganzheitlichen. Zum zeitlichen Verlauf schreibt er: „Was endlich den zeitlichen Verlauf betrifft, so wechseln doch oft in rascher Folge die verschiedensten Affekte, während die Organempfindungen so gut wie unverändert bleiben. Wem wäre es nicht begegnet, dass er in bequemer Rückenlage ohne irgend merklichen Wechsel weder der äußeren Eindrücke noch der vegetativen Funktionen, nur seinen Vorstellungen, Erinnerungen, Phantasien hingegeben, Kummer, Sehnsucht, Freude, Dankbarkeit, Reue, Mitleid, Indignation, Begeisterung empfand? Wo bleiben die mächtigen Umschwünge der peripheren Veränderungen? Aber plötzlich schlägt die Uhr, man erschrickt nicht, aber man ist an die Berufsgeschäfte erinnert, springt auf, die ganze Muskulatur ist tätig, das Herz und die Lungen müssen momentan rascher arbeiten, die Organempfindungen sind wesentlich verändert – und gerade jetzt ist das Spiel der Affekte dem ledernsten Amtsbewusstsein gewichen. Aber auch wenn wir den zeitlichen Verlauf eines einzelnen Affekts ins Auge fassen, will die Theorie nicht stimmen. Denken wir nur daran, dass das Zittern, das Herzklopfen und die spürbaren Wirkungen auf die Eingeweide oft beträchtlich länger dauern als die Furcht. Diese ist vorbei, sobald die Gefahr als illusorisch oder als vergangen erkannt ist. Oft genug ist wenigstens die Culmination eines Affekts vorüber, sobald die peripheren Symptome auftreten; wir empfinden diese als Entladung, Erleichterung. Man könnte statt des berühmten Paradoxes von James ‚Wir sind traurig, weil wir weinen‘, oft genug vielmehr sagen, dass wir nicht mehr traurig sind, wenn wir weinen. Das eine wie das andere besagt unter Umständen etwas Richtiges, aber nicht ein allgemeingültiges Verhalten.“ [145] Abermals denkt Stumpf nur an „Organempfindungen“, womit er allerdings in die Spur seiner Gegner tritt, so dass er *ad hominem* gerechtfertigt ist; jedoch haben gerade die Gebärden, in denen sich das Gefühl besonders unmittelbar darstellt, einen starken Anteil ganzheitlicher leiblicher Regungen, und das gilt auch für andere Unstimmungen des Leibes, z. B. frei, gehoben und strömend hingegeben, wie beflügelt, oder beklommen und bedrückt zu sein. Der Anteil ganzheitlicher und teilheitlicher Regungen an solchem Ergriffensein ist nicht schematisch zu bestimmen. Ganz recht hat Stumpf damit, dass Gefühle, wenn sie abklingen, in leiblichen Regungen nachwirken können, aber sie sind deswegen nicht schon verschwunden, z. B. die Furcht nach Ende der Gefahr; ich erinnere nur an das leise Grauen der allzu kühnen Schwimmerin nach glücklicher Rückkehr zum Ufer.[33]

Triftig scheint mir Stumpfs Hinweis, dass qualitativ verwandten Gefühlen („Affekten“) nicht immer entsprechend verwandte leibliche Regungen („Organempfindungen“) des Ergriffenseins von ihnen entsprechen[146], der Freude z. B. bald ein Schreck bis zur Fassungslosigkeit („Ich kann es gar nicht fassen“), bald Erleichterung, aber das ist kein Einwand gegen meine Theorie, da ich weit davon entfernt bin, Gefühle mit leiblichen Regungen zu identifizieren, und nur die Einwirkung der Gefühle (als zudringliche Halbdinge) auf den Leib behaupte. Diese Einwirkung besteht hauptsächlich in Modifikationen des vitalen Antriebs, einschließlich der leiblichen Richtung; dazu sind natürlich, gemäß dem Typ der leiblichen Disposition (9), die Zyklothymiker und die Schizothymiker eher bereit als die Bathmothymiker, die es daher nicht so leicht haben, zu fühlen.

Die leiblichen Regungen zerfallen in die beiden Hauptgruppen der bloßen leiblichen Regungen und der leiblichen Regungen, die affektives Betroffensein von Gefühlen sind. Zur ersten Gruppe gehören z. B. Schmerz, Hunger, Durst, Wollust, Ekel, Frische, Müdigkeit, ferner viele Bewegungssuggestionen und Kinästhesen (Atmen, Zittern, Zucken, Schlucken, Laufen, Greifen pp.) und leibliche Richtungen (Blicken), zur zweiten Gruppe Angst und die nach Gefühlen benannten leiblichen Regungen wie Zürnen, Traurigsein, Fröhlichkeit, Sichschämen usw. Der wichtigste Unterschied zwischen beiden Gruppen betrifft die Stellung der Person zu ihrem affektiven Betroffensein. Wenn dieses in bloßen leiblichen Regungen besteht, ist

die Person für ihre Stellung dazu prinzipiell ungebunden. Sie kann das Geschehen von Anfang an beobachten, sich darauf in Hingabe oder Abwehr
einlassen, Abstand halten, zulassen, genießen usw., allerdings meist ohne
Einfluss darauf, wie sehr sie davon in Anspruch genommen wird. Ausnah-
mefälle, wie plötzlich aufzuckender Schmerz, Sucht und Verwandtes kommen vor, ändern aber nicht das Grundsätzliche. Anders verhält es sich beim
affektiven Betroffensein von Gefühlen. Wenn dieses echt ist, muss die betroffene Person anfangs ein Stück weit mit dem Impuls des stürmisch oder
schleichend ergreifenden Gefühls mitgehen, gleichsam zu dessen Kompli-
zen werden. Wer das Gefühl gleich an der Pforte seines Eintritts mit einer Stellungnahme empfängt, ist ein bloßer Schauspieler der Ergriffenheit.
Wenn das Gefühl so mein eigenes sein soll, wie mein Schmerz, mein Hunger meine eigenen Regungen sind, muss ich mich ihm erst einmal gefangen
gegeben haben und kann mich erst nachträglich aus dieser Gefangenschaft
befreien, indem ich Stellung nehme durch Preisgabe, Widerstand oder eine
Mischung aus beiden. Dadurch kann die Person ihr affektives Betroffensein
im Lauf der Zeit so formen, dass ein persönlicher Stil des Fühlens entsteht.
Sie kann damit aber die Ergriffenheit durch Gefühle, solange sie sich dieser
nicht entzieht, nie ganz unter ihre Kontrolle bringen. Aus dieser komplizierten Sachlage ergibt sich die erschwerte Beobachtbarkeit von Gefühlen
im Stande der Ergriffenheit durch sie, z. B. durch Zorn, der sich, solang
er tobt, vom Zürnenden kaum beobachten lässt. Ihre leiblichen Regungen
kann die Person unbefangen beobachten, nicht aber die Gefühle, von denen
sie ergriffen ist, weil sie von vornherein die Partei des zu beobachtenden
Gefühls ergriffen hat und sich aus dieser Komplizenschaft befreien muss,
um die neutrale Position eines Beobachters einzunehmen. Diese Verstrickung gehört zur Ergriffenheit im eigentlichen Sinn. Das affektive Betroffensein von bloßen leiblichen Regungen kann man schwerlich als Ergriffenheit bezeichnen.

Von der Ergriffenheit ist das bloße Berührtsein durch Gefühle zu unterscheiden. Ein zorniger, liebevoller, demütiger Blick trifft einen Menschen,
dieser wird von dem durch den leiblichen Blick transportierten Gefühl aber
nicht eingenommen oder angesteckt, sondern es ist nur, als ob dieses bei
ihm anklopfte, ohne in ihn überzugehen. In solchen Fällen ist häufig sofort
eine personale Stellungnahme möglich.

Bisher habe ich vom leiblichen Betroffensein durch Gefühle nur gesprochen, sofern es sich um ein unmittelbares Betroffensein am eigenen Leibe
handelt. Ebenso wichtig ist aber das Betroffensein in der Einleibung. Bewegungssuggestionen und synästhetische Charaktere als leibnahe Brückenqualitäten vermitteln nicht nur Einleibung, sondern binden auch Gefühle,
wie Leiber tun, die vom Impuls eines Gefühls ergriffen werden. So kann
eine Wiese heiter, ein trüber Novembertag trist, eine düstere Gewitterwolke
grimmig sein, ohne Heiterkeit, Traurigkeit oder Grimm zu spüren. Die so

gebundenen Gefühle werden im gemeinsamen Antrieb der Einleibung in
Leiber übertragen, ergreifend oder bloß anrührend. Auf diese Weise wirkte
Brechts „Hallo" durch seinen synästhetischen Charakter auf Ruth Berlau.[60]
Während das ein außerordentliches Kunststück war, ist das Wohnen eine
längst weit und breit gepflegte Kunst der Übertragung ergreifender Gefüh-
le von leibnahen Brückenqualitäten durch antagonistische und solidarische
Einleibung. *Wohnen* ist Kultur der Gefühle im umfriedeten Raum. [147] Diese Definition trifft nicht nur auf die häusliche Wohnung zu, sondern auch
auf Wohnungen im weiteren Sinn wie die christliche Kirche (als Innenraum) und den Garten. In der häuslichen Wohnung ist in erster Linie das
Wohnzimmer dieser Aufgabe gewidmet. Es ist nicht – wie Küche, Bad und
Schlafzimmer – auf spezielle körperliche Bedürfnisse abgestellt, sondern
für eine Stilisierung freigegeben, die nach dem Geschmack des Bewohners
Atmosphären, die Gefühle sind, durch Bewegungssuggestionen und synästhetische Charaktere so züchtet oder dämpft, dass ein Gefühlsklima der
gewünschten Art entsteht und sich durch solidarische Einleibung auf die
Bewohnerschaft, durch antagonistische auf den eintretenden Gast ausbrei-
tet. Dazu gehört die Gestaltung der Wände, der Decke und des blank be-
lassenen oder mit Teppich belegten Fußbodens ebenso wie die Möblierung
und die Regelung des Lichteinfalls, der Temperatur und der Geräusche. Im
Wohnzimmer empfängt man seine Gäste, um ihnen die eigene Lösung dieser Aufgabe zu demonstrieren. Einen Typ solcher Lösung habe ich an der
im deutschen Sinn gemütlichen Wohnung näher ins Auge gefasst. [148]

11. Leib und Kunst

Cézanne äußert sich im Gespräch mit Émile Bernard über sein künstlerisches Schaffen so: Cézanne: Die Sonne scheint und die Hoffnung lacht im Herzen.

Ich. Sie sind zufrieden heute morgen?

Cézanne: Ich halte mein Motiv. - - (Er faltet die Hände.) Ein Motiv, sehen Sie, das ist so...

Ich: Wie?

Cézanne: Nun ja! - - (Er wiederholt seine Bewegung, entfernt die Hände voneinander, die zehn Finger gespreizt, nähert sie dann langsam, langsam, faltet sie wieder, verschränkt sie krampfhaft ineinander.) Hier, das ist es, was man machen muss. Wenn ich zu hoch oder zu tief greife, ist alles verpfuscht. Es darf keine einzige Masche geben, kein Loch, durch die die Erregung, das Licht, die Wahrheit entschlüpft. Ich lenke, verstehen Sie, den Realisationsprozess auf meiner Leinwand in allen Teilen gleichzeitig. Ich bringe im gleichen Antrieb, im gleichen Glauben alles miteinander in Beziehung, was auseinanderstrebt. Alles, verstehen Sie. Also verschränke ich diese umherirrenden Hände. Ich nehme rechts, links, hier, dort überall diese Farbtöne, diese Abstufungen, ich mache sie fest, ich bringe sie zusammen, – sie bilden Linien, sie werden Gegenstände, Felsen, Bäume, ohne dass ich daran denke. Sie nehmen ein Volumen an, sie haben einen Wirkungswert. Wenn diese Massen, diese Gewichte auf meiner Leinwand, in meiner Empfindung den Plänen, den Flecken entsprechen, die mir gegeben sind, die wir da vor unseren Augen haben, gut, meine Leinwand verschränkt die Hände. Sie schwankt nicht, sie greift nicht zu hoch und nicht zu tief. Sie ist wahr, sie ist dicht, sie ist voll. [149]

Cézanne versteht sein Werk als Übertragung eines von ihm durch Handbewegung dargestellten vitalen Antriebs, in dem weitende Dehnung (Schwellung) unter die Herrschaft zusammenziehender und -haltender Spannung gebracht wird, auf die Leinwand, die dabei selbst so leiblich wird, dass sie die Hände verschränkt. Diese paradoxe Metapher hat den unter 4 dargelegten verständlichen und berechtigten Sinn, dass Bewegungssuggestionen und synästhetische Charaktere als leibnahe Brückenqualitäten die für einen gemeinsamen Antrieb erforderliche Übereinstimmung zwischen dem am eigenen Leib Gespürten und dem am Gegenstand Wahrgenommenen ermöglichen. Cézanne kommt es auf die Bewegungssuggestionen an, die er beim Ausfalten und Zusammenziehen seiner Arme und Hände empfindet, wobei das vollständige Zusammenziehen, dem nichts entweichen darf, für den künstlerischen Erfolg das Entscheidende ist. Auf diese Einleibung mit dem Pinsel, die ein gewisses Gewichtsverhältnis von Engung und Weitung sinnfällig darstellt, kommt es ihm an; die Abbildung von Gegenständen ist ein Nebenerfolg, den er billigt, aber nicht anstrebt. Einen ähnlichen Übertragungsvorgang in der Einleibung scheint Paul Klee zu meinen, wenn er sein Schaffen so beschreibt: „Ein gewisses Feuer, zu werden, lebt auf, leitet sich durch die Hand weiter, strömt auf die Tafel und auf der Tafel, springt als Funke, den Kreis schließend, woher es kam, zurück ins Auge und weiter (zurück in ein Zentrum der Bewegung, des Wollens, der Idee)." [150] Die Anspielung auf antagonistische Einleibung ist hier ebenso deutlich wie bei Cézanne, aber statt von Verschränkung der Hände ist von ins Auge springenden Funken die Rede, was eher an privative Weitung und epikritische Tendenz als an dominante Spannung in der leiblichen Disposition denken lässt.

Man könnte denken, diese Verleiblichung des Kunstwerks sei eine Spezialität moderner, der Abbildungsaufgabe überdrüssiger Künstlergesinnung, aber diese leitet ebenso das Kunstwollen auf der Frühstufe der Kultur. Ernest A. Worms hatte bei seinem Leben unter den schwarzen Uraustraliern „die seltene Gelegenheit, einen Künstler des Stammes der Malali bei der Arbeit zu beobachten und die nur ihm bekannten Grundgedanken, die ihm bei der Schaffung eines mythologischen Bildes vorschwebten, zu erfahren. (...) Er sagte: ‚Männer machen Krokodile, Fische und Känguruhs. Wenn ich ein Känguruh male, dann mache ich ein Känguruh. Mein Vater malte mich, ehe ich geboren wurde (...). Er fand Gefallen an meinem Bilde und malte mich. (...) Wenn ich durstig bin, versetze ich mich in einen Traum oder bula, träume ein großes Wasser und bald darauf werde ich es erhalten.' (...) Es war dieser visionäre Zustand, in dem wir den Maler in ‚Buddhastellung' vor der (...) Faserplatte, die hier das Rindenstück vertrat, versunken sitzen sahen. Lange schaute er mit weitgeöffneten Augen auf die leere Fläche, ohne von seiner Umgebung Notiz zu nehmen. Innerhalb acht Stunden malte er ein in drei Feldern gehaltenes Bild mit 39 Personen, dem heiligen Pfosten, einem Feuer, mehreren Waffen und Musikinstrumenten." [151] Dieser Künstler macht keinen Unterschied zwischen bildlicher Darstellung und leiblich-körperlichem Machen, das im Übergang aus einem visionären Traumzustand in die sinnfällige Wirklichkeit besteht, egal, ob es sich um Zeugen oder Malen handelt. Der visionäre Zustand ist Versunkenheit in konzentriertes leibliches Beisichsein, sei es Einleibung oder Ausleibung. Das Werk geht daraus hervor wie bei Cézanne und Klee. Der Unterschied besteht aber darin, dass sich in der Moderne das Objekt vom Beisichsein, das Wahrgenommene vom eigenleiblichen Spüren meist weiter entfernt hat als beim Australier. Moderne Künstler, die wie Pollock ganz unmittelbar aus der Einleibung schaffen wollen, enden im Gegenstandlosen. Einem eiszeitlichen Pollock[152] hätten sich in Altamira, Lascaux u. a. die malerischen Entladungen seiner Bewegungssuggestionen ganz von selbst zu einleuchtenden Gegenstandsbildern geformt, wie Cézanne es sich zuzutrauen scheint.

Bisher war nur von Bewegungssuggestionen überhaupt die Rede; um ihre Brückenstellung zwischen der leiblichen Dynamik und den Werken der Kunst für deren Analyse und Interpretation fruchtbar zu machen, bedarf es eines Leitfadens, eines Vademecums durch das Reich der Bewegungssuggestionen, wodurch einerseits festen Formen bestimmte Bewegungssuggestionen zugeordnet werden, andererseits diesen bestimmte Typen leiblicher Dynamik, mit dem Ergebnis, dass Formen von Kunstwerken mit Begriffen leiblicher Dynamik bestimmt werden können und dadurch Unterschiede, die sonst nur vage umschreibbar wären, präzise fassbar werden. Einem Versuch dieser Art ist mein Buch von 1966 *Der Leib im Spiegel der Kunst*[153] gewidmet; ich habe im Wesentlichen daran festgehalten und bin mehrfach darauf zurückgekommen, auch mit Anwendung auf die Faktoren geschlechtlicher Anziehung („sex appeal"). [154] In diesem Kapitel werde ich mich weitgehend in zusammenfassendem Referat an die detaillierteren Ausführungen von 1966 halten.

Zum Einstieg in das Studium der Bewegungssuggestionen dient mir die Anwendung des Regenschirmprinzips auf konvex gekrümmte Formen. Ein konvexer Bogen, sowohl als Linienzug als auch als Fläche, wird stets als partielle Einschließung eines Inhalts gesehen, der ihn ausfüllt; wenn die Füllung durch Bewegungssuggestionen geschehen soll, müssen diese von innen aufgespannt sein wie die Speichen eines Regenschirms. In der für die Dynamik einer konvexen Form empfänglichen Sicht wird also der Zugang zur konkaven Seite von innen unthematisch miterfasst, während die Sicht auf die konkave Seite ganz unabhängig von der auf die konvexe ist. Die Speichen des Regenschirms sind expansive, in die Weite gerichtete Bewegungssuggestionen, wie man sie bei Sonnenaufgang beobachten kann, wenn die Sonne ihre Strahlen gegen das blaue, konkave Himmelsgewölbe schießt. Diese expansiven Bewegungssuggestionen werden von dem konvexen Bogen, etwa einer Halbkreis- oder Halbkugelform, engend und spannend abgefangen, und so ergibt sich eine anschauliche Darbietung des vitalen Antriebs aus Schwellung und Spannung mit Übergewicht der Spannung, gerade so, wie Cézanne sie als seine künstlerische Inspiration beschreibt, durch die Rundform. Auf diese Weise wird leicht erklärlich, warum er solche Formen in seiner Malerei bevorzugte, gemäß seiner berühmten Devise: „Alles in der Natur modelliert sich wie Kugel, Kegel und Zylinder. Man muss auf Grund dieser einfachen Figuren malen lernen, dann wird man alles machen können, was man will." [155] In konkaver Ansicht, von innen her, begünstigt die Bogenform die schwellende Weitung der in sie sich ergießenden Bewegungssuggestionen; nach Arnheim erwecken Tonnengewölbe den Eindruck eines „nach oben wachsenden Raumes."[156] Dazu kommt die im Steigen und Fallen der Kurve erlebte Schwellung, die bei konvexer Ansicht nicht gegeben ist, weil sich dann die Form vom Betrachter wegkrümmt, was, wenn sie den Blick in die Tiefe von ihm weg führt, privative Weitung begünstigen kann.

Konvexe und konkave Ansicht eines Bogens sind je für sich nur zur Darstellung eines kompakten vitalen Antriebs geeignet; ein Rhythmus, in dem das Übergewicht von Spannung und Schwellung wechselt, stellt sich erst ein, wenn beide Ansichten verbunden werden, wobei die konvexe der Spannung, die konkave der Schwellung das Übergewicht gibt. Dabei sind viele Modifikationen möglich. Der Halbkreis kann in ovale, verschleifte, konvex-konkav komplizierte Formen (wie die gotischen Fischblasen des *style flamboyant*, die keltischen *scrolls*), Muschelformen usw. übergehen, alles Rundungen, die keine zusammenfassende Anwendung des Regenschirmprinzips aus einem einzigen Standpunkt, sondern eine solche nur im Gleiten des Blicks zulassen. Dadurch erhält die protopathische Tendenz des Leibes eine Chance, zusätzlich zu der, die ihr schon der Bogen als solcher bietet, weil es in ihm wohl Aufenthalte des Gleitens geben kann – etwa als rhythmische Stauungen –, aber keine epikritische Zuspitzung, die eine Stelle fixiert. Diese protopathische Tendenz des Bogens als solchen wird beim Halbkreis- und Halbkugelrand aber gehemmt durch einen epikritischen Hintersinn, weil die radialen Speichen in umgekehrter Richtung, von außen nach innen gesehen, spitz zusammenlaufen würden und alles Spitze epikritisch ist. Sowie die Aufsicht auf die Rundung selbst ins Gleiten kommt, verschwindet dieser epkritische Nebensinn.

Eine für die Kunst besonders wichtige Ausgestaltung findet die konvex-konkave Komplikation in der Schraubenlinie. Durch die Störung der einheitlichen Anwendung des Regenschirmprinzips eignet sich die schraubende Drehung zur Entzerrung von Engung und Weitung, d. h. sowohl zur Darstellung schraubend pressender Engung als auch privativer Weitung. Die Schraube ist einem Zylinder eingeschrieben, dessen Querschnitt sich nicht verbreitert, während er in der Länge beliebiger Vergrößerung zugänglich ist. Deswegen eignet sich die Breite einer Schraube zur Darstellung einer Bewegungssuggestion, sich im aufsteigenden Umkreisen einer Achse aus der Enge hervorzuwinden und doch von dieser, in wenig geändertem Abstand von der Achse, nicht loszukommen, wie bei den gefesselten Sklaven Michelangelos oder dem Raub der Sabinerinnen des Giovanni da Bologna; wo dagegen die Breite freier behandelt ist, wie in dem fliegenden Merkur dieses Meisters, kommt die ungehemmte Bewegungssuggestion der möglichen Längenausdehnung zur anschaulichen Geltung, und die Schraubung wird frei zur Darstellung des leichten Schwebens in privativer Weitung. Ein besonderes Angebot macht sie dem Rhythmus von Spannung und Schwellung; bei El Greco erscheint dieser mit der Schraubung zusammen im Flimmern kleiner Wellenformen.[157] Während die Schraube unzählige Variationen leiblicher Dynamik darzustellen vermag, stellt die Spirale gleichmäßige Weitung oder – in umgekehrter Richtung abgelesen – Engung dar.

Während sich in gebogenen Formen nahezu alle Typen leiblicher Dynamik durch Bewegungssuggestionen verkörpern lassen, sind die geraden
– linearen oder ebenen – Formen von sich aus leiblich charakterlos. Dem
verdankt die gerade Strecke ihre anschauliche Auszeichnung als die kürzes-
te; man hat keinen Anlass, in der Einleibung mit dem Blick bei ihr zu verweilen. Diese Unzugänglichkeit für den Leib – schlagend sinnfällig in der
geradezu demonstrativen Ausdruckslosigkeit und nichtssagenden Fadheit
der Flachdächer moderner Hochhäuser – braucht kein Abschied von leiblicher Kommunikation zu sein, denn gerade das Fremdartige und Unzu-
gängliche, etwa in imperatorischer Kollossalarchitektur, kann faszinierende
Macht ausüben, wie in anderer Weise das Ekelhafte (8). Überdies kann die
gerade Linie durch ihre Stellung im Raum mit leiblicher Bewegungssuggestion enorm aufgeladen werden; das gilt sowohl für die Diagonale als
auch ganz besonders für die Sagittale in die Tiefe des Raumes. Eine eigene, und zwar epikritische, Bewegungssuggestion gewinnt das Gerade erst
beim Zusammenstoß an Ecken und Kanten. Dazu bedarf es allerdings nicht
gerader Formen, denn gebogene, wie die Muschel-, Zungen- und Fischbla-
senformen im Rokoko, in der irischen und spätgotischen Ornamentik, im
Yang-Yin-Symbol der Chinesen, können Ecken bilden und stellen dann
zugleich protopathische und epikritische Tendenz dar. Wenn gerade Formen sich treffen, entstehen Winkel, die sich unabhängig vom Winkelmaß,
als spitze, stumpfe und gerade unterscheiden lassen. Der spitze Winkel engt
epikritisch; der stumpfe weitet epikritisch, mit einer Weitung, die mangels
konkurrierender Engung träge und antriebsschwach ist, so dass der Maler
Wassily Kandinsky ihm nur „das Unbeholfene, Schwache und Passive" sowie „das unbefriedigte Gefühl und die Empfindung eigener Schwäche (bei
Künstlern ‚Kater' genannt)"[158] abzugewinnen vermag. Der rechte Winkel
kann als diejenige Figur definiert werden, die auf möglichst einfache Weise
den drei folgenden Bedingungen genügt: 1. Sie ist eindimensional. 2. Sie
liegt in einer Ebene. 3. Sie hat eine rein epikritische Bewegungssuggestion,
die gegen Engung und Weitung neutral ist. Auf dieser dritten Bedingung,
die dem rechten Winkel das Profil gibt, beruht seine Auszeichnung, von
den Schwankungen des vitalen Antriebs freigestellt und als eindeutiges
Maß, wie aus ähnlichem Anlass die gerade Strecke, brauchbar zu sein.
   Die leibliche Richtung schlägt sich in Kunstwerken hauptsächlich durch
Blickbahnen nieder, durch Schienungen des Blickes, die keineswegs geradli-
nig zu verlaufen brauchen. Seit dem hohen Mittelalter setzt sich in Deutschland die Brechung (Fraktur) ebenso in der Schrift wie in der Blickführung
der Bilder durch. „Wie das Rautennetz, das der gotischen Schrift als Grund-
gerüst dient, eine Verbindung der Buchstabenteile nur in bestimmten ste-
reotyp vorgeschriebenen Wendungen zulässt – was das Zackige und Ge-
brochene im Ausdruckscharakter der gotischen Schrift begründet –, so
lässt auch die gotische Raumphantasie den Raum nur in bestimmten vor-

geschriebenen Bahnen erfassen: in einer Art Zickzackweg. Die Gebundenheit der Bewegung, die die gotische Raumphantasie vorschreibt, trifft sich
hier mit den Strukturgesetzen der gotischen Schrift."[159] Die Abhängigkeit
der Schrift von leiblichen Dispositionen liegt nahe, und das überträgt sich
auf die analoge künstlerische Raumgestaltung. Die Schienung des Blickes
verbindet, ebenso wie die Schraubenlinie, die eine besondere Form solcher
Schienung ist, das Mittelalter mit dem Manierismus des 16. Jahrhunderts
; im folgenden Barockstil wird beides häufig verworfen. Bernini verwirft
die Schraubenlinie als künstlich gedrehte Pose.[160] Ausgeprägte Richtungen
kommen selbstverständlich auch in der Barockkunst vor, besonders in der
Gartengestaltung, aber sie neigt zur Unterbrechung der Blickbahn.[161] Statt
Schienung des Blickes wird allseitig sich ausbreitende Schwellung oder privativ weitende Entrückung gesucht. Inselhaft drängt sich diese in der Ar-
chitekturmalerei der flavischen Kaiserzeit in der 2. Hälfte des 1. nachchrist-
lichen Jahrhunderts vor. Sie scheint an scharf abgesetzte Phasen gebunden
zu sein. Mit den ausstrahlenden Richtungen konkurrieren namentlich im
Manierismus des 16. Jahrhunderts die einstrahlenden, die entgegenkommenden Bewegungssuggestionen, die ich im Zusammenhang mit der Einleibung (4) besprochen habe.

Einen Schwerpunkt meines dem Leib im Spiegel der Kunst gewidmeten
Buches[153] bildet die Behandlung architektonischer, und zwar kirchlicher,
Innenräume, wobei es um die Bauformen nur als Hilfsmittel der Innen-
raumwirkung geht. Ich knüpfe an die Pionierarbeit von Ulya Vogt-Göknil
an[162], die rein intuitiv weite, enge und gerichtete Räume unterschieden hat,
wobei sie das Weite und Enge dynamisch (als Engung und Weitung) nimmt.
Über weite Räume – mit der Hagia Sophia im Blick – schreibt sie: „Hinter
diesem fliehenden Dehnen steht keine Spannung; es ist viel eher ein Verschwimmen, ein freies leichtes Sich-Auflösen"[163] In der Sprache der leiblichen Dynamik handelt es sich um privative Weitung. Sie wird hier (wie im
Markusdom in Venedig) von Bewegungssuggestionen der protopathischen
Tendenz bewirkt: „Alle in die Tiefe verlaufenden Geraden und Flächen werden durch abrundende Abschlüsse oder gebogene Linien ersetzt."[164] Eine
ausbalancierte Lichtführung bildet aus Zwickeln und Kuppel homogene
Massen mit ineinander schwingenden Raum- und Flächenkurven.[165] Jede
im Raum entstehende Bewegung wird aufgefangen und in sich abgeschlossen.[166] Dadurch entsteht der Eindruck eines schwimmenden, wogenden
Raumes voller Bewegungssuggestionen, die keine fest bestimmten Ansätze
und Richtungen finden, keine Gelegenheit zur ausgeprägten Konkurrenz
von Spannung und Schwellung. Die Dominanz des Protopathischen löst
den vitalen Antrieb in privative Weitung auf. Zum Ausgleich sind die Ka-
pitelle und Bordüren epikritisch scharf ornamentiert. Ähnlich wird nach
Frankl im Markusdom das Raumganze „zu einem wogenden Medium, auf
dessen Oberfläche die Kuppeln wie Blasen aufsteigen", über einem hem-

mungslosen Fortwuchern der Mosaiken, das alle Kanten weich abrunde.[167] Der privativ weitende Raum ist byzantinisches Sondergut.

Dem privativ weitenden Raum antwortet konträr der barocke, schwellende. Wuchtige Schwellung entfaltet sich aus der Konkurrenz mit mächtig engender Spannung zu rhythmischer Wallung beider Komponenten. Balthasar Neumann senkt in Vierzehnheiligen über der Vierung, wo man einen Zug in die Höhe erwartet, das Gewölbe ab und treibt so die Weitung aus dem Gegensatz zur Engung hervor. Das Aus- und Einschwingen der Emporen macht die Konkurrenz einer von innen her dehnenden, weitenden und einer spannungsvoll hemmenden Macht sinnfällig, besonders ausgeprägt etwa in St. Nikolaus auf der kleinen Seite in Prag, wo die Wellenbewegung die Fassade, die Innenflächen der Seitenmauern und sogar die Gewölbe ergreift. Mit dem byzantinischen Raumstil privativer Weitung verbindet den barocken im 17. und 18. Jahrhundert aber die protopathische Tendenz. „Es ist, als ob der Stoff überall sich erweicht hätte."[168] Die Kanten und Ecken werden gerundet, das Spitzige wird abgestumpft, der rechte Winkel ganz gemieden, die Linienführung schlängelt sich. Metaphern aus dem Bereich des Flüssigen – Schwimmen, Wellentreiben – drängen sich auf. Solche Verflüssigung kann auch, wie das schäumende Meer, in den Dienst der Schwellung treten.

Romanischer und gotischer Stil[169]: Angesichts der enormen Variationsbreite beider Stile können die zugehörigen Bauformen nur als Gelegenheiten gelten, die den Ausdruck leiblicher Dynamik nicht festlegen, aber seine Ausformung nach bestimmten Richtungen begünstigen. Mit dem Barockstil teilt der romanische die Neigung zur konvexen Ausbuchtung, die von bänderartigen Vertikalmotiven (Lisenen, Pilastern) in Spannung gehalten wird. Während aber dem Barock die engende Spannung nur Stachel und Sprungbrett der Schwellung ist, bleibt sie im romanischen Stilkreis ein Problem, da sie sich selten in eine bloß dienende und steigernde Rolle fügt. Gerade das unentschiedene Ringen engender und weitender Kraft verleiht dem romanischen Bau- und Raumstil seine große Lebendigkeit, seine Nähe zum leiblichen Schicksal des Menschen und eine Fülle fruchtbarer Lösungsmöglichkeiten; ihm gegenüber wirken alle anderen Baustile als Vereinseitigungen.

Zu dieser vielseitigen Ausprägung des vitalen Antriebs kommt, außer in der normannischen Romanik, die zum gotischen Stil hinüberführt, ein Übergewicht der protopathischen Tendenz über die epikritische. Der Blick und der Schritt werden zum Gleiten über Räume und Massen, deren Dichte sich keinem pointierenden Zugriff ergibt, angeregt. Daraus gewinnen romanische Räume eine atmende, elastische Dehnung; ihr Stein wirkt bisweilen wie Ton, der noch nicht ganz verhärtet ist, und zu den großen, dumpfen Massen der Materie treten die ebenso gewaltigen, aber mehr schwimmenden Massen des Schattens und Lichtes.

Der gotische Stil ist dagegen bestimmt durch Spannung, epikritische Tendenz und privative Weitung. Wölfflin hat die Verwurzelung dieser Züge in der leiblichen Disposition fein charakterisiert. Nach seinen Worten gibt es „eine gotische Haltung: jeder Muskel gespannt, die Bewegungen präzis, scharf, aufs Exakteste zugespitzt, nirgends ein Gehenlassen, nichts Schwammiges, überall bestimmtester Ausdruck eines Willens. Der Nasenrücken wird fein und schmal. Alle Masse, alle ruhige Breite schwindet; der Körper wird ganz aufgelöst in Kraft. Die Figuren, hoch aufgeschossen und schlank, scheinen den Boden gleichsam nur tippend zu berühren."[170] Hier ist die spitze epikritische Tendenz mit der zusammenhaltenden Spannung, die in gotischen Jochen vom Boden bis zum Scheitel des Gewölbes alles durchzieht, und der schwebenden privativen Weitung, die den Boden kaum berührt, treffend zusammengeschaut. Woher aber nimmt die Engung den Widerstand, den sie braucht, um im vitalen Antrieb Spannung zu werden, wenn die Weitung nicht Schwellung, sondern privative Weitung ist? Dies ist das Problem, das die in gotischen Räumen sich darstellende leibliche Disposition dem nachdenklichen Betrachter aufgibt: Wie ist es möglich, dass das schwerelose Aufsteigen nicht zu einem Verströmen führt, einer Auflösung in maßlose Weite wie in der barocken Gewölbemalerei von Pietro da Cortona, Pozzo, Tiepolo und C. D. Asam? Die Lösung finde ich in der Dominanz der Richtung. Leibliche Richtung ist unumkehrbarer Übergang aus der Enge in die Weite, der die Engung, etwa als scharf eingestellter Blick, mitnehmen kann (3). Eine leibliche Disposition, in der die Richtung stark betont ist, wird also wenig der Gefahr ausgesetzt sein, dass Engung und Weitung auseinanderfallen. Wenn auch viel Weitung – nicht etwa alle – von der Schwellung als privative Weitung abgespalten wird, kann dann die Spannung so stark bleiben, dass das Schweben nicht zum Verschweben wird.

Wenn man sich von den Bauten zu anderen Gebieten gleichzeitigen Kunstschaffens wendet, passt die vorstehende Gegenüberstellung des romanischen und gotischen Stils mit Begriffen leiblicher Dynamik nicht mehr glatt. Das gilt schon für die plastische Ausschmückung der Bauten. Die hochgotische Kathedralplastik ist entspannter als die romanische, nicht mehr so scharf zugespitzt wie etwa in Vézelay, sondern sie erinnert mit freien, gelösten Haltungen, Gebärden und Formen fast an die klassische Antike Griechenlands. Ähnliches gilt für die gotische Buchmalerei, z.B. den Psalter Ludwigs des Heiligen aus dem dritten Viertel des 13. Jahrhunderts. Man erkennt nicht ohne Weiteres, wie diese Erscheinungen zu der gespannten, epikritischen Zartheit gotischer Bau- und Raumformen passen. Ein Verständnis kann sich aber anbahnen, wenn man die Entwicklung der Bauplastik, der Kapitellornamentik und der Buchmalerei im „romanischen" Zeitalter vom frühen 11. Jahrhundert an im Detail verfolgt. Nach Maßgabe dieser Produktion wird die Kunst schubweise von plötzlichen, ausfahrenden Impulsen nervöser Erregung heimgesucht, die sich wie Wellen um ein Zentrum ausbreiten und wieder verebben oder erstarren, um bald einer neuen Welle Platz zu machen.[171] In dieser Unruhe ist ein wühlender, nervös ausfahrender Drang am Werk, der in der Masse, bzw. (bei der Malerei) der Fläche, stofflich gebunden bleibt und sich wie ein Sisyphus in einer Fülle gedrängter, kleinteiliger Einzelgebilde endlos abringt, seien es Falten, Pflanzen- Menschen- oder Tierfiguren. Indem ein Gebilde das andere drängt, wirkt das Ganze verschiebbar, als ob der Stoff noch einmal umgeschmolzen werden sollte. In diesem unruhig verschwommenen Wühlen meldet sich ein Übergewicht der protopathischen Tendenz mit einem durch Engung bestimmten kompakten vitalen Antrieb. Es ist gut begreiflich, dass solche protopathische Engung wie beim Hunger (8) ein Unbehagen herbeiführt, das sich in jähen Wellen entlädt. Eine symbolische Verkörperung dieser unbehaglichen Engung sind die verquälten hockenden Trägerfiguren in romanischen Kirchen, etwa in Modena (San Geminiano). In der romanischen Masse wogt ein gebundenes Pathos, das nicht zur Schärfe eines zentralisierten Liniengefüges heraustreten kann.

Diese Befreiung ist erst das Werk der Gotik. Sie im romanischen Rahmen vorwegzunehmen, könnte der heimliche Antrieb des nervösen Zackenstils gewesen sein, der epikritischen Charakter hat und zu spitzer Schärfe strebt. Dass die im gotischen Stil sich manifestierende leibliche Disposition eine befreiende, lockernde, lösende Wirkung ausübte, wenn sie sich an die Stelle einer durch verschwommene Engung bestimmten setzte, ist leicht zu verstehen. Das Verschwommene fällt in der epikritisch bestimmten gotischen Leiblichkeit weg, und damit jenes Peinliche, das den Hungernden treibt, Festes zu packen, zu beißen, zu kauen (8). Indem ferner die Richtung, die Enge in Weite überführt, in der gotischen leiblichen Disposition in den Vordergrund tritt, verliert die Engung, obwohl sie Spannung bleibt, das Hemmende und Einschnürende, das sie in romanischen Räumen (wie dem Wormser Dom) oft besitzt. Das zeigt sich schon an romanischen Kirchenräumen mit stark betonter Richtung wie dem Dom in Speyer oder St. Godehard in Hildesheim. Sie wirken im Innenraum leichter, lockerer als die meisten romanischen Kirchen. Die entsprechenden Züge der gotischen Begleitkünste neben der führenden Kirchenarchitektur, die den „Unterschied zwischen mittelromanischer Gebundenheit und frühgotischer Gelöstheit"[172] bewirken, erscheinen im Licht dieser Überlegungen nicht als primärer Ausdruck einer leiblichen Disposition, die einfach da ist, sondern als Reflex des entspannenden Erfolgs des Übergangs zu einer neuen leiblichen Disposition.

Überdies schließen sich protopathische und epikritische Tendenz in der architektonischen oder andersartigen Darbietung der Bewegungssuggestionen so wenig aus wie in der leiblichen Disposition. Schon die frühe Gotik hat auch protopathische Züge, z.B. in der Lichtführung, und vielleicht der bezeichnendste Zug der Spätgotik ist die gegenseitige Bestärkung von protopathischer und epikritischer Tendenz, etwa im *style flamboyant*, wo die spitze Zusammenführung von Kurven ausgekostet wird. Auch das Umkippen kommt vor, nach beiden Richtungen: Dem schwingenden Curvilinearstil folgt in England das eckig-gerade, epikritische Perpendicular, in Frankreich umgekehrt den geraden, scharfen Linien des *style rayonnant* der kurvig schwingende, dem in England schon überholten Formenkreis nah verwandte Flamboyantstil.

Ich übergehe die in meinem Buch anschließenden Analysen über Stützen und Lasten – die Bewegungssuggestionen dorischer und ionischer Säulen, die Begegnung von Echinos und Abakos beim Übergang vom Stützen und Lasten im dorischen Tempel, des spätantiken Ersatzes dieser Begegnung durch Bogenläufe – und der ornamentalen Formen[173] und wende mich dem Problem des Stilwandels in den bildenden Künsten[174] zu, aufbauend auf dem, was über romanischen und gotischen Stil gesagt wurde. Am weitesten verbreitet ist die geistesgeschichtliche Erklärung des Stilwandels aus dem Zusammenhang einer Weltanschauung, die alle Kulturgebiete durchdringt und sich in der Kunst als ein spezifisches Kunstwollen niederschlägt; ihr Vorkämpfer war Alois Riegl[175], gefolgt von Max Dvořák und danach Hans Sedlmayr. Das ist die romantische Lehre von der gleichmäßigen Prägung aller Kulturzweige durch den gemeinsamen „Geist" einer Kultur, verkündet von Ranke in *Politisches Gespräch*. So erklärt sich Ernst Gall die Gestaltung der gotischen Kirchendecke zum Eindruck der Schwerlosigkeit: „Sie sollte leicht und schwebend, der gesamte Raum himmelwärts strebend erscheinen auf Grund einer erst jetzt zu vollem Leben erwachten transzendentalen Gesinnung."[176] Aber wenn die transzendentale Gesinnung im Mittelalter schwebende Decken und Räume hervorbrachte, warum dann nicht auch im spätantiken Syrien? Dort wurde zu Ehren des Styliten (Säulenheiligen) Simeon, der dreißig Jahre auf einer 20 Meter hohen Säule zugebracht haben soll, die Wallfahrtskirche in Kalat Seman errichtet. Gibt es einen drastischeren Beweis weltflüchtiger Gesinnung als den von diesem Heiligen erbrachten, einer Gesinnung, die in der damals blühenden christlichen Literatur Syriens enthusiastisch gefeiert wurde? Die Kirche zu seinen Ehren machte aber einen „wiederholt bemerkten ‚protoromanischen' Eindruck": „Die Wände werden hier als etwas absolut Massives, Kompaktes aufgefaßt, sie sind dick, ihre Öffnungen klein, sie waren in antiker Weise geschichtet, steinern, struktiv, unverkleidet in ihrer steinernen Fügung sichtbar."[177] Es gibt aber auch einen zeitgenössischen Umstand, der einer Erklärung des gotischen Stils aus einer neuen weltanschaulichen Gesinnung entgegensteht. Schon im 11. Jahrhundert setzt die von der karolingischen Minuskel wegführende Brechung der Buchstaben ein, die sich im 12. und 13. Jahrhundert kräftig steigert[178] und damit dem gotischen Frakturduktus zum Sieg verhilft. Diese Entwicklung ist rätselhafter als die der gotischen

Bauformen, die doch beträchtliche technische Vorteile brachten, während die gotische Brechung die Lesbarkeit eher beeinträchtigt. Eine Ansteckung der Schrift durch die Baugeschichte kommt nicht in Frage, weil die Schriftentwicklung früher einsetzt. Die Verwandtschaft und Zusammengehörigkeit beider Entwicklungen (ins Epikritische) ist aber nicht zu verkennen. Es hat also den Anschein, dass ohne Rücksicht auf technische Zweckmäßigkeit sich unwillkürliche Impulse Bahn brechen, zunächst in der wenig auffälligen Handschrift, danach übergreifend im monumentalen Bauen. Welcher Art mögen diese Impulse sein? Dass sie zuerst beim Schreiben, einer Art Pantomime, vorkommen, legt ihre Verankerung im Leiblichen nahe, statt eine geistesgeschichtliche Deutung zu empfehlen.

Die korrigierende Berücksichtigung der Schriftentwicklung ist auch für die Beurteilung der Stilentwicklung innerhalb der Gotik von Nutzen. Nach dem Ausklang der hohen Gotik entwickelt sich in der Spätgotik der Typ der Hallenkirche mit Verschleifung des vorher streng auf die Jochfolge bezogenen Rippensystems zum allseitig wuchernden Netzgewölbe. Panofsky wollte die spätgotische Hallenkirche durch die Intentionen der Mystik und des Nominalismus verständlich machen[179], aber dazu passt nicht gut ein gleichzeitiger Wandel der Schriftform. In der ersten Hälfte des 14. Jahrhunderts entwickelt sich die Textura-Schrift, Joachim Kirchner beschreibt die Wirkung einer Manuskriptseite in Textura auf den Betrachter als den „Eindruck eines verästelten, ineinandergewobenen Ganzen; die Isolierung der einzelnen Wörter, der einzelnen Zeile, wie sie typisch in der karolingischen Minuskel auftritt, ist völlig aufgehoben. Das Einzelne ordnet sich der tektonischen Gesamtwirkung der Buchseite unter."[180] Wieder scheint die Schriftentwicklung der Bauentwicklung eher etwas vorauszugehen, also nicht von dieser abzuhängen. Weder eine geistesgeschichtliche Erklärung noch eine sozialgeschichtliche – wie die verbreitete, die Hallenkirche auf die zunehmende Bedeutung des städtischen Bürgertums im späten Mittelalter zurückzuführen – reicht an die Ausstattung der Hallenkirche mit Netzgewölbe heran, wenn man bedenkt, dass Netzgewölbe und Texturschrift so verwandt sind, dass eine Erklärung auf beide passen sollte. Was aber Bürgertum, Erbauungsbedürfnis, Mystik oder Nominalismus zur Texturschrift gereizt und getrieben haben könnte, dürfte schwer auszumachen sein. Sozialgeschichtliche Erklärungen des Stilwandels, wie Arnold Hauser sie propagiert hat[181], unterliegen überdies dem grundsätzlichen Einwand, dass sie zwar die Wahl aus schon vorhandenen Stilangeboten (etwa durch schichtspezifische Neigungen) begründen können, nicht aber das Angebot oder besser die Entdeckung, wo nicht Erfindung, neuer stilistischer Möglichkeiten.

Wölfflin hat in seiner bedeutenden Dissertation *Prolegomena zu einer Psychologie der Architektur* (1886) einen fruchtbaren Ansatz zur gemeinsamen Ableitung von Scholastik und Gotik vorgeschlagen. Er geht von der

damals schon dominanten ideengeschichtlichen Erklärung des Stils aus:
„Als Beispiel diene der gotische Stil. Lübke erkennt in ihm den Ausdruck
des Spiritualismus. Semper nennt ihn die lapidare Scholastik. Nach welchen
Kriterien hat man geurteilt? Das *tertium comparationis* ist nicht eben deutlich, wenn auch jede Bezeichnung etwas Richtiges treffen mag." Er versucht
die Lücke durch Angabe eines nicht ideellen Vergleichspunkts zu schließen:
„Die Scholastik zeigt sehr klar die Abneigung gegen alles Unbestimmte,
die Begriffe werden zu höchster Präzision ausgearbeitet. Körperlich stellt
sich dies Streben dar als exakteste Bewegung, Zuspitzung aller Form, kein
Gehenlassen, nichts Schwammiges, überall bestimmtester Ausdruck eines
Willens. Scholastik und Spiritualismus können der Gotik als Ausdruck nur
zugeschrieben werden, wenn man dies Mittelglied im Auge behält, wo sich
ein Psychisches unmittelbar in körperliche Form umsetzt. Der spitzfindige
Feinsinn der scholastischen Jahrhunderte und der Spiritualismus, der keinen dem Willen entzogenen Stoff duldet, können allein durch ihren körperlichen Ausdruck für die architektonische Formgebung bedeutsam geworden sein."[182] Offenbar will Wölfflin auf die leibliche Dynamik hinaus, die
ebenso das Denken wie das Bilden formt; da er aber von ihr keinen Begriff
hat, geschweige denn von ihren Grundzügen und deren Anwendbarkeit auf
die Kunstform, weicht er, um sich verständlich zu machen, auf ein beinahe
läppisch wirkendes Beispiel aus: „Es ist bekannt, dass viele Leute (namentlich Dozenten) zum Denken eines scharfkantigen Bleistifts benötigen, den
sie zwischen den Fingern hin und her drehen und an diesen Tastgefühlen
ihr Denken stärken. Ein runder Bleistift würde diese Stelle nicht versehen können. Was will das Runde? Man weiß es nicht. Und so ist auch der
romanische Rundbogen, er lässt keinen bestimmten Willen erkennen. Er
steigt wohl empor, aber erst im Spitzbogen findet das Streben einen deut-
lichen Ausdruck."[182] Hinter dem naiven Beispiel vom Bleistifte drehenden
Dozenten steckt eine geniale Ahnung. Wölfflin ist der durch epikritische
bzw. protopathische Bewegungssuggestionen oder synästhetische Charaktere vermittelten Einleibung auf der Spur, die der von der entsprechenden
leiblichen Disposition gespeisten Denk- und Aufmerksamkeitsweise die
nötige Stütze gibt oder versagt. Es ist gut vorstellbar, dass eine solche bei-
läufige Gebärde manchem alten oder modernen, auf scholastische Art Begriffe spaltenden, Denker nützt, indem er sich seiner leiblich zuspitzenden,
epikritischen Tendenz versichert. Eine auf solche oder andere Weise in der
Einleibung sich entfaltende leibliche Disposition kommt als das Bindeglied
zwischen Denkweise, Handschrift und künstlerischem Schaffen durchaus
in Betracht. Für dieses zählt in diesem Sinn das Zeugnis Cézannes.[149]

Die in einer Population dominante leibliche Disposition als die den
Charakter einer Kultur prägende, sich als gemeinsame Haltung in vielen
Kulturzweigen niederschlagende Quelle zu verstehen, ist ein Ansatz des
jungen Wölfflin, den der reifere preisgegeben hat. Was er beibehält, ist die

Annahme einer „doppelten Stilwurzel", bestehend einerseits in den Ausdrucksbedürfnissen einer Zeit bei der (wie ich sagen würde) Explikation der
vielsagenden, binnendiffusen Bedeutsamkeit zuständlicher Situationen, mit
denen sie schwanger geht, andererseits einer mehr formalen Sichtweise oder
Machart, die den künstlerischen Stil bestimmt und auch bei gegensätzlichen
Ausdrucksbedürfnissen gleich bleibt. Diese Doppelung, die Wölfflin in
seinem Hauptwerk *Kunstgeschichtliche Grundbegriffe* mit der Gegenüberstellung von Bernini und Terborch für das 17. Jahrhundert beleuchtet[183],
passt als Extrapolation in große kulturelle Formationen gut zu meiner Unterscheidung von persönlicher Situation und leiblicher Disposition in Kapitel 9. So will aber der spätere Wölfflin die doppelte Stilwurzel nicht mehr
verstehen, indem er an die Stelle einer Wandlung der leiblichen Disposition
von der Kunst der Hochrenaissance im 16. Jahrhundert zur Barockkunst
im 17. Jahrhundert eine rein formale Bildungsgeschichte des Sehens setzt,
gleichsam eine Verwöhnung des Auges, das nach raffinierteren Darstel-
lungsweisen sucht und für solche geschult ist. Dafür gibt er fünf Begriffspaare an, die sich primär auf die Gegenüberstellung von Renaissancekunst
und Barockkunst beziehen sollen, wobei jeweils das erste Glied auf jene,
das zweite auf diese zutreffe, überdies aber auch auf analoge andere (z. B.
antike) Vorgänge des Stilwandels anwendbar seien. Die fünf Paare sind:
das Lineare und das Malerische, Fläche und Tiefe, geschlossene Form und
offene Form, Vielheit und Einheit, Klarheit und Unklarheit. Ich habe die
Annahme einer solchen rein formalen Geschichte der Bildung des Sehens
mit dem Einwand abgewiesen, dass eine viel schnellere Entwicklung als von
Jahrhundert zu Jahrhundert, etwa im Verlauf der Erfahrungen, die ein Individuum bei Ausübung seiner Talente macht, zu erwarten wäre. Stattdessen
habe ich den späteren Wölfflin im Geist des jungen reinterpretiert und die
formale Stilwurzel als die leibliche aufgefasst, so dass der von Wölfflin in
den bildenden Künsten zwischen dem 16. und dem 17. Jahrhundert beobachtete Stilwandel auf eine Veränderung der dominanten leiblichen Disposition zurückgeführt wird.

Zu diesem Zweck habe ich die drei ersten der fünf Begriffspaare aus
Kunstgeschichtliche Grundbegriffe herausgegriffen und mit Begriffen der
leiblichen Dynamik neu gedeutet.[184] Wölfflin charakterisiert das Lineare
durch klare Trennlinien, das Malerische durch Zusammenfluten der Massen im Bild, wobei die Figur im Hintergrund gleichsam versinken kann. Ich
verstehe dieses Malerische als Übergewicht der protopathischen Tendenz
über die epikritische. Der barocke Tiefenstil nach Wölfflin erscheint mir
als eine Dramatisierung der Vordergrund-Hintergrund-Dimension durch
ein doppeltes Gefälle, das einerseits von vorn nach hinten zieht oder saugt,
andererseits von hinten nach vorn drängt und den Betrachter gleichsam an-
springt; Wölfflin fasst nur die erste Richtung ins Auge. Leiblich bedeutet
dies eine Verschärfung des Gegensatzes von Enge und Weite im vitalen An-

trieb, indem das Zudringen den Betrachter engt, der Tiefenzug aber ihn in die Weite als Tiefe des Raumes führt.

Das interessanteste Paar ist für mich das dritte, obwohl Wölfflin hier nicht sehr deutlich argumentiert und verschiedene Gegenüberstellungen vermengt. Erstens ist die geschlossene Form für ihn die regelmäßige im Gegensatz zur offenen als der freien, nicht in ein Netz von Horizontalen und Vertikalen eingespannten; zweitens meint er den Gegensatz buchstäblich als den des Gerahmten und des den Rahmen Überschreibenden. Ob er damit Recht hat, das erste Glied dem 16. und das zweite dem 17. Jahrhundert nachzuweisen, ist mir zweifelhaft; Mayer und v. d. Bercken weisen nach, dass in diesem Sinn Tintoretto offen und Rubens geschlossen malt.[185] Für mich steht eine dritte Bedeutung der Gegenüberstellung von geschlossener und offener Form, die Wölfflin nur kurz andeutet[186], im Vordergrund. Dabei geht es wieder um das Verhältnis von Vordergrund und Hintergrund im Bild. In der Renaissancekunst sind beide manchmal, gerade bei besonders prominenten Werken wie dem Abendmahl von Leonardo, genau aufeinander abgestimmt; das kommt im 17. Jahrhundert nach Wölfflin nicht mehr vor. Nun entwickelt sich ein eigenlebendiger Hintergrund, ablesbar an der unvollständigen Füllung des Vorder- und Mittelgrundes sowie der nicht mehr in die Gliederung des Hintergrundes eingepassten Gliederung des Vordergrundes; die überleitende Funktion des Mittelgrundes kann verloren gehen. Leiblich deutet dieser Vorgang auf Ablösung der Weite von der Enge in privativer Weitung; es kann zu dramatischer Konkurrenz von maßloser Weitung und bedrängender Engung kommen, wie auf sehr beschränktem Raum in der St. Johann Nepomuk-Kapelle der Gebrüder Asam in der Sendlinger Straße in München.[187] Ich habe den gemeinten Gegensatz durch den Vergleich zweier Landschaften mit je drei Bäumen beleuchtet, die sich in der einen Bildhälfte im Vordergrund befinden, während die andere dem Mittel- und Hintergrund überlassen ist: des Zuges der Jäger von Pieter Brueghel dem Älteren (ca. 1525-1569) und der „Landschaft mit den drei Bäumen" betitelten Radierung Rembrandts (1606-1669).[188] Die Enge der Baumgruppe im Vordergrund und die maßlose Weite des abgelösten Hintergrundes klaffen bei Rembrandt auseinander, während die Tiefe bei Brueghel nicht zur maßlosen Weite werden kann, weil die zusammenhaltende, vermittelnde Richtung des Jäger- und Vogelzuges solcher Abspaltung vorbeugt.

Zusammenfassend ergibt sich aus meiner Deutung der Gegenüberstellung zweier sukzessiver Schichten künstlerischer Raumgestaltung durch Wölfflin folgender Ertrag: Die großen Meister des 16. Jahrhunderts nördlich und südlich der Alpen gliedern den Raum in flächige, quer dem Betrachter gegenüberstehende Schichten. Im 17. Jahrhundert setzt sich in der Raumdarstellung eine andere leibliche Disposition durch; ihre Kennzeichen sind: Übergewicht der protopathischen Tendenz, Dramatisierung des

Gegensatzes von Engung und Weitung im vitalen Antrieb, Ablösung privativer Weitung als Tiefe des Raumes im eigenlebendigen Hintergrund von bedrängender Engung im Vordergrund.

Die Hypothese, dass sich in der Gemeinsamkeit eines Stils nicht ein Kunstwollen (im Sinne einer von Ideen geleiteten Absicht), sondern die in einer Population dominante leibliche Disposition ausdrückt und damit über die Kunst in andere Kulturzweige prägend eingreift, lässt sich mit manchen Symptomen in verschiedenen geschichtlichen Formationen verteidigen. So wird in der Zeit der 18. Dynastie des ägyptischen Neuen Reiches nicht nur die Kunst ausnahmsweise aus der sonst ununterbrochen herrschenden ägyptischen Grundform einer als Richtungsbahn aus der Enge in die Weite dienenden Linie zu deren beweglichem, die Richtung der Kurve vielfach wechselndem Gleiten frei, zu einem Aufbruch ins Protopathische, sondern dies ist auch in Ägypten der einzige Augenblick eines metaphysischen Enthusiasmus im Umsturz Echnatons.[189] Mit dem Übergang vom geometrischen zum orientalisierenden Stil in der griechischen Vasenkunst hängt das Eindringen der phrygischen und lydischen Tonart in die griechische Musik und das orgiastische Schwärmen im Dionysoskult und den Mysterien ebenso zusammen wie der Sinn für das Zarte und Weiche in der äolischen Lyrik. Zu den privativ weitenden byzantinischen Räumen passt das Vordringen der von Pseudodionys christianisierten negativen Theologie. Der Zusammenhang von Gotik und Scholastik wurde schon von Wölfflin triftig im Leiblichen verankert. Aber freilich darf man solche Analogien nicht so eng verstehen, als ob die in einer Population dominante leibliche Disposition geradezu an deren Kunstform abgelesen werden könnte. Man kann nicht erwarten, dass sich Umstimmungen der leiblichen Disposition bei allen Zeitgenossen, die in einer Gegend oder durch andere Bindungen zusammengehören, übereinstimmend ereignen. Es wird immer auf eine in der Stilbestimmung maßgebende Menschengruppe ankommen. Wie diese zu umschreiben ist, lässt sich kaum und schon gar nicht allgemein bestimmen. Pinder dachte an die Einheiten, die durch Generationen mit einem umschriebenen Spielraum der Geburtsjahre markiert werden, und verwies zu Gunsten dieses Ansatzes auf die partielle Gleichzeitigkeit sich überschichtender Stile.[190] Auch werden verschiedene Dimensionen möglicher Äußerung eines Stils von den Ordnungsformen der Gesellschaft verschieden begünstigt oder benachteiligt. Der höfische Tanz hat im Zeitalter des Rokoko noch eine sozial ordnende Funktion und kann sich daher nicht das rauschhaft Verschleifte des späteren Walzers erlauben, das daher eher beim Ornament unterkommt. Auch ist die leibliche Disposition ein vielstimmiges Konzert, in dem die führende Stimme durch die anderen ausbalanciert wird; wie sich auf diese Weise mit der epikritisch gespannten Bau- und Raumform der Gotik entspanntere Züge in anderen Kunstgattungen verbinden, habe ich zu skizzieren gesucht. Schließlich steht die künstlerische

Gestaltung mehr oder weniger unter dem Einfluss auferlegter Zwecke. P.
H. v. Blanckenhagen wollte für die römische Kunst nur Gattungsstile an-
erkennen, die sich nach Zwecken gerichtet hätten.[191] Das geht zu weit. Der
Zweck kann keinen Stil erfinden, sondern nur spontan sich aufdrängen-
de Stilangebote pflegen oder verwerfen (etwa, wie Bernini sich am französischen Hof nicht durchsetzen konnte). Die Plötzlichkeit eines scheinbar unmotivierten Stilwandels, etwa 1464 in der deutschen und dann auch
europäischen Plastik des späten Mittelalters[192], und die Wiedergeburt von
Stilen ohne Zusammenhang durch Tradition[193] sind zusätzliche Gewichte
zu Gunsten der Annahme, dass den Menschen von Zeit zu Zeit ein Impuls
zufliegt, der ihrer leiblichen Dynamik eine Gestalt gibt, die ihnen die Hand
des künstlichen Gestaltens führt und ebenso die Haltung in anderen Kulturzweigen eingibt.

12. Leib und Geschichte

Im vorigen Kapitel habe ich die Hypothese verteidigt, dass Umstimmungen der in einer Population dominanten leiblichen Disposition wesentlich am Stilwandel der Kunst beteiligt sind. Diese Hypothese will ich nun auf die allgemeine Geschichte ausdehnen. Zu diesem Zweck greife ich das aus meiner Deutung von Wölfflins Werk gewonnene Ergebnis auf, die Annahme einer leiblichen Dramatisierung, die sich im neuen Kunststil des 17. Jahrhunderts ausdrückt. Das schroffe Gefälle des Tiefenzugs in beiden Richtungen und die Ablösung eines eigenlebendigen Hintergrundes vom Vordergrund verraten eine Verschiebung der tonangebenden leiblichen Disposition zur Ablösung der Weite von der Enge mit dramatischer Konkurrenz von maßloser Weitung und bedrängender Engung. Ich habe diese Verschiebung an einem Spätwerk des Stils belegt, der Asamkapelle in der Sendlinger Straße in München.[187] Über die „Engenpressung" des schluchtartig schmalen Raumes, die sich in der Höhenrichtung „zu irrealer Grenzenlosigkeit entwickelt", schreibt Wilhelm Pinder: „Man kann eine Art von geistigem Ohrensausen fühlen, wie es zuweilen von der höchsten körperlosen Musik erzeugt wird."[194] Er hätte auch von Schwindel sprechen können. Dieser findet in der wissenschaftlichen Literatur meist nur noch als Drehschwindel und als Krankheitssymptom Beachtung. Ein viel breiteres Spektrum von Schwindelanlässen entfaltet mit sensibler Phänomenologie Pierre Bonnier, *Vertige*, Paris 1893: optisch irisierende Reflexe, Oszillationen, bewegtes Wasser, gestreifte Oberflächen, Wolken, Nebel, Glanzlichter, Tapetenmuster, plötzlicher Übergang ins Helle; akustisch aufwühlende Klänge, die in zur Erholung genügenden Abständen monoton wiederkehren, wie gewisse Leitmotive Richard Wagners, von denen Bonnier bis zu Zuckungen, Sensationen im Bauch und überlaufendem Schauder aufgeregt worden ist; eigenleiblich spürbar überlaufender Schauder bei wollüstiger Erregung, Schmerz, Kitzel, Berührung von staubigen Stoffen oder Haaren und dergleichen, „olfaktorische Blendung", die von betäubenden Düften wie Weihrauch und gewissen Parfüms ausstrahlt und einen leichten Rausch, Erschlaffung, Halbohnmacht mit sich bringt und von einer Empfindung der Weitung und des Aufblühens des ganzen Seins („sensation de l'élargissement (…) d'épanouissement de tout l'être") begleitet wird (S. 72f.). Am anderen Ende der Variabilität des vitalen Antriebs, bei der privativen Engung schreckhaften Zusammenfahrens, kommt der Schwindel vor, der nach Bonnier durch plötzliche heftige Geräusche wie den Peitschenknall ausgelöst wird. Es ist dieselbe dramatische Zerrung des vitalen Antriebs bis zur Zersetzung, die in der architektonischen Darbietung barocker Leiblichkeit inszeniert wird und im fin de siècle bei Bonnier um 1900 aus vielen Anlässen sensibel gesteigerter Erregbarkeit Schwindel weckt.

Die Zeit, in der Bonnier schreibt, war das Zeitalter der großen hysterischen Krisen, der gekonnten Ohnmachtsanfälle, der Hypnosetherapie. 1872 hatte in der *Gazette des Sciences Médicines* (Bordeaux) der Laryngologe Krieshaber zuerst das Syndrom des Entfremdungserlebens (der Depersonalisation) beschrieben; eine üppige kasuistische Literatur schloss sich an und hatte bis zum Ersten Weltkrieg den Höhepunkt überschritten. Ohne labile Lockerung, leichte Anregbarkeit und Aufwühlbarkeit, des vitalen Antriebs mit Verschieblichkeit der Proportionen in ihm wären diese Manifestationen des Zeitgeistes nicht möglich gewesen. Es ist ein Zeitalter gesteigerten leiblichen Wellenschlags bis zum Theatralischen; Wagners Musik, Nietzsches *Zarathustra* fallen auf fruchtbaren Boden. Andreas Steiner spricht vom nervösen Zeitalter.[195] Es keimt schon früher. Die in der Revolutionszeit und während der Napoleonischen Kriege in Frankreich geborene Generation war nach Alfred de Musset feurig, bleich und nervös.[196] Etwas mehr ins Detail geht der Nervenarzt Griesinger (1817-1869).[135] Eine weiche, protopathische Note, entsprechend dem Malerischen des Barocks nach Wölfflin (11), kommt in diese Labilität durch den Jugendstil, der in Deutschland 1896 plötzlich einsetzt, gleichzeitig und z. T. schon vorher als *art nouveau* in Frankreich und England, sogar in Spanien und Italien.[197] Tänzerische Impulse, wie sie damals die Schleiertänze der Loie Fuller suggerieren[198], regen den Jugendstil an, als Symptome einer Umstimmung der leiblichen Disposition, die sich mit einer charakteristischen Aufregung des Gefühls verbindet: „Die Sehnsucht schwült in jedem Winkel, jeder Falte der Seele", bezeugt Melchior Lechter im Bann dieser besonderen Ergriffenheit.[199] Dolf Sternberger hebt die hintergründige Bedeutung dieser Bewegung hervor, die „nicht die dekorativen und nicht einmal die Künste überhaupt allein erfasste, sondern in Mode, Tracht und Lebensweise, in Gedicht und Gedanken, ja in die Wissenschaft und Philosophie einwirkte, Wollen und Begehren derer, die von ihr berührt waren, wie durch eine geheime Droge verändernd. Es ist dies augenscheinlich und handgreiflich ein Phänomen nicht der Geistesgeschichte allein, sondern ebenso sehr und zugleich damit der Leibes- und Sinnengeschichte."[200] Das ist genau das Licht, in das ich solche geschichtlichen Bewegungen und Strömungen rücken möchte.

Von anderer Art ist die Nervosität, die Schelsky der Jugend nach dem zweiten Weltkrieg als einen Zug der von ihm beobachteten „Veränderung der vitalen Grundbefindlichkeit" zuspricht; er konstatiert erhöhte Vitalität, gesteigertes Körpergefühl, verstärkte nervöse Reizbarkeit, zu explosiven Ausbrüchen neigende Unruhe, Aufstauung der Motorik, Umsetzung von Eindrücken ins Vitale statt in Gefühle und Gedanken, neue Formen des Leibgefühls und -erlebens, rauschhafte Hingabe an die vitale Musik der Jazz-Sessions, moderne akrobatische Tänze, Halbstarkenkrawalle, moto-

rische Touristik, hochtechnisierte Sportarten.[201] Diese Nervosität ist nicht
wie die um 1900 herrschende von differenzierter Feinnervigkeit bis zum
Überspannten (Rilke, Hoffmannsthal) geprägt, sondern von vitaler Explo-
sivität mit Neigung zur Abreaktion, zum Verpuffen; solche Kraft empfängt
nichts, dem sie Gestalt geben könnte. Es handelt sich um eine Wandlung der
kollektiv dominierenden leiblichen Disposition vom schizothymen zum
bathmothymen Pol, von einer ahnungsvoll aufgeschlossenen, theatralischer
Steigerung und magischer Exaltation nicht abgeneigten Artung zu einer
zwar dynamisch noch starken und entladungsfähigen, aber im Profil fla-
cheren, weniger bildsamen und empfindlichen. Engung und Weitung können nicht mehr auf zarte Anregung hin locker ausschlagen, sondern stauen
ihren Antagonismus in kompaktem Verband, um sich, wenn der Druck zu
groß wird, ruckartig frei zu machen. Dazu passen das Abgehackte der modernen Tänze (statt der ausladenden rhythmischen Schwingung im Walzer),
die grellen, skandierenden Klänge und Rhythmen der zugehörigen Musik,
die schroffen oder gar brutalen Entladungen auf Motorfahrzeugen im Alltag der Jugendlichen und beim Motorsport, die Jagd nach Gewaltszenen
in Filmen und Computerspielen. Für die Modulation des vitalen Antriebs
durch Gefühle in der Ergriffenheit bleibt dann wenig Spielraum.

Gleichsam seismographisch wird diese Veränderung von der Geschichte
der psychiatrischen Krankheitsbilder begleitet. Bei den depressiven Psychosen nehmen die protrahierten dysthymen, symptomatologisch verwasche-
nen, nicht klar phasenhaft abgrenzbaren Verläufe und leichten asthenischen
Residualsymptome zu, und auch die Pathomorphose der Schizophrenie ist
nicht nur therapiebedingt; vielmehr hat die Pharmakotherapie eine schon
vorhandene Tendenz zur Entwicklung symptomarmer, anergischer, asthe-
nisch-leibhypochondrischer, dysthymer und sonstiger reiner Defektsyn-
drome gefördert.[202] „Kranz wies darauf hin, (...) dass die abnormen Erleb-
nisreaktionen ähnlich wie die Psychosen einen Symptomwandel erfahren
hätten. Es sei ein Wandel von den großen hysteriformen Demonstrationen
und Darstellungsformen zu den sogenannten Intimformen der neurasthe-
nisch-hypochondrisch blassen Verläufe eingetreten. Die Wendung (...)
habe ihren Ausdruck auch darin gefunden, dass aus den Zitterern des ersten
Weltkrieges Magenkranke des zweiten Krieges geworden seien. Nicht nur
bei den Psychosen, sondern auch auf dem Gebiet der gesamten psychopa-
thologischen Entäußerungen habe sich genau der gleiche Wandel vollzogen.
Über alle biologischen und in diesem Zusammenhang angestellten pharma-
kodynamischen Betrachtungsweisen hinaus sei hier so etwas am Werke wie
jener schwer fassbare und schwer definierbare Zug der Zeit, eine Wandlung
des Lebensgefühls im ganzen."[203] Ein hellhöriger Psychiater merkt, dass etwas im Gange ist, das sich weder in Körper noch in Seelen einschließen
lässt; worum es sich handelt, versuche ich genau zu bestimmen.

Ich gebe einige weitere Beispiele geschichtsmächtiger Umstimmung kollektiv dominanter leiblicher Dispositionen. Alfred v. Martin hat darauf hingewiesen, dass beim Übergang der Renaissancekultur in die gegenreformatorische des Barock gesellschaftliche Ideale auftauchen, in denen der Geist des Rittertums wieder durchzubrechen scheint.[204] Ein bloß geistes- und sozialgeschichtlicher Erklärungsversuch dafür kann nur so lange befriedigen, bis man bemerkt, dass auch in der Formgebung der zeitgleiche Manierismus der spätgotischen Kunst so nahe kommt, dass man schon unter formgeschichtlichem Gesichtspunkt die Hochrenaissance für einen fast nur episodischen Zwischenfall zu halten versucht ist.[205] Wenn man die sozialgeschichtliche Beobachtung mit der stilgeschichtlichen zusammenhält, drängt sich die Vermutung auf, dass am Rückfall des gegenreformatorischen Zeitalters in eine größere Nähe zum Mittelalter spontane, unwillkürliche Umstellungen (in der leiblichen Disposition) stärker beteiligt waren, als die übliche Meinung gelten lässt. Nietzsche und Alexander Rüstow haben sich bitter über Luther und die Deutschen seiner Zeit beschwert, die durch die Reformation jene Reaktion verschuldet hätten, die dann zum Rückfall in die Nähe des Mittelalters führte. Wenn meine Vermutung zutrifft, dürften solche Anklagen gedämpft werden. Dann haben nämlich die geschichtlichen Entscheidungen Luthers und seiner Anhänger die Entwicklung nur zum Teil bestimmt, weniger vielleicht als atmosphärische Umstimmungen bis hinein in die leibliche Disposition.

Im Übergang zum späten Altertum bezeugt Aelian (ca. 200 n. Chr.) den verbreiteten Eindruck seiner Zeitgenossen, die Flüsse wurden seichter und die Berge niedriger; der Ätna sei auf dem Meer nicht mehr aus so weitem Abstand wie früher sichtbar, und Entsprechendes gelte für den Parnass und den Olymp.[206] Was sich geändert hat, sind natürlich nicht die dinglichen Maße, sondern die Bewegungssuggestionen der Gegenstände, die nicht mehr den hoch und weit ausladenden Schwung hatten, von dem wir nach Strehle[13] berührt werden. Das sind leibnahe Brückenqualitäten; es handelt sich also um eine Veränderung der leiblichen Disposition, vermutlich um eine Schwächung des vitalen Antriebs. Zugleich und bald danach verwandelt sich auch die Atmosphäre des Gefühls, von dem die Menschen beherrscht werden. „Die Welt wird immer unheimlicher und erschreckender."[207] Die Pointierung der spätantiken literarischen Stilgeschichte durch Erich Auerbach im 2. und 3. Kapitel seiner *Mimesis* an Hand von Textbeispielen aus Petronius, Tacitus, Apuleius, Ammianus Marcellinus und Augustinus macht diesen Wandel anschaulich, besonders in der Charakteristik Ammians (4. Jahrhundert): „Etwas Drückendes, Schweres, eine Verfinsterung der Lebensatmosphäre zeigt sich schon seit dem Ende des ersten Jahrhunderts der Kaiserzeit, bei Seneca ist es unverkennbar, und über das Düstere der taciteischen Geschichtsschreibung ist oft gesprochen worden. Hier aber bei Ammian ist es zu einer magischen und sinnlichen Entmensch lichung gekommen. (...) Gewiss ist der taciteische Tiberius düster genug, aber er bewahrt doch noch viel von innerer Menschlichkeit und Würde. Bei Ammian ist allein das Magische, Groteske und dabei Schaurig-Pathetische übriggeblieben, und man erstaunt, welch ein Genie in dieser Richtung ein sachlich tätiger, ernsthafter hoher Offizier entwickelt; wie stark muss die Atmosphäre gewesen sein, wenn sie bei Menschen dieses Ranges und dieser Lebensführung (er hat offenbar einen großen Teil seines Lebens in harten und strapazenreichen Feldzügen zugebracht) solche Talente zur Entfaltung bringt!"[208] Die zeitgenössische Porträtplastik mit gegenüber der Klassik erstarrenden und z. T. vergröberten Formen, aber gesteigerter Konzentration auf den Ausdruck – besonders der aufgerissenen Augen –, lässt an eine leibliche Disposition denken, die fast nur noch zur einseitigen, kaum zur wechselseitigen Einleibung befähigt.

Auf der Grundlage dieser Beobachtungen wage ich eine grundsätzliche geschichtsphilosophische Reflexion. Bis zu Bossuet gängelt die Theologie alle spekulativen Konstruktionen des Ganges der Weltgeschichte. Mit Lessings *Erziehung des Menschengeschlechts* beginnt die Herrschaft eines pädagogisch-biographischen Konstruktionsprinzips. Das geschichtliche Schicksal der Menschheit oder großer Gruppen in ihr wird nach Art eines lebensgeschichtlichen Bildungsprozesses zurechtgelegt. Die geschichtsphilosophischen Entwürfe von Kant, Fichte, Schelling, Hegel und Marx entsprechen diesem Leitbild. Es ist die große Zeit des Bildungsromans in der deutschen Literatur. Der Gang der Weltgeschichte stellt sich den genannten Denkern als eine Art von Bildungsroman der Menschheit dar. Mit diesem ausfahrenden Anspruch ist es danach vorbei, aber das Leitbild der Bildungsgeschichte wird nicht ganz verlassen. Als Maschen des Gewebes der Geschichte werden weiterhin die Erfahrungen behandelt, die ein Individuum im Verlauf seiner Bildung durch das Widerfahrende macht. Für Dilthey ist der Lebensverlauf das Modell der Geschichte, als „das vollständige und in sich abgeschlossene, klar abgegrenzte Geschehen, das in jedem Teil der Geschichte (...) enthalten ist."[209] Jakob Burckhardt erklärt den „duldenden, strebenden und handelnden Menschen" zum „einzigen bleibenden und für uns möglichen Zentrum der Geschichte".[210] Toynbee lässt zwar auch Kollektive als geschichtliche Agenten zu, bildet den Rhythmus des Geschichtsprozesses aber aus Herausforderung und (produktiver, im Erfolgsfall die durch die Umstände gestellte Aufgabe glücklich lösender) Antwort (*challenge and response*), nach dem Muster eines Individuums, das sich mit mehr oder weniger Erfolg durchs Leben schlägt. Rothacker will auch die „Kulturen als Lebensstile"[211], die Lebensformen der Menschen in solchen Prozessen unterbringen: „Die Lebensformen (...) sind nachverstehbar aus existentiellen Entscheidungen der handelnden Menschen und Gruppen angesichts bestimmter konkreter Lagen."[212] Lage und Entscheidung sind Kategorien des Dramas der Geschichte; dieses Drama spielt sich auf einer Bühne ab, die

nicht bloß durch die Anwesenheit von Gegenspielern, durch den Boden der
Tradition und die Kulissen und Requisiten der naturgegebenen Umstände
zum Geschehen beiträgt, sondern auch durch eine Beleuchtung oder Tö-
nung, die man auch als das jeweilige Klima der Geschichte bezeichnen kann.
Dieses Klima ist allmählicher oder plötzlicher, unvorhersehbarer Wandlung
fähig. In bewegten Zeiten kann es binnen weniger Jahre an einem Wechsel
der Tendenz von Generationen zum Vorschein kommen. Charlotte Bühler
hat einen interessanten Versuch unternommen, an Hand von Tagebüchern
Jugendlicher solchen Verschiebungen auf die Spur zu kommen.[213] Über die
Form des Wechsels schreibt sie: „Von einem Jahr zum nächsten, nachdem
alles Jahre lang gleich war und schien oder sich kaum merklich änderte, jetzt
bemerkenswerte Wandlungen. Freilich wie wir sehen werden, in langen
Übergangszeiträumen Schritt für Schritt das Neue einführend, bis es ganz
und geschlossen dasteht."[214] Ein solches Klima gibt den Menschen ihre Haltungen, Stile, Impulse, Neigungen und spezifischen Gestaltungskräfte ein
und bereitet sie dadurch zu den Einfällen und Entschlüssen vor, wodurch
sie in der Geschichte mit Taten und Leiden mitspielen und das „klimatisch"
Mögliche selektiv zur eigentümlich geprägten Kultur hochstilisieren.

Unter der Geschichte, die der verstehbaren Motivation untersteht,
zeichnet sich damit eine Tiefenschicht von Geschichte ab, in der den Menschen spontan etwas widerfährt, worauf sie nicht gefasst sind, was sie nicht
zu verantworten haben, wodurch ihnen aber Empfänglichkeit und Gestaltungskraft unvorhersehbarer Art geschenkt oder verweigert werden. Diese
Gabe ist die leibliche Disposition. Der Leib ist gleichsam die Antenne, die
in selektiver Resonanz die Atmosphären, die Gefühle sind, aufnimmt und
verarbeitet. Die Gefühle sind meist in Situationen eingebettet. Situationen
sind Mannigfaltiges, das durch eine binnendiffuse Bedeutsamkeit aus Bedeutungen, die Sachverhalte, Programme oder Probleme sind, zusammengehalten wird. Binnendiffus ist die Bedeutsamkeit, weil keine, oder wenigstens nicht alle, Bedeutungen in ihr einzeln sind, d. h. eine Anzahl um 1
vermehren. Die Menschen sind stets beschäftigt, Situationen zu explizieren,
d. h. einzelne Bedeutungen aus ihnen herauszuholen und zu Konstellationen zu kombinieren; dann können sie planen und ihre Stellungnahme vari-
ieren. Gefühle haben Autorität für den Menschen, der von ihnen ergriffen
ist. Ihm stellen sie für den Umgang mit der Situation, in die sie eingebettet
sind, eine Aufgabe, der er sich nicht nach Belieben entziehen kann. Die
Situationen können impressiv (vielsagende Eindrücke) sein, so dass ihre Bedeutsamkeit ganz zum Vorschein kommt; dann können sie anziehende oder
abstoßende Leitbilder werden. Sie können auch segmentiert sein, d. h. immer nur in Ausschnitten zum Vorschein kommen; dann kann der Mensch
entweder naiv, ohne Stellungnahme, aus ihnen leben, oder er muss bestrebt
sein, sie zu einem Plakat (einem vielsagenden Eindruck) zusammenzuzie-
hen, um sich zu ihnen stellen zu können. Für jeden Umgang des Menschen

mit Situationen ist die leibliche Disposition von großer Bedeutung, aber ausschlaggebend ist sie für die Empfänglichkeit für Gefühle, und nur diese geben durch ihre Autorität dem Umgang mit Situationen das Gewicht einer Verbindlichkeit, die mehr ist als Spielerei oder die Last, mit sich selbst zurechtzukommen, weil man nun einmal da ist.

Mit der Empfänglichkeit für Gefühle wächst die Fähigkeit des Menschen, vielsagende Eindrücke, die von den Gefühlen durchdrungen sind, zu gewinnen und darzustellen, wie Cézanne mit der Verschränkung seiner Hände (und der Hände seiner Leinwand) zum vitalen Antrieb.[149] Es gibt Zeitalter, die dafür durch die in ihnen dominierende leibliche Disposition hoch begabt sind, und weniger begabte wie das unsrige. Hoch begabt war die leiblich schizothym disponierte Zeit um 1900, von der ich gesprochen habe. Der Jugendstil blühte auf. Wagner und Nietzsche füllten Geister und Gemüter. Rilke und Trakl dichteten, Klages und Schuler beschworen Kosmikerräusche, die Mathematik überstieg in der Mengenlehre das Unendliche, die bildende Kunst brach im Expressionismus zum elementaren Ausdruck durch, Menschen wurden in Wasser und Sonne vertraut mit der Nacktheit ihrer Körper. Diese Errungenschaften ließen aber auch dämonische Atmosphären ein, bis hin zu dem, was C. G. Jung über die Wiederkehr des Wotan-Archetypus in den Sturmabteilungen (SA) der Nationalsozialisten ausführt.[215] Die gesteigerte Aufgeschlossenheit setzte vom Leiblichen her geniale Gestaltungskräfte mit hochgespanntem Sendungs- und Ermächtigungsbewusstsein frei. Der Philosophie hätte die Aufgabe zugestanden, das Feuer durch Besinnung zu dämpfen. Statt dessen ließen die Philosophen – ich nenne Spengler, Klages, Heidegger, Scheler – ihre groß gedachten Ansätze wie Raketen steigen, zu blendend für diese Aufgabe. Dann war es zu spät, um die verhängnisvolle Explosion des Sendungsbewusstseins in den Händen des von dämonischem Wahn unwiderstehlich getriebenen Adolf Hitler zu verhindern.

Die gefährliche Offenheit der kollektiv dominanten leiblichen Disposition in der Zeit um 1900 und bis 1930 ist verflogen. Wir leben in einer Zeit, in der eine reizbare leibliche Dynamik weltweit nur noch eher flaue Gestaltungskraft aufbringt, sofern unter Gestaltung die Ausbildung geprägter Formen in Lebensart und stilbestimmendem Werkschaffen mit der Mächtigkeit, über das Milieu und die augenblicklichen Umstände des Entstehens hinaus prägend und Andenken stiftend zu wirken, verstanden wird. Die traditionelle Auffassung der Geschichte muss dazu neigen, im Sinne der Kulturkritik diese Erschlaffung als verstehbare Reaktion auf missliche Umstände des modernen Lebens wie die schon den Kindern widerfahrende Reizüberflutung zurückzuführen, und das ist auch nicht falsch, s. o. S. (92). Goethe hat schon 1825 dieses Problem gesehen: „Junge Leute werden viel zu früh aufgeregt und im Zeitstrudel fortgerissen; Reichtum und Schnelligkeit ist, was die Welt bewundert und wonach sie strebt; Eisenbahnen, Dampfschiffe, Schnellposten und alle möglichen Facilitäten der Kommunikation sind es, worauf die gebildete Welt ausgeht, sich zu überbieten, zu überbilden und dadurch in der Mittelmäßigkeit zu verharren."[216] Meine Überlegungen geben aber Raum für eine zusätzliche Erklärung, die den Pessimismus der Kulturkritik etwas dämpfen könnte. Vielleicht ist die Erschlaffung der Gestaltungskraft auch ein Ergebnis der Ernüchterung und des Kompaktwerdens des vitalen Antriebs in der dominanten leiblichen Disposition im Sinne der Bathmothymie, wovon ich gesprochen habe. Dann könnte man auf eine erneute spontane Umstimmung der leiblichen Disposition hoffen, die mit gesteigerter Empfänglichkeit den Wind gestaltender Impulse wieder entfachen würde. Die leibliche Disposition ist der Sitz der Resonanzfähigkeit des Menschen. Wenn diese Fähigkeit wieder zarter und reicher wird, indem sie neue Felder findet, werden die Bedürfnisse, die jetzt die Menschen dazu treiben, ihre Köpfe in das immer dichter sich um die Hälse zusammenziehende Netz der Kommunikation (mit Nachrichten, mit Verkehr, im Fortschritt von Wirtschaft und Technik) zu stecken, von selbst absterben und andere an ihre Stelle treten. Dann könnte es gelingen, wieder aus dem Vollen der Situationen zu schöpfen, statt im Netz der Konstellationen stecken zu bleiben, einem riesigen, immer weiter nach innen wuchernden Schienensystem, in dem der Einzelne nur für sich die Weichen stellen kann.

13. Leib und Raum

Raum ist reine oder überformte Weite. Dass es in ihm einen Ort gibt, ist das Werk der Zeit, die im plötzlichen Einbruch des Neuen Dauer zerreißt und primitive Gegenwart exponiert, die als absoluter Augenblick zugleich absoluter Ort als die Enge der Bedrängnis vom plötzlichen Einbruch des Neuen ist. Dadurch wird die Weite zwar nicht zerrissen, aber akzentuiert und mit der Akzentuierbarkeit durch Orte versehen. Die Bedrängnis ist Engung aus der Weite; da diese von der Engung nicht zerrissen ist, kann sich mit dem Schlag der Engung ohne Weiteres der Rückschlag der Weitung zum vitalen Antrieb verschränken und die leibliche Dynamik stiften. Aus der ersten Überformung der Weite, dem Einbruch des Neuen, entspringt der Leib. Daher ist die Person durch ihren Leib, ohne den sie nicht sein kann (9), auf das Intimste mit dem Raum verbunden. Das ist der wahre Kern der These von Kant: „Man kann sich niemals eine Vorstellung davon machen, dass kein Raum sei, ob man sich gleich ganz wohl denken kann, dass keine Gegenstände darin angetroffen werden."[217] Aber freilich ist das nicht der Raum, den Kant meint. Jener Ur-Raum hat keine Plätze (relativen Orte), wo etwas zu suchen ist, keine Lagen und Abstände, keine zwei oder drei Dimensionen, und er würde sie nicht einmal dadurch erhalten, dass Gegenstände in ihm angetroffen würden, z. B. Wasser und Wind, nur keine festen Körper. Aber durch seinen Leib ist der Mensch von vornherein in den Raum als Weite eingeweiht. Das geschieht schon im Verband des vitalen Antriebs als Schwellung[13] und Richtung aus der Enge in die Weite (Ausatmen, Schlucken), deutlicher noch, wenn Weitung aus ihm frei wird, als privative Weitung (wenn es einem z. B. angesichts einer schönen Aussicht weit ums Herz wird), als Ausleibung oder im Rausch der geschlechtlichen Ekstase.

Die einfachste Form, in der der Raum vom Leib aus zugänglich wird und Gestalt annimmt, ist der reine Weiteraum, in dem bloße Weite ohne jede Richtung mit einem absoluten Leibesort besetzt ist. Ein naheliegendes Beispiel ist das Wetter, wie man es etwa erlebt, wenn man mit befreiendem Aufatmen aus dumpfer Luft ins Freie tritt, oder in einem heißen, schwülen, beengenden Umfeld. Auch der Raum der feierlichen Stille und der zarten Morgenstille sind von dieser Art. Ganz unscheinbar ist das Rückfeld, das man nicht merkt, aber dennoch durch kleine Bewegungen des Reckens, Pendelns, Sichzurücklehnens usw. beim Gehen, Stehen und sitzenden Tätigkeiten beständig als selbstverständlich in Anspruch nimmt. Alle bemerkte Raumgliederung ist ins Vorfeld verlagert; das Rückfeld wird als strukturlose Weite verstanden, wie sich zeigt, wenn der Mensch sich vom Schwung zu seiner leiblichen Dynamik tragen lässt, ohne das Vorfeld in Ge-

danken mitzunehmen. Das gelingt beim schwungvollen Rückwärtstanzen.
Ich erinnere an Erwin Straus' Beobachtung, dass das Rückwärtsgehen unter
normalen Bedingungen etwas mühsam und krampfhaft ausfällt, das Rückwärtstanzen dagegen gelöst und schwungvoll ohne Rücksicht auf Hinder-
nisse.[11] Beim Gehen halten wir uns an Lagen und Abstände im Vorfeld;
der Rückwärtsgeher traut sich in ein unbekanntes Terrain hinein, in dem er
die Gliederung, auf die er Rücksicht nehmen möchte, nicht erkennen kann.
Der Rückwärtstänzer nimmt das Rückfeld dagegen so, wie man ständig un-
merklich mit ihm vertraut ist, als reine Weite, die er erst durch seine Figuren
mit einer Struktur versieht. Alle optischen, thermischen oder akustischen
Ganzfelder, wenn alles von einer Farbe, einem Ton, einer Wärme ausgefüllt
ist, liefern reinen Weiteraum. Es gibt auch einen Weiteraum der Gefühle
als Atmosphären mit den beiden Möglichkeiten, leer oder dicht erfüllt zu
sein – dicht etwa in dem Sinn, wie Stille dicht sein kann, ohne Rücksicht auf
körperliche Stoffe. Die unter 10 angegebene Verzweiflung ist die Stimmung
einer weiten Leere, die entgegengesetzte Zufriedenheit (ebenso ohne Rücksicht auf Wunscherfüllung) die Stimmung einer tragenden Dichte, etwa als
Gefühl der Geborgenheit in der Liebe eines Menschen oder eines harmonischen Familienkreises, oder in der Stimmung ruhigen, kraftvollen Selbst-
vertrauens. Beide Gefühle entfalten keine Richtungen.

Es kommt aber auch vor, dass einem Betrachter mitten in der normalen,
voll erhaltenen Gliederung des Raumes nackte, maßlose (d. h. durch kein
Maß eingeteilte und geordnete) Weite verstörend entgegenschlägt. Das ist
der Fall bei den Raumängsten. Die Platzangst, die einen Menschen davon
abhält, sich auf einem freien Platz, wo nichts seinen Weg kreuzen würde,
in Bewegung zu setzen, entsteht dadurch, dass ihm mitten im vollständig
strukturierten Raum maß- und strukturlose Weite entgegenschlägt, in der
er keine Richtungen und Ziele für seinen Bewegungsimpuls findet, so dass
eine Angst auslösende Hemmung des Impulses „Weg!" eintritt. Bei Sturz-
angst begegnet das Ferne unter dem Blick als zudringlich faszinierendes
Halbding und insofern als nah in einseitiger Einleibung; diese Zwiespäl-
tigkeit verwischt die gesehene Struktur zu maßloser Weite, mit demselben
Ergebnis wie bei Platzangst. Bei Dämmerungsangst entrücken die synästhetischen Charaktere des Bleichen, Fahlen, Kühlen, Leisen, Langsamen
(als neutrale Zone zwischen Hell und Dunkel, Warm und Kalt usw.) das
Begegnende wie hinter Glas, so dass die Richtungen des Blickes und des
motorischen Körperschemas keine Angriffspunkte mehr finden, und vor
das Entrückte schiebt sich maßlose Weite; die Angstauslösung gleicht der in
den vorigen beiden Fällen.

Die nächste Komplikation der Raumform entsteht, wenn in den Weiteraum Richtungen eingetragen werden. Ihrer bedarf die Einleibung; die
Raumform, die sich dabei ergibt, ist schon präpersonal durch leibliche Dynamik und leibliche Kommunikation bei Tieren und Säuglingen ausgebil-

det, und ebenso bei Personen, wenn sie sich unwillkürlich bewegen, mit auf das Unwillkürliche bloß aufgesetzter personaler Willkür durch einzelne Ziele und Zwecke. Die Orientierung an Flächen ist dabei nicht erforderlich; flächenlose Räume der unter 2 beschriebenen Art genügen zur Etablierung eines Richtungsraumes, in dem die Weite nach Richtungen durch Gegenden gegliedert wird. Diese Richtungen sind teils leibliche, teils Bewegungssuggestionen von Partnern der Einleibung, teils abgründige Richtungen. Leibliche Richtungen führen unumkehrbar aus der Enge in die Weite; hier kommen hauptsächlich die Richtungen des Blickes und des motorischen Verhaltens (des motorischen Körperschemas und seiner Ausübung) in Betracht. Die Bahnen des motorischen Körperschemas können große Ausdehnung erlangen, wie das Heimfindevermögen der Tiere, besonders der Zugvögel, zeigt. Wie sie mit den von Partnern der Einleibung ausgehenden Bewegungssuggestionen zusammenwirken können, wurde unter 3 und 4 am Beispiel der geschickten Ausweichbewegungen erläutert: Der Blick heftet sich in einseitiger oder wechselseitiger Einleibung an den Partner und überträgt die Bewegungssuggestion, die der Bewegung des Partners aufgeladen ist, in das motorische Körperschema, dem er als eine von dessen Richtungen angehört; das motorische Körperschema dirigiert, vermutlich über Leibesinseln, den Körper mit dem Erfolg des Ausweichens. So orientieren sich Tiere und Menschen bei der motorischen (freundlichen oder feindlichen, oder auch neutral berücksichtigenden) Kooperation im Raum; Lagen und Abstände, die für die umkehrbaren Verbindungen nötig sind, brauchen dabei keine Rolle zu spielen.

Die bisher betrachteten Richtungen haben gemein, aus einer merklichen Quelle hervorzugehen, als aus dem Leib ausstrahlende oder von Sendern ihn einstrahlende Richtungen. Das ist nicht der Fall bei den abgründigen Richtungen, z. B. der reißenden Schwere. Wer ausgleitet und stürzt oder sich gerade noch fängt, unterliegt der Gewalt einer ihn herabzwingenden Macht, die ihn niederwirft und gleichsam aus dem Nichts kommt; weder hat sie, wie der Schmerz, einen spürbaren Sitz im eigenen Leib als etwas, das man in der Gegend seines Körpers von sich selbst spürt, noch geht sie von einem Partner aus. Von dieser Art ist auch die Schwere eines drückend schwülen Wetters oder einer drückenden Stille; die rein physikalische Schwere des Körpers im Schwerefeld der Erde gehört dagegen nicht hier hin und hat nichts Drückendes. Von derselben Abgründigkeit sind die Gefühle, die zum reinen Stimmungsgehalt von Zufriedenheit oder Verzweiflung noch Richtungen hinzubringen, hebende oder drückende oder treibende, zentrifugale oder zentripetale, bezogen auf den Ergriffenen oder auch nur den die Atmosphären Wahrnehmenden. Vom Zorn habe ich in diesem Sinn unter 10 gesprochen und ihn der reißenden Schwere verglichen. Diese gerichteten Gefühle haben teils ein Zentrum als Thema, um das sie sich gruppieren, teils nicht. Unzentriert sind z. B. ziellose Bangigkeit und Sehnsucht, jene zentrifugal, diese zentripetal. Wenn sie ein thematisches Zentrum gewinnen, ist dieses meist in Verdichtungsbereich und Verankerungspunkt gegliedert. Verankerungspunkt ist die Stelle, von wo das zentrierte Gefühl sich aufbaut und motiviert ist, Verdichtungsbereich die Stelle, wo es sich prägnant abzeichnet. Es gibt zentrierte Gefühle mit beiden Stellen und mit nur dieser oder jener Stelle. So ist die Freude des Kandidaten *über* ein bestandenes Examen, dessen Verlauf unerfreulich war, nur in einem Verankerungspunkt zentriert; wenn der Verlauf überdies erfreulich war, so dass der Prüfling gern dabei verweilt, hat sie als Freude *an* dem Examen überdies einen Verdichtungsbereich. Die Freude an einer schönen Landschaft hat bloß einen Verdichtungsbereich, keinen Verankerungspunkt, ebenso die Liebe zu einer Frau nach modernem Verständnis, im Gegensatz zum antik-mittelalterlichen und namentlich minnesängerlichen. Die Furcht ist ein voll zentriertes Gefühl mit Verdichtungsbereich (z. B. der potentielle Mörder) und Verankerungspunkt (z. B. Tod); wenn sie mit leiblicher Angst ergreift, aber der Verankerungspunkt fehlt, wird sie zu Grauen: Das Grauenhafte besteht darin, dass man in heftiger Angst angesichts von Fürchterlichem nicht weiß, wovor man sich fürchten soll. Alle diese Modifikationen betreffen gerichtete Gefühle, deren Richtungen abgründig sind. Das thematische Zentrum eines Gefühls ist keineswegs dessen Quelle oder Sender.

Während der Weiteraum und der Richtungsraum aus der leiblichen Dynamik und der leiblichen Kommunikation hervorgehen und die hinzukommenden abgründigen Richtungen leiblich gespürt werden, tritt mit der Fläche etwas Leibfremdes in den Raum ein. Der leibliche Raum ist flächenlos (2); am eigenen Leib kann man keine Flächen spüren, während man sie am eigenen Körper besehen und betasten kann. Sehen und Tasten sind die einzigen Sinne mit Zugang zur Fläche, aber auch ihnen ist es nicht ganz leicht, diese zum Vorschein zu bringen. Nur das Glatte bietet sinnfällig Flächen an, aber optisch auch nur, wenn nicht Glanz oder Schatten sie verdecken; was sich feucht, rau, klebrig oder breiig darbietet, lässt beim Betasten keine Flächen fühlen. Ich bin im Zweifel, ob Tiere überhaupt von Flächen Notiz nehmen; was ihnen begegnet, ist körperlich nicht im Sinne der dreidimensionalen, von Flächen berandeten und schneidbaren Körper der Geometrie, sondern durch die mit allen Sinnen wahrgenommene Dynamik der Einleibung, etwa wie das Wasser engend, schwellende Kraftanstrengung herausfordernd, dem Schwimmer begegnet. Nicht so sehr Flächen werden gesehen, sondern etwas wird als Fläche gesehen. In diesem Sehen als Fläche ist diese aber direkt gegeben, nicht erst durch Schlüsse oder Abstraktionen. Sie bedarf dazu nicht des Haftens an Körpern. Sonne und Mond erscheinen am Himmel als körperlose Flecken, die zwar nicht glatte Flächen sind, aber als Flächen gesehen werden können. Eigentlich sind ihre Farben wie die des blauen Himmels ohne bestimmte Dimensionszahl, weder flächig noch dreidimensional in die Tiefe ausgedehnt, sondern das, was Katz mit einem schlecht gewählten Ausdruck als Flächenfarben von (flächigen) Oberflächenfarben und von Raumfarben unterschied; solche Flächenfarben lassen den Blick in ein lockeres Gefüge eindringen und schließen ihn nach hinten ab.[218] Solche Farben sind in dem geläufigen, durch bezifferbare Dimensionsstufen gegliederten Raum Spuren einer Ausdehnungsweise, die von solcher Gliederung noch unberührt ist.

Sobald die Fläche einmal entdeckt ist, ergeben sich ganz neue Möglichkeiten zur Überformung der Weite. Die Idee einer n-Dimensionalität des Raumes, mit n als natürlicher Zahl zwischen 0 (Punkt) und 3 (Körper), erhält nun erst Sinn. Von der Fläche kann man nämlich durch Schnitte und Kanten absteigen zu Strecken, von diesen durch Ecken zu Punkten; damit hört die Abstiegsmöglichkeit auf, und so erhält die Fläche die Dimensionszahl 2. Für Strecken und Punkte gilt wie für Flächen, dass etwas als Strecke oder Punkt gesehen wird; das ist aber keine Abstraktion, sondern spielerische Identifizierung in der Weise, wie ein Bild als das Abgebildete, der Schauspieler als die gespielte Figur gesehen, ein Spruch als der mitgeteilte Sachverhalt gehört wird. In der anderen Richtung kann man von der Fläche zum Körper als dreidimensionalem Objekt aufsteigen, indem man Flächen kastenförmig aneinandersetzt und sich vorstellt, den so umbauten Raum überall durch Flächen schneiden zu können. Das ist erst der geometrische Körper, den man sich zum physischen Körper durch Undurchdringlichkeit ergänzt denkt. Das ist ein transzendenter, durch keine Erfahrung ausweisbarer Anspruch, denn keine endliche Liste scheiternder Versuche kann ausschließen, dass nicht noch andere Möglichkeiten des Durchdringens bestehen. Allsätze mit unendlichem Gegenstandsbereich sind transzendent. Die Erfahrungsgrundlage für die Annahme eines physischen, mehr als geometrischen Volumens der Körper ist die Schwellung gegen Spannung im gemeinsamen Antrieb der Einleibung, wie beim Wasser für den Schwimmer, der optische oder taktile Eindruck, dass die Konkurrenz beider Komponenten nicht aufgehoben werden kann. Kants dynamische Theorie der Materie wird dieser Erfahrung gerecht.

Wichtiger noch als die Dimensionierbarkeit, die Möglichkeit einer Unterscheidung räumlicher Gebilde durch bezifferbare Dimensionsstufen von 0 bis 3, ist als Leistung der Fläche für den Raum die Begründung der Umkehrbarkeit. Im Richtungsraum sind alle Richtungen unumkehrbar, die leiblichen, die begegnenden Bewegungssuggestionen und die abgründigen Richtungen. Das gilt auch für den Blick, der aber im Gegensatz zu anderen leiblichen Richtungen wie dem Ausatmen und dem Schlucken die besondere Fähigkeit hat, durch Blickziele begrenzt zu werden. Diese können auch ohne Flächen verbunden werden, etwa als Sternbilder am Nachthimmel. Das ist aber keine Verbindung durch Fäden oder Bahnen, sondern durch ganzheitliche Gestaltauffassung im Sinne der Gestaltpsychologie.[219] Erst wenn sich dem von Blickzielen abgefangenen Blick eine querende Fläche entgegenstellt, in die diese Ziele eingetragen werden können, gibt es die Möglichkeit, in diese Fläche Schnitte oder Kanten hineinzudenken, als Strecken oder Fäden, die die Blickziele verbinden und umkehrbare, nach beiden Richtungen ablesbare Verbindungen herstellen. Ein an Flächen geschultes Sehen kann das dann auf den flächenlosen nächtlichen Sternhimmel übertragen. Sowie umkehrbare Verbindungen zwischen Blickzielen geschaffen sind, wird es möglich, an diesen Abstände und Lagen zueinander abzulesen. Mit Hilfe von Abstands- und Lagebeziehungen lassen sich Orte einführen, die nicht mehr absolute Orte sind, sondern relative in einem System sich gegenseitig durch Abstände und Lagen bestimmende Orte. Ich bezeichne ein solches System als einen *Ortsraum*. Damit erst wird es möglich, zu sagen, wo etwas ist bzw. war oder sein wird, indem es sich bewegt. Das ist die häufigste Information, die Personen im Umgang mit dem Raum benötigen. Sie wird aber erst spät, auf der zweiten Stufe der Überformung der Weite nach dem Weiteraum und dem Richtungsraum, aktuell. Im Weiteraum braucht man keine Orientierung. Der Richtungsraum hat seine eigene Orientierung, unabhängig von relativen Orten, an den Verhältnissen, die sich in der Einleibung zwischen dem Leib und den Bewegungssuggestionen begegnender, ruhender oder bewegter, Reize ergeben, sei es durch den Blick oder über andere (z. B. akustische, geruchliche) Antennen.

Für Personen leistet die Begegnung mit der Fläche enorme Hilfe zur personalen Emanzipation. Von der Fläche kann man sich zurückziehen und die Verstrickung in Einleibung damit lockern; in der Fläche kann man operieren, z. B. durch Zeichnen, und sich selbst aus dem dabei an Gegenständen, z. B. Figuren, veranstalteten Geschehen heraushalten. Distanzierung und Spielraum werden auf neue Weise erschlossen. Fast noch wichtiger ist die Möglichkeit, den eigenen Standpunkt in das Netz der Lagen und Abstände einzuholen. Im Richtungsraum ist er unauffindbar, als der verhüllte Ursprung der unumkehrbaren Richtungen des motorischen Körperschemas (3). Er braucht da auch nicht gefunden zu werden, weil die Einleibung ohne Besinnung die Maße für die räumliche Stellungnahme zu Begegnendem vorgibt, wie ich am Beispiel des geschickten Ausweichens gezeigt habe. Die Entdeckung umkehrbarer Verbindungen an der Fläche gibt darüber hinaus Gelegenheit, nicht nur aus der Distanz Verbindungen zu Objekten herzustellen, sondern auch den eigenen Zugang zu ihnen aus einer unumkehrbaren Richtung, z. B. des Blickes, zu einer umkehrbaren Verbindung zu machen. Nun kann der eigene Leib auf den eigenen Körper als ein Ding unter Dingen im Ortsraum bezogen werden und mit seinen Inseln an relativen Orten, die den absoluten gleichsam übergestülpt werden, unterkommen. Das ist der Ursprung des perzeptiven Körperschemas. Dessen Ausbildung wird dadurch gefördert, dass an der glatten, unbehaarten Haut des Menschen Flächen, die zu umkehrbaren Verbindungen einladen, besonders leicht zugänglich sind. Wahrscheinlich ist der Mensch zu dem Erfolg, den eigenen Körper und Leib als Gegenstand mit vielen relativen Orten in einem Ortsraum aufzufassen, durch das Bedürfnis erzogen worden, die eigene glatte Haut mit den beiden freien Armen vielfach zu betasten, um störende Parasiten abzuwehren.

Über dem Weiteraum und dem Richtungsraum, der den Weiteraum durch unumkehrbare Richtungen überformt, liegt hiernach als dritte Raumschicht der Ortsraum, der durch Hinzutritt der Fläche ermöglicht wird und Lagen, Abstände und relative Orte über umkehrbaren Verbindungen sowie bezifferbare Dimensionsstufen bis zur Dreidimensionalität hinzubringt. Ein solcher Ortsraum setzt, wie gezeigt wurde, für seine Zugänglichkeit einen Richtungsraum, und damit einen Weiteraum, voraus; er setzt sie aber auch für seine bloße Möglichkeit voraus, weil ein Ortsraum schon rein logisch nicht ohne Voraussetzung anderer Raumformen möglich ist und nur diese in Betracht kommen. Die moderne Naturwissenschaft weiß nichts von dieser Abhängigkeit, seit die Vorstellung eines absoluten, nach Newton sogar unendlichen, Raumes preisgegeben worden ist; sie begnügt sich gemäß der Raumvorstellung von Leibniz mit Koordinatensystemen, in denen Orte durch Lagen und Abstände bestimmt sind. Ohne Orte, die unverändert bleiben, während ein Gegenstand sich von ihnen weg bewegt und eventuell zu ihnen zurückkehrt, kommt sie nicht aus. Darauf beruht nämlich die Zeitmessung, insbesondere durch Drehungen oder Schwingungen, die die Zeit in vergleichbare Einheiten zerlegen, indem eine Bewegung an ihren Herkunftsort zurückkehrt; aber auch, wenn man die Zeit durch eine nicht zyklische Bewegung messen wollte, müsste man für die Abmessung von Zeiteinheiten auf einen während einer Bewegung unveränderten Herkunftsort zurückgreifen. Ich erwähne das, weil der Ort in der modernen Naturwissenschaft merkwürdig vergessen zu werden scheint, wenigstens, anders als Lage und Abstand, nicht definiert wird. Für jede solche Ortsdefinition will ich nun zeigen, dass sie zirkelhaft und damit ungeeignet zur Einführung des Ortes wird, wenn sie nicht für den Begriff der Ruhe auf eine Raumschicht, die vom Ortsraum verschieden ist, zurückgreifen kann.

Orte können im Ortsraum nur durch ihre Lagen und Abstände zu anderen Orten bestimmt werden, dadurch, dass sich an ihnen Objekte befinden, die zu den an den anderen Orten befindlichen Objekten die betreffenden Lagen und Abstände haben. Darunter müssen sich ruhende Objekte befinden; die Identifizierung eines (relativen) Ortes als dieser bestimmte Ort ist sogar nur durch Lage und Abstand an ihm befindlicher Objekte zu ruhenden Objekten möglich. Wenn diese sich nämlich bewegten, wäre der Ort, sofern er sich nicht ganz gleichmäßig mitbewegte, ein anderer geworden, weil seine Lagen und Abstände zu den Bezugsobjekten bzw. Bezugsorten andere geworden wären. Ein Objekt, das während der betreffenden Zeit an dem Ort verharrt hat, hätte sich demnach bewegt, weil Bewegung im Ortsraum,

d. h. mit den begrifflichen Mitteln seiner Einführung, nur als Wechsel des Ortes verstanden werden kann, so wie Ruhe nur als Beharren am Ort. Ruhe wäre dann also Bewegung; beides könnte nicht mehr unterschieden werden, obwohl die Konstanz von Orten gerade für diese Unterscheidung benötigt wird. Also muss die Bestimmung oder Identifizierung von Orten durch Bezug auf ruhende Objekte erfolgen. Dann aber setzt der Ort begrifflich Ruhe voraus; umgekehrt aber setzt Ruhe begrifflich den Ort voraus, wenn sie mit den für den Ortsraum verfügbaren Begriffen als Beharren am Ort (Fehlen des Ortswechsels) bestimmt wird. Das ist der angekündigte Definitionszirkel. Ein passender Ortsbegriff lässt sich ohne Umständlichkeit angeben. Um diese zu vermeiden, empfiehlt es sich, den Umstand, dass sich ein Gegenstand G während einer Frist F an einem Ort befindet, so auszudrücken, dass sich das geordnete Paar (G; F) an diesem Ort befindet. D sei die Dauer eines Ortsraumes (die Frist, während deren er besteht). Ich bestimme den Ort eines geordneten Paares (g; f), wobei g irgend ein Gegenstand und f eine Teilfrist von D, die auch D sein darf, ist, als die Menge aller geordneten Paare (G; F), die zu allen während der ganzen Zeit D in dem Ortsraum ruhenden Objekten gleiche Lage- und Abstandsbeziehungen haben, wie (g; f), d. h. g während f. Da Gleichheit der Lage- und Abstandsbeziehungen eine Äquivalenzrelation[220] ist, ergibt sich aus dieser Definition, dass sich ein Gegenstand zu einer Zeit höchstens an einem einzigen Ort befinden kann.

Es versteht sich von selbst, dass mein Nachweis der begrifflichen Zirkularität von Ort und Ruhe, solange die Raumvorstellung auf den Ortsraum beschränkt ist, mit dem Relativitätsprinzip verträglich ist, wonach, was ruht und was sich bewegt, von der Wahl des Koordinatensystems, d. h. eines bestimmten Ortsraumes, abhängt. Ein physikalisches Koordinatensystem wird ja nur dadurch festgelegt, dass Orte mit Lagen und Abständen und an ihnen beharrende oder zwischen ihnen wechselnde Objekte angenommen werden; damit greift mein Einwand. Ein Ausweg aus dem Definitionszirkel kann nur darin bestehen, dass man für die Auswahl der ruhenden Objekte, auf denen die Identifizierbarkeit der relativen Orte in einem Ortsraum beruht, auf Erfahrungen von Ruhe zurückgreift, die nicht erst am Ortsraum gewonnen werden, sondern an den ihm vorausgehenden und zu Grunde liegenden Schichten der Räumlichkeit, dem Weiteraum und dem Richtungsraum.

14. Leib und Zeit

Die Zeit ist mehrschichtig. Wer ohne Differenzierung von Schichten der Zeitlichkeit über sie spricht, verwirrt die Begriffe. Daher beginne ich mit einer Orientierung über diese Schichten. Die Zeit, mit der der Mensch als lebender und sich besinnender zu tun hat, ohne sich theoretisch zu spezialisieren, ist eine modale Lagezeit mit Fluss der Zeit. Sie verbindet eine Anordnung mit einer Einteilung. Die Anordnung besteht in der Beziehung des Früheren zum Späteren oder Gleichzeitigen zwischen Inhalten, die Ereignisse, Zustände, Dinge oder irgend etwas anderes, Zeitliches, sein können. Die Einteilung gliedert die Zeit in die drei Massen des Vergangenen, Gegenwärtigen und Zukünftigen. Der Fluss der Zeit besteht darin, dass die Masse des Vergangenen wächst, die Masse des Zukünftigen schrumpft und die Masse des Gegenwärtigen wechselt, und zwar beständig, d. h. ohne erhebliche Pausen. Die Anordnung ist die Seite der Lagezeit, die Einteilung die modale Seite, modal in dem Sinn, dass dabei Unterschiede des Seienden vom Nichtseienden vorkommen: Das Vergangene ist nicht mehr (oder vorbei), das Zukünftige ist noch nicht, das Gegenwärtige ist in der Weise, nicht mehr noch nicht und noch nicht nicht mehr zu sein. Die modale Lagezeit ist also eine beständige Umschaufelung von Nichtseiendem in Nichtseiendes durch die Mitte des Seienden. Das Zukünftige wird einmal gegenwärtig sein; das Vergangene ist einmal gegenwärtig gewesen. Diese Verhältnisse geben Anlass zu den paradoxen Reden von zukünftiger Gegenwart, vergangener Gegenwart und gegenwärtiger Gegenwart. Jene beiden sind widersprüchlich, denn was ist, kann nicht nicht mehr oder noch nicht sein; diese ist ein Pleonasmus, der als solcher überflüssiger sein sollte als er tatsächlich ist. Wie mit diesen Paradoxen umzugehen ist, wird sich zeigen. Sie tragen aber zur Verknüpfung der lagezeitlichen und der modalzeitlichen Seite der Zeit bei. Das künftig Gegenwärtige ist früher zukünftig als vergangen und später vergangen als gegenwärtig; dazwischen könnten Pausen liegen, in denen sich die Dauer des Gegenwärtigen ohne Ankunft von Zukünftigem, das irgend einmal sein wird, und ohne Abschied von Vergangenem dehnte, doch lässt der Fluss der Zeit solche Pausen nicht oder selten zu. Seine Beständigkeit gibt der lagezeitlichen Anordnung die Gelegenheit zu beliebiger Verfeinerung. Durch eine Abstraktion kann man diese Anordnung von der Bindung an die Einteilung frei machen und erhält so die Zeit der Physik, in der es keine Vergangenheit, Gegenwart oder Zukunft gibt, sondern nur zeitlich datierte Ereignisse, die durch die Beziehung des Früheren zum Späteren oder Gleichzeitigen geordnet sind. Für den auf die prognostischen Erfolge seiner Wissenschaft stolzen Physiker liegt es nahe, die modalzeitliche Komponente der modalen Lagezeit zu verleugnen, weil sie in seiner

Theorie nicht vorkommt, und den Unterschied von Vergangenheit und Zukunft als fruchtbare Illusion abzutun[221] oder gar von der „Illusion Zeit"[222]
zu sprechen. Damit spricht er sich, ohne es zu merken, die Qualität als Wissenschaftler ab, denn Wissenschaftler ist nur, wer bereit ist, seine Thesen
kritischer Prüfung auszusetzen, bei der sich dann etwas herausstellt, was
er *noch nicht* weiß, so dass ein Wissensstand (auch als Bekräftigung, wenn
die Kritik günstig ausfällt) entsteht, der *nicht mehr* der bei Aufstellung der
Thesen ist. Egal, ob er so lange lebt, um das zur Kenntnis zu nehmen, und
ob die kritische Prüfung wirklich stattfindet: Wissenschaftlichkeit setzt den
Glauben an etwas, das noch nicht ist, und an etwas, das nicht mehr sein
wird, voraus, und wenn der Wissenschaftler diesen Glauben verweigert, geschieht es aus der erkenntnistheoretischen Naivität, nicht zu merken, was
er tatsächlich voraussetzt.

Mit der modalzeitlichen Einteilung hadern auch andere, z. B. aus theolo-
gischen Gründen, weil, wie Goethe sagt, vor Gott alles ewig stehen muss[223],
und daher empfiehlt es sich, zur Absicherung gegen alle Versuche, diese
Einteilung wegzuschaffen, einen noch radikaleren Bedarf als den nach
Wissenschaftlichkeit anzumelden, nämlich den nach Denkenkönnen überhaupt. Menschen können nur in gerichteten Beziehungen (von etwas zu
etwas, eventuell in komplizierten Verschachtelungen und Fortsetzungen)
denken; diesen liegen ungerichtete Verhältnisse zu Grunde, z. B. Akkorde
und Intervalle den Beziehungen von Ton zu Ton, Stammbäume einer Familie den ein- oder mehrstelligen Beziehungen z. B. vom Vater zum Sohn oder
vom Onkel zum Neffen, die lagezeitliche Anordnung den Beziehungen
eines früheren Ereignisses auf ein späteres oder gleichzeitiges oder dessen
auf jenes usw. Menschen müssen solche Verhältnisse in Beziehungen auf-
spalten, um denken zu können, aber das ist nicht so leicht. Für das Spalten
muss nämlich ein Anfang und ein Ende und eine Richtung vom Anfang
zum Ende, wodurch jener zum Anfang und dieses zum Ende wird, gefunden werden, aber eine solche Richtung ist selbst schon Beziehung, und so
entsteht wieder ein Zirkel, der daran hindert, spaltend in das Verhältnis ein-
zudringen: Die Beziehung setzt eine Richtung und diese eine Beziehung
voraus. Dieser Zirkel könnte durch Gleichursprünglichkeit (Simultaneität)
beider Setzungen entschärft werden, wenn es sich nicht um den Anfang
der Spaltung handelte; denn hier geht es darum, einen Schritt vor dem anderen zu tun. Die Aufgabe kann nur gelöst werden, wenn eine Richtung
zu Hilfe kommt, die nicht gesetzt werden muss, sondern vorgegeben ist.
Das kann nur die Richtung des Flusses der Zeit bei dem kurzen Übergang
sein, der vom Denken des anfänglichen Beziehungsgliedes zum Denken des
abschließenden führt. Erst der Fluss der Zeit auf der modalen Seite der modalen Lagezeit erlaubt den Menschen, zu denken.

Der Fluss der Zeit ist die Anwendung der modalen, Seiendes mit Nichtseiendem verbindenden Seite der modalen Lagezeit auf eine lagezeitliche

Anordnung von Zeitstellen. Zeitstellen sind entlehnte oder geborgte Gegenwarten, nämlich Massen von Zeitinhalten, die noch nicht oder nicht mehr gegenwärtig sind, aber einmal zusammen gegenwärtig sein werden bzw. gegenwärtig waren, zuzüglich der Masse von Inhalten, die gegenwärtig gegenwärtig sind (als ob sie zweimal und nicht nur einmal gegenwärtig wären). Anders lässt sich nicht erklären, was eine Zeitstelle ist. Insbesondere taugt dazu nicht der Begriff der Gleichzeitigkeit, mit dem in der Relativitätstheorie Ereignisse auf mehreren Weltlinien koordiniert werden, denn dabei wird die Folge der Zeitstellen von Zuständen oder Ereignissen auf einer einzigen Weltlinie vorausgesetzt, und der Begriff einer solchen Zeitstelle muss entweder undefiniert gelassen oder durch die Anleihe bei der Gegenwart eingeführt werden. Die lagezeitliche Anordnung ist also aus der modalzeitlichen Einteilung mit der Gegenwart als Kern entlehnt, und der Fluss der Zeit ist die Anwendung dieser Einteilung auf die Anordnung. Der Versuch, eine reine Lagezeit zu isolieren und dafür die modale Seite der modalen Lagezeit zu ignorieren oder gar als Illusion zu diskreditieren, ist also insofern sinnlos, als dann nicht mehr gesagt werden kann, was die Zeitstellen sind, die in der Lagezeit zur Datierung von Ereignissen (als früher, später oder gleichzeitig) benötigt werden.

Beide Seiten der modalen Lagezeit, die lagezeitliche und die modale, verraten ihre Abkunft aus einem tiefer liegenden Ursprung der Zeit: die lagezeitliche Seite durch die Angewiesenheit der Zeitstellen auf relativierte Gegenwart und die modale Seite durch die verdächtige Relativierung der Gegenwart zu einer gegenwärtigen Gegenwart zwischen künftigen und vergangenen Gegenwarten, als ob etwas zugleich vergangen (vorbei) und gegenwärtig, zukünftig (noch nicht) und gegenwärtig sein könne. Dieser Relativierung liegt die einfache Gegenwart zu Grunde, die im plötzlichen Einbruch des Neuen, der die stetig gleitende Dauer des Dahinlebens und Dahinwährens zerreißt und in Vorbeisein (Nichtmehrsein) verabschiedet, exponiert (aus der Dauer freigesetzt) wird. Dieses Geschehen ist eine reine Modalzeit, das Gegenstück zu einer reinen Lagezeit; es enthält keine Spur lagezeitlicher Anordnung, wohl aber die Verschiedenheit von Seiendem und Nichtmehrseiendem, Gegenwart und zerrissener Dauer. Während dieses Verhältnis einer Seite der Einteilung in der modalen Lagezeit (der zur Vergangenheit hin) entspricht, ist die andere, das Verhältnis zum Zukünftigen als dem Nochnichtseienden, von anderer Art als in der modalen Lagezeit. In der modalen Lagezeit ist das Gegenwärtige an einem anderen Platz als das Zukünftige untergebracht, an einer Zeitstelle, von der aus dieses allenfalls erwartet werden kann. Im Geschehen der reinen Modalzeit dringt das Künftige als das einbrechende Neue in die Gegenwart, sie aus der Dauer herausbrechend, ein und kann nicht distanziert werden. Die reine Modalzeit hat daher nicht drei modale Abteilungen wie die modale Lagezeit (das Vergangene, das Gegenwärtige, das Zukünftige), sondern nur zwei: den ap-

präsenten Einbruch des Neuen, worin Zukunft und Gegenwart verschmelzen, und das Vergangensein der zerrissenen Dauer.

Die reine Modalzeit als Riss in der Dauer, Geburt der Gegenwart und
Abschied von dem, was nicht mehr ist, ist der Ursprung des Leibes und der
Zeit. Ursprung des Leibes ist sie dadurch, dass die exponierte Gegenwart
die primitive ist, in der fünf Momente ununterscheidbar verschmolzen sind:
der absolute Ort als die Enge der Bedrängnis vom Einbruch des Neuen,
der absolute Augenblick als das Plötzliche des Einbruchs, das Sein oder die
Wirklichkeit, die erst in diesem Einbruch auftaucht und Wucht gewinnt,
die absolute Identität, selbst und von etwas verschieden zu sein, und die
Subjektivität, selbst betroffen oder in Anspruch genommen zu werden.
Ursprung des Leibes ist die primitive Gegenwart durch ihren absoluten
Ort, ihre Seite der Enge als Bedrängnis vom Neuen. Deren exemplarische
Gestalt ist der Schreck. Leiblich sein, heißt: erschrecken können, aus der
gleitenden Dauer des Dahinlebens herausgerissen werden zu können. In
der extremen Engung des Schrecks wird primitive Gegenwart aus der Weite ebenso abgerissen wie im Plötzlichen des Schrecks aus der Dauer. Der
Rückschlag aus der Engung in Weite, die Weitung, verbindet sich mit der
Engung zum vitalen Antrieb, aus dem sich die leibliche Dynamik und die
leibliche Kommunikation ergeben, damit das Leben aus primitiver Gegenwart mit vier Grundzügen – gleitende Dauer, primitive Gegenwart, leibliche Dynamik, leibliche Kommunikation –, in dem Tiere, kleine Kinder
und Personen teilweise (in den präpersonalen Anteilen ihres Befindens und
Verhaltens) befangen sind.

Die Person erhebt sich aus dem Leben aus primitiver Gegenwart in
Kraft satzförmiger Rede durch Entdeckung des Fallseins von Gattungen,
wodurch sich die absolute Identität zur Einzelheit (eine Anzahl um 1 zu
vergrößern, Element einer endlichen Menge zu sein) ergänzt. Damit entfaltet sich die primitive Gegenwart nach den fünf in ihr ununterscheidbaren
Seiten zur Welt als dem Feld möglicher Vereinzelung in fünf Dimensionen:
Der absolute Ort leiblicher Enge entfaltet sich zum System relativer Orte,
zum Ortsraum; der absolute Augenblick des Plötzlichen entfaltet sich zum
System relativer Augenblicke in einer modalen Lagezeit mit Fluss der Zeit;
das Sein im Verhältnis zum Nichtmehrsein der zerrissenen (anders gesehen: der unzerrissenen) Dauer entfaltet sich zum Verhältnis des Seienden
zum Nichtseienden in ganzer Breite, wobei die Einzelheit die Grenze zum
Nichtseienden überschreitet und dadurch der Person den Griff in dieses
möglich macht; die absolute Identität entfaltet sich zur relativen Identität
von etwas mit etwas und gibt dadurch der Person die Gelegenheit, eine Sache in mehreren Hinsichten, als Fall verschiedener Gattungen, zu betrachten; der absolut identische Bewussthaber des Lebens aus primitiver Gegenwart entfaltet sich durch Selbstzuschreibung als Fall mehrerer Gattungen,
wofür er sich halten kann, zur einzelnen Person mit einer durch Neutra-

lisierung von Bedeutungen ermöglichten Sphäre des Eigenen (persönliche Situation und persönliche Eigenwelt) im Gegensatz zum Fremden, s. o. 9.

Zwischen den vier anderen Dimensionen von Entfaltung der primitiven Gegenwart zur Welt und der zeitlichen Dimension gibt es einen bemerkenswerten Unterschied. In den vier anderen Dimensionen gelingt die Entfaltung so gut, dass der Ursprung im unbesinnlichen Leben in der Welt vergessen werden kann. Man braucht den Ort nur noch, um Bescheid zu wissen, wo etwas ist, und denkt nicht an den absoluten Ort zurück. Das Sein im Gegensatz zum Nichtsein wird den Leuten so selbstverständlich, dass sie es wie eine gewöhnliche Eigenschaft behandeln, die sie zum Sortieren benützen wie die Farbe. Die Identität ist überhaupt nur noch als Relation bekannt. Die Subjektivität, man selbst als dieser Mensch mit seinen steckbrieffähigen Merkmalen zu sein, ist dem gemeinen Mann so selbstverständlich, dass ein Philosoph herbeigerufen werden muss, um ihm die Frage vorzulegen: „Woher weiß ich nun, dass mein Schreiben nicht das Schreiben eines andern ist?"[113]

Wenn die Entfaltung der primitiven Gegenwart nach der zeitlichen Seite ebenso glatt gelungen wäre, könnte man über der Lagezeit deren Abkunft aus dem plötzlichen Einbruch des Neuen ebenso vergessen wie über dem Ortsraum die tieferen Schichten der Räumlichkeit, von denen er doch logisch abhängt (13). Aber das will nicht gelingen. Die zeitliche Entfaltung der Gegenwart kommt in der Sicht des lebenden Menschen nicht über die modale Lagezeit hinaus, und diese bleibt durch ihre modalen Züge, einschließlich des Flusses der Zeit, „dass alles gleitet und vorrüberrinnt" (Hofmannsthal), am Geschehen der reinen Modalzeit hängen. Dadurch erhält die Zeit im Leben des Menschen ihre tragischen Züge: die Grausamkeit des Abschieds von dem, was nicht mehr ist, die Flüchtigkeit des vom Einbruch des Neuen wie vom Blitz getroffenen Lebens, die Ausgesetztheit an ein Geschehen, das erst dabei ist, in Gegenwart anzukommen, fertig und fassbar zu sein. Die zeitliche Entfaltung der Gegenwart zur Welt ist gewissermaßen auf halber Strecke liegen geblieben. Im Leben aus primitiver Gegenwart wird nichts Endgültiges gesucht und daher nichts dergleichen vermisst. Das Leben in der Welt als entfalteter Gegenwart ist darauf aus, allem durch Vereinzelung einen bestimmten und insofern endgültigen Platz im Ganzen zu geben, aber das einzig Endgültige, das ihm zuteil wird, ist der Abschied von dem, was nicht mehr ist, die Spur der reinen Modalzeit in der modalen Lagezeit.

Neben diesen schicksalhaften Beschwernissen aus unzulänglicher Entfaltung der primitiven Gegenwart nach zeitlicher Seite stehen die theoretischen in Gestalt von Paradoxen, die als Widerspruch (vergangene oder künftige Gegenwart) und Tautologie, die keine sein soll (gegenwärtige Gegenwart, statt einfach Gegenwart) schon angesprochen wurden. Dabei handelt es sich um ein Paradox, das bloß mit der Struktur der modalen Seite der modalen Lagezeit, noch nicht mit ihrer Dynamik (dem Fluss der Zeit) zu tun hat und auf mehrere Weisen zu formulieren ist. *Eine* davon, vielleicht die provokativste, ist diese: Erinnerung und Erwartung sind unmöglich. Man erinnert sich nämlich an etwas, zu dem Gegenwart gehört, ganz besonders, wenn ein Tun dabei war; denn praktisches Handeln, im Gegensatz zu theoretischer Erwägung und Betrachtung, ist nur in unmittelbarer Berührung mit Gegenwart möglich. Wenn die Gegenwart abgestrichen wird, ist das Verbleibende verschieden von dem, woran man sich erinnert. Andererseits ist das, woran man sich erinnert, nicht mehr gegenwärtig. Also erinnert man sich an etwas, das gegenwärtig und nicht gegenwärtig ist. Das ist unmöglich; also kann man sich an nichts erinnern. Das Entsprechende gilt *mutatis mutandis* für Erwartung. (Ich notiere nur zur Sicherheit, dass es sich um Gegenwart handelt, nicht um Gegenwart zu einer Zeit, denn die betrifft gar nicht Sein und Nichtsein, sondern nur die lagezeitliche Datierung, wie sich daran zeigt, dass mit dem datierten Ereignis, z. B. der Ermordung Caesars, auch die zugehörige Zeit, z. B. das Zeitalter Caesars, dem Nichtmehrsein verfällt.) *Eine andere Formulierung*: Caesar ist wirklich ermordet worden, seine Ermordung ist also wirklich. Diese wirkliche Ermordung ist aber vergangen, also nicht mehr wirklich. *Eine dritte Formulierung*: Vergangenes stimmt genau überein mit dem Gegenwärtigen, das vergangen ist; dieses hat durch sein Vergehen also nichts verloren noch gewonnen, denn sonst wäre nicht dieses, sondern etwas anderes das betreffende Vergangene. Es hat aber doch seine Gegenwart verloren und sein Vergangensein gewonnen. *Die vierte Formulierung* wurde schon angegeben. Neben dieser vielgesichtigen Paradoxie zur Struktur der modalen Lagezeit gibt es eine Paradoxie über den Fluss der Zeit: Dieser entsteht durch die beständige Verschiebung der wechselnden Gegenwart in die Zukunft, wodurch die Vergangenheit wächst, die Zukunft (auch wenn sie unendlich sein sollte) schrumpft. Diese Verschiebung ist ein Prozess; also kann man nach seinem Stand fragen. Die einzig mögliche Antwort lautet: Die Gegenwart kommt an der Zeitstelle an, die jetzt ist. Jetzt ist aber die Gegenwart. Die Gegenwart kommt also bei sich selbst an; das ist aber kein Prozess.

Ein Widerspruch macht den Ausspruch (kurz: Spruch), in dem er ausdrücklich enthalten oder logisch impliziert ist, nichtssagend und gehaltlos, in folgendem Sinn: Ein Spruch, der einen Widerspruch zur logischen Folge hat, ist als Behauptung unbrauchbar, weil alles, was durch ihn behauptet werden könnte, wegen des Widerspruchs zurückgenommen wird. In vielen Fällen kann man es dabei belassen und manchmal (z. B. in apagogischen Beweisen) daraus Nutzen für weiterführende Erkenntnis ziehen; dabei darf man sich aber nicht beruhigen, wenn unbestreitbare Tatsachen eine widerspruchsvolle Formulierung aufzudrängen scheinen. Dass dieser besondere Fall bei den Paradoxien der modalen Lagezeit vorliegt, dürfte ausreichend begründet worden sein. Unter solchen Umständen muss man versuchen, den Widerspruch als bloß scheinbar zu erweisen. Den Weg dazu habe ich gewiesen, indem ich (seit 1994) auf einen Typ von Mannigfaltigkeit aufmerksam gemacht habe, der der Aufmerksamkeit der Philosophen und namentlich der Logiker trotz bedeutender logischer Konsequenzen, die sich daraus ergeben, bisher entgangen war.[224] Ich habe ihn als das instabile Mannigfaltige bezeichnet; glatter verständlich wäre wohl, vom zwiespältigen oder allgemeiner vom spältigen Mannigfaltigen (beliebigen Grades) zu sprechen. Es handelt sich darum, dass mehrere Etwasse um Identität mit demselben Etwas konkurrieren. Ich habe dafür öfters verschiedene, z. T. ausgefallene Beispiele angegeben, will mich jetzt aber auf ein Beispiel beschränken, das jeder aus eigener Erfahrung an sich wird zugeben müssen. Ich erläutere es an mir als beliebigem Fall. Ich war einmal ein kleines Kind, dann ein heranwachsender Knabe, dann ein Jüngling, ein Mann in den besten Jahren; jetzt bin ich ein alter Mann. Alle diese Individuen sind verschieden durch mannigfache Unterschiede, wie auch der Hermann Schmitz von gestern und der von heute, und doch bin ich sie alle. Sie konkurrieren um Identität mit mir. Um solchen und noch komplizierteren Spältigkeiten gerecht zu werden, muss man einschlägige Behauptungen mit einem Vorzeichen der Unentschiedenheit, namentlich der iterierten Unentschiedenheit (Es ist unentschieden, ob unentschieden ist, ob unentschieden ist, ob … usw.) bis hin zur unendlichfachen (unendlich schwachen) Unentschiedenheit versehen. Ich habe eine dafür geeignete Erweiterung der Aussagenlogik angegeben.[225] Wenn man die modale Lagezeit als instabiles oder zwiespältiges Mannigfaltiges erkennt und die Widersprüche durch Behauptung unendlichfacher Unentschiedenheit ersetzt, wird man der Sachlage gerecht.

15. Leib und Seele

In der Geschichte Europas entsteht die Seele aus dem Leib, ausgehend vom homerischen Menschenbild in der *Ilias*.[226] Der Mensch steht dort ohne eigene Hausmacht einer konsolidierten privaten Innenwelt (einer Seele) im Konzert der Impulse halbautonomer, leiblich lokalisierter Regungsherde und der Eingebungen durch Götter und Affekte. Was ein halbautonomer Regungsherd ist, können wir uns am Besten an der bei uns noch virulenten Vorstellung vom Gewissen klar machen. Das Gewissen gehört zu unserer eigenen Ausrüstung, die im Lauf des Lebens von uns und anderen gebildet ist, und ist insofern nicht ganz autonom, aber halbautonom ist es, als eine unserem Belieben entzogene treibende, warnende und mit Vorwürfen strafende Instanz, bewaffnet mit einer Stimme (des Gewissens) und mit Biss („Gewissensbiss"). Es ist nicht im Leib oder Körper des Menschen lokalisiert; dadurch unterscheidet es sich von den homerischen Regungsherden, die in der Brust oder der Zwerchfellgegend (Phrenes) des Oberbauches angesiedelt sind. Sie sind teils Impulsgeber, teils Hemm- und Kontrollinstanzen. Die wichtigsten Impulsgeber sind der Thymós und die Kradiä (ein Herzname). Die wichtigsten Hemm- und Kontrollinstanzen sind das Ätor und der Noos. Das Ätor entscheidet in akut kritischen Situationen, ob der Mensch der Herausforderung standhält oder weich wird; der Noos kontrolliert die Planung. Eine Sonderstellung haben die Phrenes im Oberbauch, die sowohl andere Regungsherde beherbergen als auch selbst Regungsherd sein können, aber – im Gegensatz namentlich zum Thymós – nie als Partner der Person auftreten und auch kein für diese charakteristisches Beiwort erhalten. Bruno Snell sprach Thymós und Noos (er setzt sogar Psyche hinzu) als „Seelenorgane" an[227], was sowohl für den Wortteil „Organ"[228] als auch für „Seele" verfehlt ist; es handelt sich vielmehr um Regungsherde auf Leibesinseln, und ein begreifender Zugang zum Menschenbild der *Ilias* wird erst möglich, wenn man versteht, wie sehr es auf leiblichen Erfahrungen, auf der Einstellung auf den spürbaren Leib, beruht. Ich will das an Hand von *Ilias* 22, 103f. bestätigen. Dem Achilleus ist gerade der dem Hades entstiegene Totengeist des Patroklos erschienen, um sich zu beschweren, dass seine Leiche noch nicht verbrannt worden ist. Achilleus quittiert die Erscheinung mit zwei Versen, die man etwa so übersetzen kann: „Sieh an! Also gibt es auch in den Häusern des Hades Leben (Psyché) und Figur, aber Phrenes sind ganz und gar nicht darin." „Phrenes" kann hier nicht, wie sonst möglich wäre, mit „Verstand" oder „Besinnung" übersetzt werden, denn das Gespenst hat dem Achilleus eben eine sehr verständige und besonnene Rede gehalten, aber auch nicht mit „Zwerchfell", denn welchen Anlass hätte Achilleus, bei dem Totengeist gerade ein Zwerchfell zu vermissen? Eine passende Deutung ergibt sich durch Vergleich mit der Stelle 16, 401-402: Patroklos stößt bei seinem mörderischen Angriff auf den Trojaner Thestor, „der auf poliertem Wagen geduckt saß; heraus waren ihm nämlich die Phrenes geschlagen, aus seinen Händen waren da die Zügel geglitten." Thestor ist vor Angst und Schrecken starr, hilflos dem Angreifer ausgeliefert. Er gleicht dem Sanitätssoldaten aus dem letzten Weltkrieg, der sich bei einem Angriff alliierter Tiefflieger auf einen Lazarettzug am Boden eines Wagens nicht mehr rühren kann und davon berichtet: „Mir war der Körper jetzt, als ob ich kein Gefühl darin hätte."[32] Es handelt sich um den Leibesinselschwund bei extremer Engung (3). Entsprechend versteht Achilleus das Defizit der Totengeister im Hades, wodurch sie gespenstische Schatten sind, trotz Leben und Figur als Fehlen füllender Leibesinseln. Sie sind gleichsam hohl. Vollständiges Dasein ist demnach für ihn spürbare Leiblichkeit, besetzt mit Leibesinseln, die zum Teil die mit halbautonomen Regungsherden besetzten sind, andererseits aber auch unter dem Namen der Glieder, z. B. der von Kampfeslust zuckenden Füße und Hände (13, 75), vielfach in der *Ilias* vorkommen.

Die homerischen Helden sind so reich und charakteristisch ausgebildete Personen wie moderne Menschen, aber ohne zentrale Steuerung in einer abgeschlossenen privaten Innenwelt; die Koordination im Konzert der Regungsherde klappt bei ihnen dezentral, etwa wie bei der neuralen Netzarchitektur moderner Hochleistungscomputer. Allerdings sind sie dadurch wenig gegen Ausfälle geschützt; leicht verlieren sie die Kontrolle. Die Reaktion gegen diese Gefahr setzt schon in der *Odyssee* ein. An die Stelle der Durchstimmtheit der Person durch leibliche und göttliche Impulse tritt eine Schichtung dieser Bereiche: des leiblichen, des personalen und des göttlichen Bereiches. Die Person distanziert sich von ihren leiblichen Regungen. Odysseus schilt seinen Bauch, der ihn zum Essen treibt, da er lieber über die Trennung von der Heimat trauern möchte. Er bändigt sein im Zorn aufbegehrendes Herz wie der Herr den Hund, indem er ihm besänftigend zuredet. Den Göttern tritt er als kalkulablen Mit- und Gegenspielern gegenüber. Der Mensch der *Odyssee* kann nicht nur sein Inneres leiblich spüren, sondern hat die Distanzfähigkeit hinzugewonnen, sich in der Vorstellung wie von außen zu sehen, so dass er seinen Gesichtsausdruck voll beherrschen kann (was bei Hera in der *Ilias* 15, 101-103 nicht klappt). Ferner kommt spielerischer Umgang mit dem eigenen affektiven Betroffensein – Genuss, Schmerzen zu erdulden, sich am eigenen Jammer zu weiden – vor, wo in der *Ilias* nur von der naiven Wonne des Sich-ausweinens die Rede ist.

Die Dezentralisierung des Erlebens als Konzert von Regungsherden ist typisch für archaische Kulturen. Die Yoruba, das größte Volk Nigerias, stellen als immaterielle Instanzen im Menschen zusammen: den vergänglichen Geist-Körper (iye) im Kopf, die unvergängliche Herz-Seele (okan), die die

Person in ihrer Gesamtheit und noch beim jüngsten Gericht vertritt, im Traum aber Herz und Körper verlassen kann, den unsterblichen Lebenshauch (emin), den Herrn des Kopfes (ori, olori), der sich nach dem Tod in Neugeborenen wieder einkörpern kann.[229] Hun und Po der Chinesen[230] sind wahrscheinlich ähnlich zu verstehen. Mit den Regungsherden streut auch der Körper im archaischen Verständnis. Sowohl Homer als auch die alten Ägypter haben für ihn nur eine Bezeichnung im Plural und fassen ihn als locker verbundenes Gebilde auf.[231] Sicherlich haben sie den stetigen Zusammenhang wie wir gesehen, aber sie orientieren sich mehr am verschwommenen Gewoge der Leibesinseln (2). Bezeichnenderweise hat Homer für die Leiche sehr wohl einen Namen im Singular, das später für den lebendigen Körper gebräuchliche Wort „Soma“; der Leiche traut man keine Phrenes, keine Leibesinseln, zu, und damit entfällt diese Ablenkung von der stetigen Einheit des sicht- und tastbaren Körpers. Überhaupt verstehen sich die *Ilias*-Menschen weit mehr als wir von ihrem Leib her. Als Andromache die Schreckensnachricht vom Tod ihres Gatten Hektor nahen hört, ruft sie aus: „Mir klopft das Herz in der Brust bis zum Mund hinauf, unten sind die Knie erstarrt." (22, 451-453) Sie erlebt ihr aufsteigendes Entsetzen als Geschehen auf ihren Leibesinseln. Ein moderner, ich- und objektzentrierter Mensch hätte vielleicht gerufen: „Ich halte das nicht mehr aus! Was ist passiert?"

Das Bedürfnis nach personaler Selbstermächtigung gegen die unwillkürlichen Regungen, das zuerst in der *Odyssee* erfolgreich ist, wendet sich gegen solche leibliche Streuung und die halbautonomen Regungsherde und bedient sich dafür der Psyché, die bei Homer als Leben und als Totengeist vorkommt, aber nie als Regungsherd und nie lokalisiert auf Leibesinseln. Dabei fließen Ideen wechselnder Einkörperung ein: Xenophanes (6. Jahrhundert) macht sich über einen Mann (Pythagoras?) lustig, der das Schlagen eines Hündchens verhindern will, weil er es an der Stimme als Psyche seines verstorbenen Freundes erkannt habe.[232] Von Seelenwanderung sollte man deshalb nicht sprechen; die Vorstellung scheint eher zu sein, dass der Freund sich als Psyché in einen anderen Körper verwandelt hat. Ebenso sagt Ringgren von der der Psyché entsprechenden näfäsch der Israeliten: „Der Mensch *hat* nicht eine Seele, er *ist* eine Seele."[233] Danach taucht die Psyché als Objekt im Kampf gegen den Thymós auf, einem Kampf, der im Interesse personaler Selbstermächtigung geführt wird. Heraklit schreibt: „Mit dem Thymós zu kämpfen, ist schwer; was er nämlich möchte, kauft er um die Psyché."[234] Daran knüpft Demokrit an: „Zwar ist's schwer, mit dem Thymós zu kämpfen, aber es ist Sache eines verständigen Mannes, die Oberhand zu behalten.[235] Und, ganz am Ende des 5. Jahrhunderts, der Sophist Antiphon: „Die besonnene Mäßigkeit eines Menschen könnte wohl niemand richtiger beurteilen, als wer sich selbst den momentanen Lüsten des Thymós versperrt und sich selbst zu beherrschen und zu besiegen vermochte. Wer aber dem Thymós momentan gefällig sein möchte, wählt das Schlechtere statt des Besseren."[236] Die Erwähnung der Lüste zeigt, dass der Thymós hier, wie oft das ganze 5. Jahrhundert über[237], in der breiten alten Bedeutung des homerischen Regungsherdes gemeint ist, nicht mit der allmählich sich durchsetzenden Einschränkung auf Zorn. Im 5. Jahrhundert wird also der Kampf gegen den homerischen Haupt-Regungsherd im Interesse personaler Selbstbemächtigung geführt und die Psyché daran beteiligt.

Zunächst fehlt aber noch ihre Aufrüstung zur Hauptwaffe in diesem Kampf: die Abschließung der Seele als private Innenwelt unter zentraler Regie der Person, die als Herr im eigenen Haus die unwillkürlichen Regungen kontrollieren kann. Von Heraklit stammt der Spruch: „Grenzen der Seele würdest du wandernd, und wenn du jede Straße abschrittest, nicht ausfindig machen."[238] Diese Seele (Psyché) ist also unabgeschlossen. Das ändert sich bei Sophokles, von dem als Fragment aus den verlorenen *Manteis* der Vers überliefert ist: „das verschlossene Tor der Seele öffnen.".[239] Die Seele ist demnach ein Haus mit gewöhnlich verschlossenem Eingang; später wird John Locke sie einem dunklen Kabinett vergleichen, in das nur durch schmale Schlitze etwas Licht von den Dingen draußen hineinscheint.[240] Dieses Hausgleichnis kommt etwa gleichzeitig bei Demokrit vor, wenn er die Seele einem bunt mit Leiden gefüllten Schuppen vergleicht[241], und bei ihm ist auch die Zentrierung da: „Das unbotmäßige Leid einer schmerzerstarrten Seele verjage durch Vernunft!"[242] Die Vernunft soll Regie über die unwillkürlichen Regungen führen; mit ihr identifiziert sich die Person als Herr über diese im eigenen Haus ihres Erlebens, der Seele. Damit ist die Seele im modernen Sinn etabliert, aber die erlangte Herrschaft wird durch Einsperrung erkauft: Die Vernunft kann das Zeugnis der Sinne nicht mehr kontrollieren, weil sie nicht mehr aus dem Haus (der Seele) kommt, um draußen nachzusehen, ob diese zutreffend berichtet haben.[243] Diese Schwierigkeit türmt sich noch vor Kant auf und treibt ihn in die hochmütige Resignation des Idealismus, auf jede Kenntnis von dem da draußen zu verzichten.[244] Mit der Einigelung der Person in die Seele geht ihr Rückzug vom Körper einher, den Demokrit nur noch als das vom Inhaber oft missbrauchte Werkzeug der Seele versteht.[245] Wie öffentlich damals die Trennung der beiden vermeintlichen Hälften des Menschen bereits geworden ist, zeigt die Inschrift des athenischen Staates zu Ehren der Gefallenen der Schlacht bei Poteidaia (432 v. Chr.), in der es heißt: „Die Seelen nahme der Äther auf, die Körper aber die Erde."[246]

Demokrits Erbe in der Anthropologie ist Platon[247], der schon im *Gorgias* 513c, ziemlich früh in der Reihe seiner Dialoge, die Liebe des Demagogen zum Volk als etwas bezeichnet, das in dessen Seele darin ist, was ihn allerdings nicht hindert, im *Phaidon* 66c dem Körper vorzuwerfen, dass er uns mit Liebesgelüsten, Begierden und Fürchten anfülle; da ist vom Körper und seinen Begierden die Rede, als ob diese nicht alle in der Seele unterkämen. Erst im späten *Philebos* wird die Grenze reinlich gezogen. Das wichtigste Dokument der Abschließung des Erlebens in der Seele ist bei Platon die Seelenteilungslehre seines längsten Werkes *Politeia*, zusammengefasst im Bild des Menschen 588 b-e: Der Mensch ist seine Seele.[248] Um diese wird ein undurchsichtiges Bild des Menschen gelegt; im Inneren befindet sich der Mensch im Menschen (die Vernunft) zusammen mit dem Löwen im Menschen (dem Organ der aggressiven, aber gegen die eigene Sinnlichkeit gewendeten Affekte Zorn und Scham) und dem vielköpfigen Ungeheuer im Menschen (der Sinnlichkeit mit allen Begierden und Gelüsten, die im *Phaidon* dem Körper zugeschrieben wurden). Die Moral des Gleichnisses ist: Die Vernunft, der kleinste Seelenteil, aber der eigentliche Mensch im Menschen, bewacht zusammen mit dem Löwen im Menschen das Ungeheuer im Menschen, den größten Seelenteil der sinnlichen Regungen, die im Brennpunkt der Aufgabe stehen, die unwillkürlichen Regungen an festen Zügeln zum Gehorsam zu zwingen, wie im Wagenlenkergleichnis des *Phaidros* 253c – 254e drastisch vorgeführt wird; der mittlere Seelenteil der aggressiven Regungen tut dort ganz brav seinen von der Vernunft vorgeschriebenen Dienst. Damit hat die Konstruktion der abgeschlossenen, zentrierten Seele ihre praktische Bestimmung gefunden: die vernünftige Person durch Kontrolle der unwillkürlichen Regungen zum Herrn im eigenen Haus zu machen.

Dieser Erfolg ist unter anderem erkauft mit der Verteilung des Menschen auf Seele und Körper, zwischen denen der spürbare Leib vergessen wird. Nach Platon (*Phaidros* 246c) ist das Lebewesen – Mensch oder Tier – „Seele und Körper zusammengefügt". Sein Zeitgenosse und Konkurrent Isokrates schreibt: „Es herrscht Übereinstimmung darüber, dass unsere Natur aus dem Körper und der Seele zusammengesetzt ist." (*Antidosis* 180) Aristoteles, der teilweise eine entschieden dualistische Position vertritt und das Verhältnis von Seele und Körper wie Demokrit als das von Herr und Knecht bestimmt[249], wurde in der Geschichte der Psychologie im Gegenteil einflussreich durch eine energische Wendung gegen den Dualismus, indem er die Seele als erste Entelechie, d. h., weniger verschlüsselt ausgedrückt, als Funktionsbereitschaft eines lebendigen Körpers definierte, Funktionsbereitschaft verstanden als fertig ausgebildete Fähigkeit zu einer bestimmten Skala von Leistungen. Er verdeutlicht, was er meint, an einem erdachten Beispiel: Wenn das Auge eine Seele hätte, wäre sie der Blick[250], d. h. das Gesicht im Sinne des Sehvermögens, so wie das Gehör das Hörvermögen ist. Den Ertrag dieser Auffassung sieht er darin, dass sie die Frage, wie Körper und Seele zusammengefügt seien, das Hauptproblem des Dualismus, erübrige. Dafür nimmt er die offensichtliche Einschränkung in Kauf, dass es überall da, wo etwas Neues gelingen soll, etwa beim intelligenten Problemlösen, bei der künstlerischen oder politischen Gestaltungskraft usw., nicht wie beim Sehen und Hören Maßstäbe der Normalität gibt, die bloß die Anwendung einer ausgebildeten Fähigkeit auf fest bestimmte Aufgaben verlangen. Sein Vorschlag ist philosophiegeschichtlich wirksam gewesen, sei es durch Verrenkungen beim Versuch der Aneignung an die platonisch-christliche Seelenvorstellung (Thomas von Aquin), sei es durch die unkomplizierte, dem Aristoteles aber fernliegende naturalistisch-materialistische Ausformung (Alexander von Aphrodisias, Pomponazzi). Mit einer Besinnung auf den Leib hat er nichts zu tun. Aristoteles und seine Schüler nähern sich nirgends dieser vergessenen Grundlage des Personseins.

16. Leib und Körper

Wenn vom menschlichen Körper die Rede ist, müssen zwei Sorten von Gegenständen, die in der gängigen Diskussion verwirrend zusammenfließen, säuberlich unterschieden werden. Auf der einen Seite steht der sinnfällige Körper, der an der Oberfläche sichtbar und tastbar ist und durch Verletzungen, die ihn nicht töten, zu einem geringen Teil auch im Inneren aufscheinen kann. Dieser Körper teilt mit dem Leib weitgehend das Lokal und kann durch Blicke, Bewegungssuggestionen und synästhetische Charaktere an der Einleibung teilnehmen; er ist mit Halbdingen wie Blick, Stimme, Gang ausgerüstet und hat dadurch einen individuell eigentümlichen Charakter, der sich mit einem wechselnden Gesicht bekleidet. Die Möglichkeit, den eigenen Leib im eigenen Körper zu finden, beruht auf der Umkehrbarkeit der Richtungen im Ortsraum, die durch Entdeckung der Fläche möglich wird (13). Von anderer Art ist der naturwissenschaftliche Menschenkörper, ein Konstrukt aus Zahlen, die durch Messungen in der Nähe des sinnfälligen Körpers erhoben werden. Diese Messungen werden mit Apparaten, die nach physikalischen Theorien, deren Kern als allgemeingültig postulierte Naturgesetze sind, konstruiert werden, ausgeführt und nach Maßgabe derselben Theorien unter Zusatz erdachter Parameter in mathematischen Kalkülen interpretiert, so dass sich Voraussagen ergeben, deren Richtigkeit durch Beobachtung am sinnfälligen Körper geprüft werden kann; wenn dabei ein befriedigender Anteil von Bestätigung erreicht wird, gilt die Konstruktion als bestätigt und die Interpretation als wahr. Das Verhältnis des Leibes zum Körper ist also doppelt, ein Verhältnis erstens zum sinnfälligen, zweitens zum naturwissenschaftlichen Körper.

Die Annahme einer Identität des Leibes mit dem sinnfälligen Körper ist nicht haltbar. Beide Sachen („Sache" hier im weitesten Sinn von „irgend etwas") sind unterschiedlich bestimmt, sowohl der Ausdehnung (2) als auch der Dynamik (3) nach. Ihr auch nur räumlicher Zusammenhang ist ohne einsichtige Notwendigkeit. Wenn schon einzelne Leibesinseln im Fall der Phantomglieder (2) und der Blick als Bestandteil des Leibes (3) und der leiblichen Kommunikation (4) aus dem Bereich des Körpers austreten können, warum soll das Entsprechende nicht für einen ganzen Leib möglich sein, dessen Einheit durch die Leibesinseln zusammenhaltende Spannung seines vitalen Antriebs hergestellt wird? Es gibt viele Berichte über solche Ausfahrten des Leibes aus dem Körper: Hierhin gehören alle Erscheinungen der (neuerdings manchmal sprachlich falsch „Autoskopie" genannten) Heautoskopie, wobei jemand von außen, z.B. von oben, seinen eigenen (etwa während der chirurgischen Behandlung betäubt auf dem Operationstisch liegenden) Körper sieht.[251] Dazu kommen alle mythologischen und ethnologischen Berichte über Ausfahrten aus dem Körper, z. B. die Reise des Schamanen auf der Spur der in Gestalt von Krankheit verlorenen „Seele" (lies: des Leibes) des Kranken, die wieder zurückgeholt werden soll. Ohne alles Phantastische sind ganz moderne physiologisch-psychologische Versuche, solche Verlagerungen des spürbaren Leibes in andere Körper experimentell zu erzeugen. In engem Zusammenhang damit steht das Einwachsen des motorischen Körperschemas in das behandelte Objekt der Einleibung bis hin zur „doppelten, zentaurischen Gewalt"[68]. Dabei verschmelzen der eigene Leib und das Objekt der antagonistischen Einleibung durch den gemeinsamen vitalen Antrieb zu einem übergeordneten gemeinsamen Leib. Ich will mich keineswegs im Einzelfall über das Zutreffen irgendwelcher Berichte entscheiden und dazu nicht Stellung nehmen. Wichtig scheint mir aber, festzustellen, dass eine Ausfahrt des Leibes aus dem Körper, wenn sie stattfinden sollte, nicht Erstaunliches hätte; ich sehe keine vernünftigen Bedenken gegen eine solche Möglichkeit.

Für die Annahme eines kausalen Zusammenhangs zwischen Leib und Körper sehe ich einen Ansatz bei den geschickten Ausweichbewegungen, die unter 3 und 4 besprochen wurden. Wie es möglich ist, ohne Information über die Position des eigenen Körpers und seiner Teile, z. B. der Schultern und Füße, der Lage und dem Abstand zum gesehenen Begegnenden nach auf dicht begangenen Wegen in ganz knappem Abstand geläufig am Entgegenkommenden vorbeizukommen, ohne anzustoßen, ist ein Stück weit erklärlich, wenn man annimmt, dass der Blick deren Bewegungssuggestionen in der Einleibung aufnimmt und in das motorische Körperschema überträgt, so dass dieses sich anpassen kann; aber nun muss der Impuls vom motorischen Körperschema, d. h. aus dem Leib, auf den Körper überspringen, so dass dessen Teile sich tatsächlich danach richten. Wie so etwas geschehen kann, weiß ich nicht; bis auf weiteres vermute ich an dieser Stelle einen kausalen Einfluss des Leibes auf den Körper.

Dies bezieht sich erst auf den sinnfälligen Körper. Der naturwissenschaftliche Körper ist ein vielfach bewährtes und immer noch verbesserungsfähiges Konstrukt, das in erster Linie dazu dient, vertrauenswürdige Prognosen zu liefern, an denen sich menschliches Tun und Lassen, z. B. im Fortschritt der Technik, aber auch durch Zurückhaltung vor Gefahren, orientieren kann. Diese Rechtfertigung geschieht durch Statistik, und auf Statistik sollte sich das Fahnden nach Zusammenhängen mit dem Leib, sofern es wissenschaftlich gestützt werden kann, beschränken. Die Suche nach verständlichen Zusammenhängen führt in die Metaphysik und damit ins Reich der freien Phantasie. Allerdings liefert die Naturwissenschaft neben ihrer prognostischen Leistung auch sehr plausible Entstehungsgeschichten, die zu Beobachtbarem hinführen und mit bewunderungswürdigem Aufwand an Scharfsinn und Sorgfalt erdacht sind – z. B. Geschichten von der Entstehung optischer Wahrnehmung durch Lichtwellen und elektrische Leitungen in Nerven. Es besteht kein Grund, diesen Geschichten den Glauben zu verweigern, doch sind erkenntnistheoretische Überlegungen erforderlich, um solchen Glauben vor unkritischer Naivität zu schützen. Ich habe solche Überlegungen ausgearbeitet und vorgelegt[252] und insbesondere gezeigt, dass solche Entstehungsgeschichten nicht mit kausalen Erklärungen verwechselt werden dürfen.

17. Leib als Thema

Wie schon unter 15 gezeigt wurde, sind am Anfang der europäisch-griechischen Kultur, bei Homer, die Voraussetzungen für die Thematisierung des Leibes günstig. Ich will das noch einmal am Beispiel des Adjektivs „pykinós" (einschließlich der Adverbialform „pyka") zeigen.[253] Das Wort legt heterogene Übersetzungen mit „dicht", „fest", „klug" nahe, da Homer es (namentlich in Verbindung mit den phrenes, den spürbaren Eingeweiden im Oberbauch) gern zur Hervorhebung verständigen, besonnenen Planens und Verhaltens benützt. Andererseits drückt es die Stärke der Angst, des Jammers, der schreckhaften Beklemmung (achos) aus, besonders dramatisch in der Schilderung äußerster Angst und Beklemmung des Feldherrn Agamemnon, als er in verlorener Schlacht der Vernichtung seines Heeres entgegenzusehen meint: „So in dichter Brust stöhnte auf Agamemnon von unten her aus dem Herzen, und ihm bebten die Phrenes innerlich."[254] Diese Verse sind ein schönes Zeugnis für die Sensibilität des eigenleiblichen Spürens bei Homer, zumal, wenn man bedenkt, dass das griechische Wort für „aufstöhnen" mit dem Wortstamm für „eng" gebildet ist, also ausdrücklich ein Hervorbrechen aus der Enge bezeichnet. Wie kommt aber dasselbe Wort dazu, für kluge Besonnenheit und angstvolle Beklemmung zu stehen? Es genügt, an dem Grundsinn von „dicht" festzuhalten, sofern man dieses Wort nicht nur statisch (für dichte Packung mit wenig Zwischenraum), sondern dynamisch im Sinne von Verdichtung oder Zusammenpressung versteht. Leibliche Engung ist einem am Leib orientierten Selbstverständnis das Auffälligste sowohl an der gedanklichen Konzentration, spürbar besonders in der Zwerchfellgegend, den phrenes, als auch an der plötzlichen angst- oder kummervollen Beklemmung.

Die Philosophen haben diese Anregung wenig aufgegriffen, wahrscheinlich, weil die Entwicklung der Seelenvorstellung der Einstellung auf den Leib ungünstig war. Es gibt aber unter den Vorsokratikern einen, dessen formal ungeschicktes Argumentieren erst Sinn bekommt, wenn man bemerkt, dass es aus einer am Leib orientierten Intuition hervorgeht. Das ist der Eleat Melissos, der nach einem aus einer verlorenen Schrift des Aristoteles geschöpften Bericht Plutarchs die Flotte der Samier kommandierte, die 442 v. Chr. die Athener besiegte.[255] Der Grundgedanke des Melissos ist in dem Satz niedergelegt: „Nichts ist stärker als das wahrhaft Seiende."[256] Darin drückt sich eine Intuition aus, die Nietzsche auf die Formel bringt: „Mit festen Schultern steht der Raum gestemmt gegen das Nichts. Wo Raum ist, da ist Sein."[257] Auch für Melissos gehört zum Sein der Raum, den das Seiende mit unendlicher Größe ungeteilt ganz und gar ausfüllt, da es das Nichts, das er mit dem Leeren identifiziert, nicht gibt. Das Seiende ist eines, immerdar und unendlich, ganz gleichmäßig. Es geht nicht zu Grunde, wird nicht größer und wandelt sich nicht, auch leidet es keinen Schmerz und keine Plage; wenn es nämlich dergleichen erlitte, könnte es nicht mehr Eines sein. Wenn es Schmerz erlitte, wäre es nicht mehr ganz und gar; eine schmerzende Sache könnte nicht immer sein und hätte auch nicht gleiche Kraft wie das Gesunde. Auch könnte das Gesunde keinen Schmerz erleiden; denn dann ginge das Gesunde und das Seiende weg, und dafür entstünde das Nichtseiende. (Gesundheit und Sein sind hiernach für Melissos konvertibel.) Weil das Seiende eines ist, kann es keinen Körper haben, denn mit der Dicke hätte es Teile und wäre nicht mehr, d. h. nicht mehr das Stärkste, das ganz Gleichförmige, das Seiende.

Eduard Zeller hat Melissos „Mangel an Denkschärfe" vorgeworfen für den Fall, dass dieser tatsächlich die Körperlosigkeit des unendlich Ausgedehnten behauptet haben sollte.[258] Ob Zeller noch nie einen weit ausladenden, sonoren Klang gehört hatte? Körperlose, unteilbare Ausdehnung ist in flächenlosen Räumen selbstverständlich, und von dieser Art ist mit dem Raum des Schalls der Raum des Leibes, den Melissos als den Raum des Seienden offenbar im Sinn hat, da sonst die Gleichsetzung des Seienden mit dem Gesunden und daher nicht für Schmerz Empfänglichen keinen Sinn ergäbe.

Die nächste Etappe eines Philosophierens „am Leitfaden des Leibes" (Nietzsche) ist die stoische Schule unter ihren ersten beiden Leitern, dem Schulgründer Zenon (von Kition) und seinem Nachfolger Kleanthes, während der dritte Scholarch Chrysipp, der die Schule zu breitem und lang währendem Ansehen gebracht hat, diesen Leitfaden schon wieder verlassen und dadurch die ursprüngliche Konzeption des Stoizismus verwirrt hat.[259] Diese konnte von vornherein nicht deutlich in angemessener Ausdrucksweise formuliert werden, weil die demokritisch-platonische Wende die Stoiker zwang, in leibfremder Terminologie von Seele und Körper, zwischen denen das Menschsein aufgeteilt worden war, zu sprechen. Daher hat man sie als Materialisten verkannt, als hätten sie in dieser Hinsicht wie ihr Konkurrent Epikur gedacht. Der Verdacht lag nahe, weil die Stoiker so gut wie alles (sogar Tugenden und Laster, Affekte und Triebe, Urteil und Wahrheit, Gehen und Tanzen) als Körper ausgaben und damit sogar bei ihrem Geisteserben Seneca Anstoß erregten. Ehe man sie deswegen zu Materialisten erklärte, hätte man aber prüfen sollen, was sie mit der Rede von Körpern meinten. Dass es sich nicht um materielle, also nach der *communis opinio* undurchdringliche, Körper handelt, ergibt sich aus dem gemeinstoischen Dogma der durchdringenden Mischung, die sogar einem einzelnen Tropfen gestattet, die Ausdehnung des ganzen Weltmeers anzunehmen. Die Definition des Körpers durch den Stoiker Apollodor (2. Jahrhundert v. Chr.) nimmt demgemäß nur auf ein geometrisches Merkmal (dreidimensionale Ausdehnung) Bezug. Solche Ausdehnung verstehen die Stoiker wiederum ungewöhnlich, nämlich dynamisch als Spannung, Aus- oder Aufspannung des Raumes, weswegen sie die gerade Linie als die äußerst gespannte definieren. Diese Spannung ist der Tonos mit expansiv-kontraktiver Doppeltendenz, wobei die expansive Weitung Qualität und Größe bewirkt, die kontraktive Engung Sein und Einheit, im ganze Kosmos ebenso wie in jedem einzelnen Körper, so dass der Tonos mit der Materie, in der er ausbreitend-zusammenziehend die Welt gestaltet, einer der beiden Grundzüge des Weltalls ist.

Die Tonoslehre wurde von Kleanthes eingeführt, der (mit Anspielung auf Heraklit) den Tonos als Schlag des Feuers ausgab, der zu Kraft und Stärke der Seele werde, wenn er genügt, um sie die anfallenden Herausforderungen meistern zu lassen; je nach den Umständen ergibt sich dann Selbstbeherrschung, Tapferkeit, Gerechtigkeit oder gesunde Ausgewogenheit. Auch die Wissenschaft besteht nach stoischer Definition in Tonos und Kraft. Von da führt die Spur zu dem Schulgründer Zenon, der nach Ciceros Bericht die Erkenntnisleistungen bis hin zur Wissenschaft durch Handbewegungen bildlich darstellte: Die ausgestreckten Finger bedeuten Vorstellung, die ein wenig zusammengezogen Zustimmung (Synkatathesis), die zur Faust geballten Begreifung oder Erfassung (Katalepsis), und durch zusätzliche Pressung der anderen Hand an die geballte Faust ergibt sich das Bild der Wissenschaft. Ähnlich verdeutlicht er die Straffheit der strengen Logik (Dialektik) gegenüber der üppigen Breite der Rhetorik durch den Kontrast zwischen geballter Faust und geöffneten Fingern. Offenbar geht es Zenon darum, die intellektuellen Tätigkeiten auf die eigenleiblich gespürten Varianten von Engung und Weitung im vitalen Antrieb zurückzuführen und die Wissenschaft an ein möglichst starkes Gewicht engender Spannung zu knüpfen. Daraus ergibt sich leicht die Auffassung der Wissenschaft als Tonos und Kraft oder Stärke der Seele. Diese Seele, als Pneuma (warmer Hauch) körperlich wie alles nach stoischer Lehre, ist demnach körperlich mit der Dynamik des gespürten Leibes. Damit löst sich das Rätsel des vermeintlichen stoischen Materialismus: Die Körper der Stoiker sind vielmehr Leiber mit leiblicher Dynamik, soweit diese im vitalen Antrieb besteht, und die befremdliche Auffassung der Tugenden und Laster, Affekte und Triebe, der Wahrheit und des Gehens als Körper verliert den Anschein des Absurden, wenn man sie dahin versteht, dass alle diese Gegenstände am eigenen Leib gespürt werden und/oder als Partner in leiblicher Kommunikation begegnen.

Ein diesem Ansatz viel näher als bei Platon und Aristoteles verwandtes Milieu des Denkens fand Kleanthes bei den prädemokritischen Vorsokratikern, besonders bei Heraklit, der das Weltgesetz als gegenspännige Fügung wie bei Bogen und Leier, also als Tonos oder vitalen Antrieb aus Spannung und Schwellung, identifizierte. Kleanthes, Verfasser von vier Büchern Heraklit-Exegese, spielt sicherlich auf diese gegenspännige Fügung an, wenn er Herakles den Bogenschützen als Figur des das All durchwaltenden Tonos auffasst. Die Originalität der urstoischen Konzeption besteht darin, dass sie als der einzige große philosophische Entwurf zwischen Demokrit und unserer Gegenwart das archaische Modell leibnah gespürter Kräfte für die Weltordnung und das menschliche Leben aufnimmt und als vitalen Antrieb unter dem Titel des Tonos vergegenständlicht.

Nach Diogenes Laertius, Buch VII §110, definierte Zenon den Affekt als „unvernünftige und widernatürliche Bewegung der Seele oder überschießenden Antrieb". Der Affekt besteht demnach darin, dass durch Abwendung der Seele von der Vernunft und dem Maß der Natur der vitale Antrieb als überschießender, entzügelter Impuls aus dem Lot geraten ist, und zwar nach Zenon[260] durch übermäßige Engung (Furcht), Weitung (Begierde), Erhebung (Freude) oder Absturz (Trauer). Die Heilung des Schadens besteht in Regeneration des vitalen Antriebs zu voller Rüstigkeit durch Rücknahme der Ausschweifung, und das ist die Tugend nach Kleanthes: ein Tonos der Seele, dessen Kraft und Stärke ausreicht, um sich nicht mitreißen zu lassen, je nach Art der Herausforderung sich differenzierend in die vier Kardinaltugenden. Der vitale Antrieb soll weder krampfen noch verströmen, weder spritzen noch stürzen, sondern im Ausgleich seiner beiden Komponenten, der expansiven und der kontraktiven, als glatter Tonosstrom fließen; das ist der Wohlfluss des Lebens (Euroia biou), womit Zenon, Kleanthes und noch Chrysipp das Lebensziel, die Eudaimonie, identifizierten. Diese stoische Eudaimonie ist weniger Glück als Gesundheit durch Anpassung des eigenen Lebens an den Rhythmus des kosmischen Tonos gemäß dem zentralen stoischen Postulat, übereinstimmend mit der Natur und dem allgemeinen Gesetz zu leben.

Chrysipp hat den Zusammenhang von Physik und Ethik in der Tonoslehre zerrissen, Er hielt am Tonos als Konstruktionsprinzip der Natur fest, aber nicht in der Ethik, indem er gegen Zenon die Affekte nicht als Zusammenziehungen und Ergießungen, Exaltationen und Abstürze des vitalen Antriebs verstand, sondern rationalistisch in Urteile der Zustimmung zu gewissen Versuchungen umdeutete. Chrysipp, ein höchst beweglicher Intellektueller reinsten Wassers, möchte das Gepäck des eigenleiblichen Spürens, das er von seinen Vorgängern im Scholarchat übernommen hat, möglichst loswerden, bequemt sich aber durch schuldige Rücksicht zu Kompromissen. Der Tonos der Seele wird ihm dabei zu einem Analogon der körperlichen Spannung in den Sehnen und nimmt mit Eutonie und Atonie, starker und schwacher Spannung, Einfluss auf das Verhalten zu den Herausforderungen zusätzlich zu den Urteilen, die für Chrysipp eigentlich die Affekte sind. Damit wird ein Dualismus angebahnt, der der Keim der späteren Platonisierung der stoischen Ethik durch Poseidonios ist; denn Urteil und Tonos verhalten sich für Chrysipp nach Galenos schon ungefähr wie die Vernunft und der mittlere Seelenteil (das Thymós-artige) in Platons *Politeia*. Chrysipp hat der stoischen Philosophie zu öffentlichem Ansehen und ihren Anhängern, denen er fortan als Heros galt, zu Selbstvertrauen beim Bekenntnis ihrer Dogmen verholfen, aber er hat das Fundament des Denkens seiner Vorgänger verlassen und die einheitliche Konzeption zerrissen, die der Gründung der Stoa zu Grunde lag: den vitalen Antrieb als das Grundgesetz der Natur zu verstehen und das menschliche Verhalten entsprechend dem Rhythmus von Expansion und Kontraktion, der dieses allgemeine Gesetz ist, einzuregulieren. Der Zusammenhang von Physik und Ethik im stoischen System ist durch Chrysipp unverständlich geworden. Die physikalische Tonoslehre wird zu einem Dogma ohne einsichtigen leiblichen Hintergrund, und die Ethik gerät ins Fahrwasser eines verstiegenen Rationalismus.

Abermals ins Zentrum antiken Denkens tritt der Leib im Urchristentum, besonders in der Anthropologie des Apostels Paulus.[261] Paulus kennt keine Seele; nur in der Schlussparänese des 1. Thessalonikerbriefes (5, 23) ist von Geist, Seele und Körper die Rede, was sich an dieser formelhaft hervorgehobenen Stelle als Anpassung an das Publikum einer griechischen Großstadt leicht verstehen lässt. Die Hauptfiguren im Drama des Menschseins sind für Paulus der Leib (oder Körper), das Fleisch (die Sünde) und der Geist (das Pneuma, der Hauch, nichts in unserem Sinn Geistiges). Der Gegensatz von Fleisch und Geist hat nichts mit einer platonischen Erhebung des Geistigen über den Körper und die Sinnlichkeit zu tun; es handelt sich vielmehr um atmosphärische Mächte, die um den Leib konkurrieren und sich ihren Werken nach laut *Galaterbrief* 5, 19-22 etwa so verhalten wie Streit (Groll) und Liebe nach Empedokles, nämlich Zwist bzw. Eintracht stiftend. Allerdings fällt auch die geschlechtliche Lust und Begierde dem Fleisch zur Last, aber nicht, wie bei Platon, als das Niedere, gehörig zum Schmutz der Seele, der mit dem Körper von deren unsterblicher philosophischer Natur abgewaschen werden soll[262], sondern weil die geschlechtliche Verführung eine gefährliche Konkurrenz für den Geist bei Besetzung des Leibes ist.[263] Fleisch und Geist verhalten sich wie Krankheit und Gesundheit des Körpers zum Menschen, der als Patient trotz besten Willens und vieler Anstrengungen zur Heilung abwarten muss, ob die Krankheit weicht und im günstigen Fall ein Arzt kommt, der das rettende Heilmittel anwendet; so verhält in der Erfahrung des Paulus er selbst sich zu seinem Leib, während die Krankheit das Fleisch (das Gesetz der Sünde) ist, der Geist das Heilmittel und Gott oder Christus der Arzt.[264] (Der Vergleich stammt von mir.) So wird das anstößige Dogma der willkürlichen Begnadung oder Verwerfung des Menschen durch Gott (Römerbrief 9, 10-13; 11, 5-7) ganz natürlich: Das Heil kann man so wenig machen, wie die Gesundheit, die ein Geschenk der Natur ist, wie sehr man sich auch für sie anstrengen mag. Auch die Ambivalenz der Stellung des Paulus zum Leib, dem er mit Weherufen und Aufforderung zu Kasteiungen[265] abschwört, während er ihn andererseits als Stätte der Verherrlichung Gottes auszeichnet[266], ergibt

sich aus der Mittelstellung des Leibes als neutrales Spielfeld der atmosphärischen Mächte Fleisch und Geist, in denen er, und mit ihm der Mensch,
ist, während sie in ihm sind.[267] Paulus greift damit hinter Demokrit und
Platon auf ein archaisches Denkmuster zurück, das sich etwa bei Aischylos
findet, wenn der Chor im *Agamemnon* fragt: „Wieso denn schwebt beharrlich mir diese Angst als Vorsteherin des grauserblickenden Herzens vor (...)
und setzt sich nicht, sie ausspeiend nach Art wirrer Traumbilder, gelehrige
Kühnheit auf den lieben Thron des Gemüts?"[268] Im selben Sinn, also ganz
buchstäblich, ist die bekannte Sentenz aus dem 1. Johannesbrief 4,18 zu
verstehen: „Die vollkommene Liebe treibt die Furcht aus." Eine besonders
drastische Ausprägung erhält diese Denkweise in der frühchristlichen, wohl
etwa 100 Jahre nach Paulus entstandenen Schrift *Der Hirt* des Hermas.[269]
    Im gegenwärtigen Zusammenhang kommt es besonders darauf an, wie
das Wort „Soma" bei Paulus zu übersetzen ist, ob mit „Körper" oder mit
„Leib". Er selbst macht keinen solchen Unterschied und hat auch nicht das
sprachliche und begriffliche Werkzeug dafür. Dass er aber nicht bloß vom
sicht- und tastbaren Körper spricht, sollte selbstverständlich sein. Er wäre
ein arger Materialist, wenn er z. B. das Wirken des heiligen Geistes im Menschen auf Vorgänge im Menschenkörper z. B. anatomischer oder physiologischer Art beschränken wollte. Nachweislich muss man zu „Leib" als
Übersetzung greifen und vom Körper absehen, wenn Paulus von dem einen
und selben Leib spricht, der alle Christen umfasst und der Leib Christi ist.[270]
Die Annahme, dass alle Christen in den am Kreuz gestorbenen Körper auf
ganz reale Weise einverleibt seien[271], ist zu unglaubwürdig, um in Betracht
zu kommen. Leicht verständlich wird die Vorstellung eines alle räumlich
getrennten Christenkörper umfassenden Leibes, wenn man diesen als Werk
solidarischer Einleibung versteht, die alle Christen durch den gemeinsamen
Antrieb des heiligen Geistes ähnlich zusammenhält, wie der gemeinsame
Schwung stürmischen Mutes den Angriff einer Truppe befeuert. Diese
solidarische Einleibung aller Christen beruht auf der ihnen gemeinsamen
antagonistischen Einleibung in Christus, an dem sich der heilige Geist als
gemeinsamer Antrieb entzündet; deshalb ist der gemeinsame Leib der Leib
Christi. Im zweiten Brief an die Korinther (3, 3f.) wehrt sich Paulus gegen
den Verdacht, er brauche ein Empfehlungsschreiben: „Ihr seid unser Brief,
eingeschrieben in unsere Herzen, erkannt und gelesen von allen Menschen,
die ihr offenbart werdet, dass ihr ein Brief Christi seid, besorgt von uns, eingeschrieben nicht mit Tinte, sondern mit dem Geist des lebendigen Gottes
nicht in steinernen Tafeln sondern in fleischernen Herztafeln." Die erste
Hälfte des Satzes, bis zu der partizipialen (von mir durch Relativsatz wiedergegebenen) Apposition, könnte man als etwas schwülstige Umschreibung des Gedankens auffassen, den wir so wiedergeben könnten: „Ihr liegt
mir am Herzen, und das weiß jeder." Danach beschreibt Paulus die angeredeten korinthischen Christen als einen einzigen, sie zusammenfassenden,

von ihm zugestellten Brief, nämlich als die Botschaft, die Christus mit dem Geist des lebendigen Gottes in ihre Herzen geschrieben hat. Hier handelt es sich wieder um den diese Christen vereinigenden Leib solidarischer Einleibung, sicherlich nicht um die körperlichen Herzen, als ob der heilige Geist z. B. an der Herzwand oder den Herzklappen etwas verändert hätte. Paulus bezieht die Eintragung aber ausdrücklich auf die Herzen aus Fleisch, d. h. er drückt etwas Leibliches als körperlich aus, weil er sich nicht anders ausdrücken kann. So sind alle seine Aussagen über den Körper zu verstehen.

Das Urchristentum steht im Bann der Erfahrung des heiligen Geistes, eines Hochgefühls von Liebe, Freude und Freimut (Parrhesia), das die Christen als eine Atmosphäre, in der sie leben und von der sie durchdrungen werden, beschwingt, angestoßen durch die Naherwartung des Weltendes bei Wiederkunft des Messias zum jüngsten Gericht, dessen Probe sie allein als kleine Aristokratie der Erwählten bestehen werden, um zur ewigen Seligkeit einzugehen.[272] Dadurch wird der Leib als Resonanzboden der unverkürzten Offenheit für ergreifende Atmosphären des Gefühls aus der Verdrängung in die Seele wieder freigelegt, aber nur für eine kurze Frist. Als die Naherwartung sich verzögert und nicht mehr trägt, rettet sich die Hoffnung auf Erlösung in die Seele, die warten kann, und übernimmt den Psychologismus der Griechen mit Verteilung des Menschen auf Körper und Seele. Der Leib, jedem Menschen in der vorbegrifflichen Lebenserfahrung das Nächste als der Herd und Umschlagplatz aller Empfänglichkeit und reagierenden Initiative, wird vergessen und für Jahrtausende dem Begreifen unzugänglich. Allerdings werden Grundzüge der leiblichen Dynamik, insbesondere der vitale Antrieb aus Engung und Weitung in Verschränkung als Spannung und Schwellung, nicht völlig vergessen, aber doch nur in phantastischer Projektion auf Gott oder die Natur bedacht. Ich habe einige Spuren solcher Inspiration durch leibliche Dynamik zwischen 1600 und 1800 (Kabbala, Jakob Böhme, Oetinger, Kants dynamische Theorie der Materie) ans Licht gezogen[273] und will jetzt nur den vielleicht fruchtbarsten Beitrag von Jakob Böhme herausgreifen, wobei ich für das Nähere und die Quellenangaben auf meine Darstellung[274] verweise.

Das zentrale Thema, mit dem Böhme fruchtbar und aufschlussreich die leibliche Dynamik berührt, ist die Angst. Sie ist „die Ursache des natürlichen Wollens, Gemütes und der Sinnen, und ist des Lebens Rad" in der Seele selber und allen Dingen, die Quelle der wesentlichen Differenzierungen bis hin zum Geist. Sie entsteht dadurch, dass die große Weite ohne Ende nach einer Enge und Einfasslichkeit begehrt, in der sie sich offenbaren mag. Dieses Begehren zur Enge ist nach Böhme das Herbe, das in sich zieht, voll, hart und rau macht. Dem Herben widersetzt sich das Bittere als der Stachel, der aus der Enge in die Weite auszubrechen sucht. Beide Impulse verbeißen sich ineinander; „die Begierde zeucht in sich, und die Bewegnis dringet außer sich; so kann der Wille in solcher Angst weder in sich noch außer

sich", und es entsteht eine Turbulenz „gleich einem drehenden Rade", in
dem die Angst als ein „Hunger und Durst nach der Freiheit" nicht zum
Zuge kommt. Die rein leibliche Natur der Angst als gehinderter Impuls
„Weg!" ist hier auf den Punkt gebracht, auch mit Einsicht in die für Angst
charakteristische rhythmische Verschmelzung überwiegender Spannung
mit Schwellung, dass beide Impulse einander in die Höhe treiben: Indem
die herbe Begierde heftiger an sich zieht, wird der bittere Stachel größer
und wütet wider das Anziehen. Alles, was sich der leiblichen Dynamik in
der Angst beigesellen kann, wie das Unheimliche oder die Furcht, spielt bei
Böhme keine Rolle; seine Angst ist so elementar, dass sie als „Ursache des
feurischen Leben" schon in seinen einfachen Formen in Betracht kommt.
Mit der Bedrängnis im vitalen Antrieb konzipiert Böhme aber auch deren
Auflösung durch privative Engung beim Einbruch des Plötzlichen als des
Schrecklichen im Bild des schielenden Feuer-Blitzes: Wenn die Herbigkeit,
die Spannung, diesen erblickt, erschrickt sie und sinkt zurück, d. h. die Engung lässt die Weitung aus dem Griff; das Band des vitalen Antriebs reißt.
Die Folge ist, dass auch die Weitung als privative freiwird, was Böhme sich
so zurechtlegt: Der Feuer-Blitz erschrickt und wird augenblicklich weiß
und hell; dieses weiße Licht nimmt die Herbigkeit in sich auf, mit der Folge,
dass sie (die Engung) überwunden zurücksinkt, sich ausdehnt, ganz dünn
wird, und ihre ursprünglich finstere Härte überwunden wird.

Was Jakob Böhme zur leiblichen Dynamik zu sagen weiß, ist ein geni-
ales Tappen im Dunkeln, das mit Tastversuchen auf eine lange Strecke die
Orientierung behält. Seine halbmythische Urkraft hat zusammen mit Kants
dynamischer Konstruktion der Materie und gewissen Anregungen aus
Fichtes Wissenschaftslehre von 1794 die Hochkonjunktur der ursprünglich
stoischen Tonoslehre in der Romantik inspiriert, die sich als Leitfaden namentlich durch Schellings Denken in seinen verschiedenen Phasen (außer
in den Jahren der Identitätsphilosophie) von Anfang bis Ende hindurch-
zieht, anfangs mit idealistischer, später mit theosophischer Färbung (z. B.
durch Spekulation über das Geschehen in Gott, das zur Erschaffung der
Welt führte, in der Weltalterphase). Ich habe dieses Ausblühen der roman-
tischen Tonoslehre in verschiedenen Zweigen, namentlich bei Schelling,
verfolgt[275], doch gehe ich jetzt darüber hinweg, weil nach 1800 die Zeit gekommen ist, um auch ohne phantastische Projektionen den Leib zwischen
Seele und Körper hervorzuholen. Die Unterscheidung zwischen Leib und
Körper finde ich zum ersten Mal mit nüchterner Begründung, die auf das
Unzulängliche der Verteilung des Menschen auf Körper und Seele hinweist,
in einem Text aus dem Jahr 1828, den ich wegen dieses ganz neuen Tons
etwas ausführlicher, wenn auch mit einigen Kürzungen, anführen will: „Bis
jetzt ward immer und allgemein, was wir Leib nennen, mit dem Körper
verwechselt, so wie Seele mit dem Geist, da man von dieser Seite nichts
Höheres, als Vernunft und Wille, anerkannte, von jener aber alle Sinne und

Triebe, alle Kräfte, die nicht selbstbewusst und freitätig, wie die übersinnliche Seele, wirkten, mit bloßen Lebenskräften und Wirkungen der körperlichen Natur verwechselte, die untersinnliche Seele also in ihrer Verschiedenheit vom Körper gar nicht kannte. Das System des verzogenen Dualismus setzte an die Stelle des Seelenwesens also eine klaffende Lücke mitten im Menschen. (...) Schon der Gegensatz und die Wechselwirkung von den selbstbewussten und freitätigen Fähigkeiten und Vermögen im Menschen, und den sogenannten bewusstlosen Gefühlen und Antrieben, oder Empfindungen und Bewegungen hätte längst zu der Unterscheidung von diesen zwei Psychen führen sollen. (...) Von diesem Unterscheidungspunkte aus müssen sich zwei Arten von Psychologien, doch in und durch einander, bilden: eine, welche sich mehr der Pneumatologie, und eine zweite, die sich mehr der Somatologie annähert, und wir sehen darin eine Quelle neuer und fruchtbarer Aufschlüsse über die Nachtseite der Seelenlehre."[276]

Großartiger, als Quell- und Ankerpunkt der Metaphysik eines spekulativen philosophischen Systems, bringt gleichzeitig Schopenhauer den Leib neben dem Körper zur Sprache, indem er beide identifiziert und als zwei Seiten derselben Sache unterscheidet: Der Leib ist einerseits die unmittelbare Offenbarung des Dinges an sich, des innersten Wesens der Welt namens „der Wille", eines Vulkans, der im eigenleiblichen Spüren des affektiven Betroffenseins gleichsam brodelnd ausbricht, und andererseits der sicht- und tastbare Körper als die Erscheinung, mit der sich dieser Ausbruch des Willens in der Vorstellung präsentiert. Dieses Verhältnis formuliert Schopenhauer als die „philosophische Wahrheit" schlechthin mit mehreren gleichbedeutenden Varianten: „mein Leib und mein Wille sind *eines* – oder was ich als anschauliche Vorstellung meinen Leib nenne, nenne ich, sofern ich derselben auf eine ganz verschiedene, keiner anderen zu vergleichende Weise mir bewusst bin, meinen Willen – oder, abgesehen davon, dass mein Leib meine Vorstellung ist, ist er nur noch mein Wille usw."[277] „Des eigenen Leibes ist man sogar, genau betrachtet, sich unmittelbar nur bewusst als des nach außen wirkenden Organs des Willens und des Sitzes der Empfänglichkeit für angenehme oder schmerzliche Empfindungen, welche aber selbst (...) auf ganz unmittelbare Affektionen des Willens (...) zurücklaufen."[278] Was er alles zum „eigenen Wollen" rechnet, zählt Schopenhauer an dieser Stelle im Einzelnen auf: „auch alles Begehren, Streben, Wünschen, Verlangen, Sehnen, Hoffen, Lieben, Freuen, Jubeln u. dgl." mit ihren ablehnenden Gegenstücken „Verabscheuen, Fliehen, Fürchten, Zürnen, Hassen, Trauern, Schmerzleiden, kurz alle Affekte und Leidenschaften", aber auch „leise und sanfte Bewegungen des eher gehemmten oder losgelassenen, befriedigten oder unbefriedigten eigenen Willens (...). Sogar aber gehört eben dahin das, was man Gefühle der Lust und Unlust nennt (...): ja dieses erstreckt sich bis auf die körperlichen angenehmen oder schmerzlichen und alle zwischen diesen beiden Extremen liegenden zahllosen Empfindungen (...)."[279]

Davon auszunehmen sind „nur gewisse wenige Eindrücke auf den Leib, die
den Willen nicht anregen und durch welche allein der Leib unmittelbares
Objekt des Erkennens ist", „nämlich die Affektionen der rein objektiven
Sinne, des Gesichts, Getasts und Gehörs".[280] Hiernach scheint es, dass alle
leiblichen Regungen, sofern sie durch affektives Betroffensein den Willen
angehen, Leib als dessen unmittelbarer Ausdruck in Raum und Zeit sind.
Wenn man daraufhin die leibliche Dynamik als Form dieses Ausbruchs vermutet, wird man von Schopenhauer nur teilweise bedient. Die Dämonie des
bloßen Willens als „blinder Drang"[281] ist in seiner Vision so ungeheuerlich,
dass er zwar eine Hemmung als Eindeichung zulässt, aber nicht Weitung
des Willens als Schwellung in Konkurrenz mit Spannung, sondern nur als
katastrophal durchbrechendes, hemmungsloses Strömen wie von Wasser-
fluten, „da er an sich selbst ein so wilder, ungestümer Drang ist wie die
Kraft, die im herabstürzenden Wasserfall erscheint – ja, wie wir wissen, im
tiefsten Grunde identisch mit dieser. Im höchsten Zorn, im Rausch, in der
Verzweiflung hat er das Gebiss zwischen die Zähne genommen, ist durch-
gegangen und folgt seiner ursprünglichen Natur."[282] Immerhin kann man
sich vor dieser fürchterlichen Gewalt gleichsam auf den hohen Baum der
ästhetischen oder intellektuellen Kontemplation retten: „Der Mensch von
überwiegenden Geisteskräften hingegen ist der lebhaftesten Teilnahme auf
dem Wege bloßer *Erkenntnis*, ohne alle Einmischung des *Willens*, fähig, ja
bedürftig. Diese Teilnahme aber versetzt ihn alsdann in eine Region, welcher der Schmerz wesentlich fremd ist, gleichsam in die Atmosphäre der
leicht lebenden Götter (…)."[283] Das Symptom des leichten Lebens deutet
auf Erleichterung, auf privative Weitung des Leibes als Ausweg aus der Bedrängnis durch den Willen.

Während Schopenhauer die philosophische Würdigung des Leibes (statt
bloß des Körpers) in den Dienst seiner Vision eines die Welt der Erscheinungen ausbildenden blinden Dranges stellt, belauscht Maine de Biran
(1766-1824) in nüchterner, psychologisch-phänomenologischer Analyse
das eigenleibliche Spüren des vitalen Antriebs.[284] Er will dem flachen Sen-
sualismus von Condillac das Zeugnis einer tieferen Selbstbesinnung ent-
gegensetzen. Den von Condillac als Erfahrungsquellen einzig anerkannten
fünf äußeren Sinnen fügt er einen inneren Sinn (sens intime) hinzu, der im
Gewahrwerden des eigenen Selbst beim Wollen durch eine gegen die Trägheit und den Widerstand der Organe des eigenen Körpers gewendete Anstrengung (effort) bestehe. Dieses Erlebnis der Anstrengung fundiert nach
Maine de Biran sowohl das Selbstbewusstsein als auch die für die äußere
Erfahrung maßgeblichen Kategorien der Substanz und der Kraft. Auf diese
Weise wird das leibliche Spüren nicht mehr projiziert (z. B. auf Gott oder
das Universum), sondern die Hauptarten menschlicher Erfahrung werden
auf Leiblichkeit als ihre erste Bedingung zurückgeführt. Maine de Biran
wendet sich gegen den deutschen Philosophen Engel, der 1802 den Druck

auf Fremdkörper als Ursprung der Kraftidee ausgegeben hatte, und betont, dass er nur die Anstrengung gegen die innerlich gespürte Trägheit der eigenen Körperteile bei deren Einsatz für Ziele des Wollens und Strebens meint. In meiner Ausdrucksweise handelt es sich um die gegen eine leiblich engende Hemmung sich durchsetzende Weitung, also um Spannung bewältigende Schwellung im vitalen Antrieb bei dessen Zuwendung zu einer Absicht. Maine de Biran entdeckt den vitalen Antrieb in einer bestimmten Konstellation, bei der zweckbezogenen Kraftanstrengung. Die Verstärkung des einen antagonistischen Impulses durch den anderen fällt ihm für dieses Muster ebenso auf wie Jakob Böhme im Fall der Angst: Mit dem Widerstand wächst die Energie und Kraft der Anstrengung. Zwar gelingt es Maine de Biran noch nicht, den Leib vom Leitbild der Anatomie des Körpers frei zu machen; er spricht von der Trägheit der Organe und vom Muskelsinn. Deutlich unterscheidet er aber schon das eigenleibliche Spüren (den inneren Sinn) vom perzeptiven Körperschema, der Vorstellung von Figur und Form der Teile des eigenen Körpers. Den Unterschied vertieft er durch Betrachtung der Räumlichkeit. Die übliche Raumvorstellung, auch im perzeptiven Körperschema, meint nach seinen Worten ein bloßes Nebeneinanderstehen (iuxtaposition) sich höchstens berührender einzelner Objekte. Der innere Sinn hat es dagegen beim Spüren des Widerstandes am eigenen Leib mit einem Kontinuum des Widerstehenden (continuatio resistentis nach Leibniz, worauf sich Maine de Biran beruft) zu tun; dieses Kontinuum gliedert sich in eine Vielheit partieller Systeme aus, ohne dabei in ein äußerliches Nebeneinander zu zerfallen. Ich würde das so ausdrücken: Der Leib gliedert sich in Leibesinseln mit eigenen absoluten Orten, die an einem absoluten, von den ganzheitlichen leiblichen Regungen besetzten Ort des ganzen Leibes durch die Spannung im vitalen Antrieb zusammengehalten werden.

Eine breitere Öffentlichkeit erreichte Nietzsche[285] mit seinem eindrucksvollen Aufruf gegen die christliche Leibverachtung[286] *Von den Verächtern des Leibes* in *Also sprach Zarathustra*.[287] Gegen den Glauben „Leib bin ich und Seele" setzt er die Antithese: „Leib bin ich ganz und gar und nichts außerdem." Was er „Leib" nennt, erläutert er so: „Der Leib ist eine große Vernunft, eine Vielheit mit Einem Sinne, ein Krieg und Frieden, eine Herde und ein Hirt." Er denkt an den naturwissenschaftlich konzipierten Menschenkörper, einen Zellenstaat nach Art der Vorstellungen seines Zeitgenossen Virchow, worin unzählige Partikel spontan und sinnvoll kooperieren, überwacht durch eine zentrale, mit Selbstbewusstsein ausgestattete, „ich" sagende Regierung, die aber von der Kooperation im Zellenstaat mehr geführt wird, als selbst zu führen. „Ausgangspunkt vom Leibe und der Physiologie – warum? – Wir gewinnen die richtige Vorstellung von der Art unserer Subjekt-Einheit, nämlich als Regenten an der Spitze eines Gemeinwesens, nicht als ‚Seelen' oder ‚Lebenskräfte', insgleichen von der Abhängigkeit dieser Regenten von den Regierten und den Bedingungen der

Rangordnung und Arbeitsteilung als Ermöglichung zugleich des Einzelnen und des Ganzen."[288] Das Studium dieser Struktur ist das von Nietzsche geforderte Vorgehen „am Leitfaden des Leibes"[289], wobei sich „eine ungeheure Vielfachheit" auftut, die den Zweifel nährt, ob unser „Ich" nicht „eine perspektivische *Illusion*" ist, eine „scheinbare Einheit, in der wie in einer Horizontlinie alles sich zusammenschließt".[290] Nietzsche bleibt bei seinem Plaidoyer für den Leib gegen Seele und Geist in den Schuhen des naturwissenschaftlichen Denkens seiner Zeit stecken und wirkt ebenso wie mit seiner erkenntnistheoretischen Skepsis, sofern diese auf den Irrtümern des erkenntnistheoretischen Realismus[291], des Singularismus und des Projektionismus beruht, vom phänomenologischen Standpunkt aus recht antiquiert.[292] Vom Leibe weiß er nichts; was er so nennt, ist der Körper, weniger der direkt sichtbare und tastbare als der unter dem Mikroskop sichtbar werdende. Wertvoll ist seine Polemik gegen die Verächter des Leibes aber nicht nur als Aufruf an die Praxis für eine stolzere und edlere Lebensführung, sondern auch theoretisch als Kritik an der herkömmlichen Philosophie. Wenn er vermutet, dass die ganze bisherige Philosophie auf einem Missverständnis des Leibes beruhe[293], möchte ich ihm in gewissem Sinne Recht geben. Die Weltspaltung durch Absonderung des Erlebens eines jeden Bewussthabers in einer diesem zugeordneten privaten Innenwelt namens „Seele" mit Introjektion des an der verbleibenden Außenwelt abgeschliffenen Materials (einschließlich des Leibes) in die Seelen steht für mich am Anfang der Verfehlungen des abendländischen Geistes[294]. Einmal wenigstens gibt Nietzsche seiner Skepsis eine Wendung, die ich für weitsichtig halte, gegen die Introjektion: „Äußere und innere Welt zu trennen wie die Metaphysiker tun, ist schon ein Sinnen-Urteil. Auge und Ohr sind auch ‚äußere Welt'. Gefühle sind uns gegeben *und die äußere Welt* und selbst die Gefühle *lokalisiert in dieser*."[295] Die Räumlichkeit der Gefühle als Konsequenz ihrer Entseelung[296] ist hier angedeutet.

Nach Nietzsche geht die philosophische Thematik des Leibes an die um 1900 entstandene phänomenologische Bewegung über, zunächst an Husserl. Nietzsche hätte ihn sicherlich den Verächtern des Leibes zugeschlagen, nicht als hätte Husserl je etwas Verächtliches über den Leib gesagt, sondern weil er den Leib als Körper in das überlieferte dualistische Verhältnis zur Seele und in deren Botmäßigkeit bringt. Dass die Seele über den Körper als ihren Diener oder ihr Werkzeug herrscht, ist ein Topos, der bei Demokrit mit der gutmütigen Option, den Körper gegen den sie vernachlässigenden oder ausbeutenden Herrn Seele in Schutz zu nehmen, auftaucht[297] und bei Aristoteles I – so will ich den Dualisten im Gegensatz zum Monisten Aristoteles II mit der Definition der Seele als Funktionsbereitschaft eines lebendigen Körpers (15) nennen – die Form der Gliederung „Seele zu Körper = Handwerker: Werkzeug = Herr: Knecht"[298] und der despotischen Herrschaft der Seele über den Körper[299] annimmt. Dieser Topos prägt Husserls

Lehre vom Leib. Sie liegt in zwei Fassungen vor, die beide erst nach seinem
Tod veröffentlicht wurden: in *Ideen zu einer reinen Phänomenologie und
phänomenologischen Philosophie* Buch 2 und im 3. Teil des Spätwerkes *Die
Krisis der europäischen Wissenschaften und die transzendentale Phänomenologie*. Ich werde beide Texte der Reihe nach behandeln.

In *Ideen* Buch 2 versteht Husserl den Leib als materiellen, sicht- und
tastbaren Körper, der durch die Seele zur Eigenbeweglichkeit und zum
Spür- und Wahrnehmungsorgan aufgerüstet wird. „Seele und seelisches
Ich ‚haben‘ einen Leib, es existiert ein materielles Ding gewisser Natur, das
nicht bloß materielles Ding, sondern Leib ist, also: ein materielles Ding,
das als Lokalisationsfeld von Empfindungen und Gefühlsregungen, als
Komplex von Sinnesorganen, als phänomenales Mitglied und Gegenglied
aller dinglichen Wahrnehmungen (und was nach dem obigen weiteres hier
in Frage kommen kann) ein Grundstück der realen Seelen- und Ichgege-
benheit ausmacht.“[300] „Der Leib ist nicht nur überhaupt ein Ding, sondern
Ausdruck des Geistes, *und er ist zugleich Organ des Geistes*.“[301] Husserl
kennt auch eine „Innenstellung“ zum Leib, verschieden von dem Besehen
und Betasten von außen her; er charakterisiert sie so: „Von ‚innen‘ gesehen – in ‚Innenstellung‘ – erscheint er als frei bewegliches Organ (bzw. als
System solcher Organe), mittels dessen das Subjekt die Außenwelt erfährt;
ferner als Träger von Empfindungen und dank der Verflechtung, die sie mit
dem übrigen Seelenleben eingehen, als mit der Seele eine konkrete Einheit
eingehend.“[302] Diese Innenstellung entspricht dem eigenleiblichen Spüren;
was gespürt wird, ist nach Husserl ein Anwuchs an die Seele (Empfindung)
und werkzeugliche Dienstfertigkeit im Sinn von Aristoteles.[299] Schopenhauer entdeckte den Leib in Innenstellung als Ausbruch des Willens in affektives Betroffensein, ohne Beteiligung einer Seele, und den Leib in Au-
ßenstellung als Darbietung dieses Ausbruchs für die Vorstellung; von dieser
undualistischen Verteilung der Perspektiven ist bei Husserl keine Spur. Sein
Leib ist ein durch die Seele mit Leiblichkeit belehnter Körper, ein Sekun-
därprodukt sowohl der Seele als auch dem Körper gegenüber; für Schopenhauer war der Leib des eigenleiblichen Spürens primär, der Körper dessen
Zubereitung für die Vorstellung. Bloß geliehen von der Seele ist für Husserl
auch die Subjektivität oder „Meinhaftigkeit“(Kurt Schneider) des Leibes,
dass er meiner ist: „Fällt die Seele fort, so haben wir nur tote Materie, ein
bloß materielles Ding, das nichts mehr von einem Menschen-Ich an sich
hat.“[303] „Und ehe wir hier in tiefere Erörterungen eingehen, erkennen wir
schon, dass alles eigentlich ‚Subjektive‘, Ichliche auf der geistigen Seite (der
im Leib zum Ausdruck kommenden) liegt, während der Leib nur um seiner
Beseelung willen ‚ichlich‘ heißt, bzw. seine Zustände und Beschaffenheiten
‚meine‘, des Ich, Beschaffenheiten subjektive heißen.“[304] Ich habe dagegen
(9) gezeigt, dass niemand etwas für sich selber halten kann, ohne aus dem

vorgängigen leiblichen Sichbewusthaben durch affektives Betroffensein, vitalen Antrieb und primitive Gegenwart zu schöpfen.[305]

Seele und Körperding rechnet Husserl im Leib so auseinander: „Alle Empfindnisse gehören zu meiner Seele, alles Extendierte zum materiellen Ding."[306] Husserl gesteht den Empfindnissen statt der Ausdehnung eine Ausbreitung zu, ohne den Unterschied zu erläutern. Unter den Empfindnissen privilegiert er die Tastempfindungen: „Der Leib kann sich als solcher ursprünglich nur konstituieren in der Taktualität und allem, was sich mit den Tastempfindungen lokalisiert wie Wärme, Kälte, Schmerz u. dgl."[307] Dieser Vorzug wird im Anschluss an die Besprechung der Selbstbetastung (der Hand, der Finger) eingeführt, vermutlich, weil Husserl den Körper als materielles Objekt versteht, dem durch Selbstbetastung etwas angetan werden muss, um ihn zur Teilnahme an der Subjektivität zu erwecken. Ich kann solcher Auszeichnung des Tastsinns nichts abgewinnen. Ich zweifle sogar, ob man analog zum Sehen, Hören, Riechen von einem Tasten als spezifischer Sinnesfunktion sprechen soll. Meines Erachtens ist das Tasten etwas Allgemeineres, Einleibung mit Berührung. Schon bei der Berührung mit dem Flüssigen kommt man in Verlegenheit, ob man von Tasten sprechen soll. Husserl hängt die Leiberfahrung an der Berührung auf: „Ein bloß augenhaftes Subjekt könnte gar keinen erscheinenden Leib haben (…)."[308] Aber ein bloß hörendes doch wohl. Nichts engt eindringlicher als ein plötzliches scharfes Geräusch, und an die Engung schließen sich leicht die Weitung und damit der vitale Antrieb an.

Abermals beschäftigt sich Husserl mit dem Leib im *Krisis*-Werk.[309] Statt der Empfindnisse stehen für die Beseelung des Körpers zum Leib nun die Kinästhesen im Vordergrund; durch sie „waltet" die an sich unausgedehnte Seele im Leib. Ihre Entfremdung vom Körper ist so weit gediehen, dass ihr mit der Räumlichkeit auch die Zeitlichkeit abgesprochen wird: „Dass das seelische Sein an und für sich keine räumliche Extension und Örtlichkeit hat, ist immer beachtet worden. Aber ist die Weltzeit (die Form der Sukzessivität) von der Räumlichkeit zu trennen, ist die volle Raumzeit nicht die eigentümliche Form der bloßen Körper, an welcher die Seelen nur indirekt Anteil haben?"[310] Alle geistigen Objekte, zunächst die Seelen, haben Anteil an der Raumzeit der Körper.[311] „Sie sind in uneigentlicher Weise hier und dort und mit ausgedehnt mit ihren Körpern. Ebenso indirekt haben sie auch ihr Gewesensein und künftiges Sein in der Raumzeit der Körper. Die Verkörperung der Seelen erfährt jedermann in ursprünglicher Weise nur an sich. Was Leiblichkeit eigenwesentlich ausmacht, erfahre ich nur an meinem Leib, nämlich an meinem ständig – und einzig in diesem Körper – unmittelbar Walten. Nur er ist ursprünglich sinnhaft mir gegeben als ‚Organ'."[312] Der psychosomatische Dualismus erreicht hier einen Gipfel von zuvor noch nie gesehener Höhe. Aus dem Raum- und Zeitlosen kommt die Seele und greift sich einen Körper, dem sie durch ihr Walten die Leiblichkeit

schenkt, die sie nur an ihm erfährt. Nach meiner Überzeugung wird Leiblichkeit ebenso im gemeinsamen vitalen Antrieb der Einleibung erfahren
wie am eigenen Leib gespürt. „Mein Körper, im besonderen etwa der Körperteil ‚Hand‘, bewegt sich im Raume; das waltende Tun der ‚Kinästhese‘,
das in eins mit der körperlichen Bewegung verkörpert ist, liegt nicht selbst
im Raume als eine räumliche Bewegung, sondern ist darin nur indirekt mit-
lokalisiert."[313] Kein Seitenblick fällt mehr auf die pathische Seite des Leibes,
die in *Ideen* Buch 2 unter dem Titel des Empfindnisses im Vordergrund
gestanden hatte.

Während Husserl bei Erörterung des Leiblichen sich darauf beschränkt,
Empfindung und Motorik in das traditionelle Schema des (noch gesteigerten) Körper-Seele-Dualismus einzuordnen, vollbringt Max Scheler auf
fünf Seiten seines Hauptwerks[314] eine revolutionäre Wendung zum Leib.
Er besteht auf dem Unterschied zwischen Leib und Körper, entsprechend
dem zwischen eigenleiblichem Spüren und der Wahrnehmung durch äußere
Sinne: Auch bei deren Fortfall könnten wir noch leiblich (z.B. Schmerzen)
spüren. Diese eigenständige Leibgegebenheit ist nach seiner Überzeugung
nicht zurückführbar auf eine erworbene Assoziation (seelischer) Empfindungen mit einzelnen Körperteilen, da die einzelnen leiblichen Regungen
aus der primär erfahrenen Einheit des ganzen Leibes ausgegliedert würden.
Das dürfte richtig sein. Zum Leib gehört von vornherein eine mehr oder
weniger lockere Einheit, teils wegen der ganzheitlichen leiblichen Regungen (der von Scheler entdeckten und so benannten „Lebensgefühle"[315]),
hauptsächlich aber wegen der Spannung im vitalen Antrieb, die die Leibesinseln auf die Enge des Leibes (die primitive Gegenwart) hin mehr oder weniger zusammenhält. Zu weit geht Scheler aber, indem er „zwischen jenem
inneren Bewusstsein, das jeder ‚vom‘ Dasein und dem Befinden des Leibes
hat – und zwar zunächst des eigenen Leibes –, und der *äußeren Wahrnehmung* seines Leibes (Leibkörpers), z.B. durch Gesicht und Tastsinn, eine
strenge unmittelbare *Identitätseinheit*" behauptet. Dieser Rückfall auf
die Position Schopenhauers wird sowohl durch die Verschiebung des Zusammenhangs nach beiden Seiten widerlegt, da sowohl Leibesinseln ohne
Körperteile (Phantomglieder) als auch Körperteile ohne leiblich Spürbares
(Haare und neuropathische Ausfallserscheinungen) vorkommen, als auch
durch die Tatsache, dass sich die Kinder trotz schon vorhandenen leiblichen Spürens ihre Körperteile erst aneignen müssen. Scheler entgegnet, dabei gehe es nur um das Zurechtfinden im Detail, während der Rahmen einer
Körper-Leib-Identität durch „die Unterscheidung der Sphären ‚Leib‘ und
‚Außenwelt‘ (...) längst *vorausgesetzt*" sei, aber es ist nicht glaublich, dass
sich dem Kind, während es seinen Körper kennen lernt, schon etwas als
Außenwelt abgehoben haben sollte. Es lebt in antagonistischer Einleibung
in Gegenstände und Bezugspersonen, die es als andere, von ihm verschiedene in gemeinsamem vitalen Antrieb versteht, aber dazu gehört keine Au-

ßenwelt, die einer Innenwelt als Korrelat bedürfte. Die antagonistische und solidarische Einleibung des Kindes übergeht solche Scheidungen.

Ein wertvoller Zusatz Schelers ist das Sündenregister in neun Punkten (von a bis i), in dem er Irrtümer der herkömmlichen leibfremden Denkweise „aufspießt". Ich nehme nur c aus: „Es ist irrig, der *Körperleib* würde genau so wie *andere Körper* ursprünglich vorgefunden." Das halte ich vielmehr für richtig, sofern als Körperleib der sichtbare und tastbare Körper, der mit dem spürbaren Leib weitgehend den relativen Ort teilt, verstanden wird. Die anderen Zurückweisungen Schelers mache ich mir voll zu eigen, wenn auch nicht seine Spekulation (in der Begründung zu i), dass „der Leib eine assoziative Verknüpfung allererst möglich" mache. Ich hebe hervor: „d. Es ist irrig, die Leibsensationen seien ‚seelische Phänomene'." Dieser Irrtum hat, wie Scheler schreibt, „die für die Vorstellungsweise des Unverbildeten so überaus merkwürdige Sprechweise hervorgebracht, nach der eine schmerzhafte Stirnempfindung z. B. oder ein Hautjucken ein ‚seelisches Phänomen' genannt wird." Ferner g: „Es ist irrig, der Gehalt unseres Leibbewusstseins sei ursprünglich unausgedehnt und ohne raum- und zeitartige Ordnung." Die vorsichtige Formulierung lässt offen, in welcher Weise die gemeinte Ausdehnung räumlich und zeitlich ist; für die räumliche Seite habe ich die Frage beantwortet.

Das Thema wurde nach einigen Jahrzehnten in der französischen Phänomenologie aufgegriffen und weiterentwickelt. Ich werde mich dafür auf Merleau-Ponty, Sartre und Michel Henry beziehen.

Merleau-Ponty[316] identifiziert sich mit seinem Körper: „Ich bin nicht vor meinem Körper, ich bin in meinem Körper, oder vielmehr, ich bin mein Körper." (175) Dieser Körper ist nicht der spürbare Leib, wie ich ihn verstehe, sondern das sichtbare, tastbare und durch Sektion im Inneren zugängliche Körperding, ausgestattet mit Nägeln, Ohren und Lungen (493) und einer Hand aus Muskeln und Knochen (109). Merleau-Ponty unterscheidet ihn von dem naturwissenschaftlichen Körper aus den Lehrbüchern der Physiologie, doch gilt ihm dieser als Auszug aus dem Eigenkörper der Erfahrung, entsprungen durch Verarmung des primären Phänomens (403f.). Da ihm aber trotz einer Ergänzung, die die Verarmung rückgängig macht, der Körper für die Aufgabe, das Subjekt selbst zu sein, doch nicht zureicht, ergänzt er ihn durch die Existenz: „Die Einheit der Seele und des Körpers (…) vollzieht sich in jedem Augenblick in der Bewegung der Existenz." (105) „Der Mensch ist kein an einen Organismus gebundener Psychismus, sondern das Gehen und Kommen der Existenz, die bald sich körperlich sein lässt, bald sich in die persönlichen Akte legt." (104) Aber „weder der Körper noch die Existenz können als das Original des Menschseins gelten, weil jedes das andere voraussetzt und der Körper die fest gewordene oder verallgemeinerte Existenz ist und die Existenz eine fortwährende Inkarnation." (194) „Existenz" ist das führende Schlagwort des philosophischen Milieus, in dem Merleau-Ponty schreibt; Sartre hat sich im Anschluss an Heidegger und darüber hinaus ausgiebig um eine genauere Bestimmung des Gemeinten bemüht. Dagegen versucht Merleau-Ponty keine eigene Sinngebung, sondern greift das Schlagwort auf, um den Spielraum zu bezeichnen, den der Mensch dem Körper gegenüber hat, während er zugleich gezwungen ist, sich beständig auf diesen festzulegen. Existenz in diesem Sinn ist teils der Vermittler zwischen Seele und Körper, teils das Spiel in jenem Spielraum selbst.

Merleau-Ponty kommt zum Körper also mit einem dualistischen Ansatz, in dem von vornherein zwei Faktoren beteiligt sind, neben dem Körper die Seele oder die Existenz; er versucht nicht wie ich, das Menschsein insgesamt aus dem Leibe (wenn auch über eine Schwelle) zu entwickeln. Dieser Dualismus wirkt auch in seiner Wahrnehmungslehre, der das Buch nach seinem Titel gewidmet ist, der Tendenz entgegen, die herkömmliche psychologische Auffassung der Wahrnehmung durch Betonung des Körpers zu zerschlagen. Zu dieser Tendenz bekennt er sich im Rückblick: „Wir haben den Formalismus des Bewusstseins zurückgewiesen und aus dem Körper das Subjekt der Wahrnehmung gemacht." (260) Dagegen setzt sich aber die andere Seite des Dualismus, hier das zurückgewiesene Bewusstsein, mit synthetischen Leistungen durch, die an die Konstitutionstheorien von Kant, Helmholtz und Husserl erinnern: Das Bewusstsein ist „eine Aktivität der Projektionen, die rings um sich Objekte als Spuren ihrer eigenen Aktivität absetzt, sich aber auf sie stützt, um zu anderen Akten von Spontaneität überzugehen." (159) „Das Bewusstsein projiziert sich in eine physische Welt und hat einen Körper, wie es sich in eine kulturelle Welt projiziert und habituelle Einstellungen hat." (160) „Das Bewusstsein ist das Sein bei der Sache durch das Mittelglied des Körpers." (161) Das ist traditionelle Bewusstseinsphilosophie; jeder Denker in herkömmlichen Gleisen würde es zugeben. Eine phänomenologisch illegitime Verschmelzung idealistischer Konstitutionstheorien mit Physiologismus ist Merleau-Pontys Erklärung des binokularen Tiefensehens, wobei das Subjekt, vor sich selbst versteckt, Doppelbilder des Sehens aus je einem Auge zu einem einzigen Bild zusammensetze: „Gestützt auf die prälogische Einheit des Körperschemas besitzt die Wahrnehmungssynthese nicht mehr das Geheimnis des Objekts als das des eigenen Körpers; deswegen bietet sich das wahrgenommene Objekt immer als transzendent an und scheint sich die Synthese auf dem Objekt selbst zu vollziehen, in der Welt und nicht in dem metaphysischen Punkt, der das denkende Subjekt ist. Dadurch unterscheidet sich die Wahrnehmungssynthese von der intellektuellen Synthese." (269)

Vom Leib, von leiblicher Ausdehnung und Dynamik weiß Merleau-Ponty nichts. Leibliche Regungen wie Angst, Schmerz, Hunger, Durst, Wollust, Ekel, Frische und Müdigkeit kommen kaum zu Wort und werden nirgends thematisiert. Grotesk ist die psychoanalytische Deutung des Phantomglie-

des, einer abgespaltenen Leibesinsel, als neurotisches Produkt des Rück-
zugs vom Eingeständnis eines Defekts in eine symbolische Ersatzbildung
(102). Auch für den leiblichen Raum, den Weiteraum und Richtungsraum
unterhalb des Ortsraumes, hat er kein Verständnis. Bewegung gilt ihm als
Ortswechsel (309). Das trifft weder für die gespürte Atembewegung zu,
noch für die Bewegung des auf den Leib treffenden Halbdings Wind (vor
der Umdeutung in bewegte Luft). Näher kommt Merleau-Ponty der Einleibung. Poetisch malt er sie als Harmonie von Subjekt und Objekt aus. Er
spricht von der großen Poesie unserer Welt, die aus den von Qualitäten und
Empfindungen dargestellten Elementen gemacht sei, und kennzeichnet jede
Wahrnehmung als Kommunikation und (mit theologischer Anspielung) als
Kommunion, als so etwas wie eine Paarung unseres Körpers mit den Dingen
(370). Dabei entgeht ihm nicht die Bedeutung der leibnahen Brückenqualitäten, besonders der Bewegungssuggestionen, für die Einleibung. Aus Mit-
teilungen von Goldstein und Gelb über Hirnverletzungsfolgen entnimmt
er eine motorische Physiognomie der Farben, die meine Anpassung an die
Welt modifiziere (243). Das Rot und das Blau sind Weisen, zu vibrieren
und den Raum zu erfüllen, und das Rot ist durch seine von unserem Blick
gesuchte und angenommene Textur eine Erweiterung unseres motorischen
Seins (245). Hier scheinen mir Bewegungssuggestionen und synästhetische
Charaktere allzu sehr ineinander geschoben zu werden; als eine vibrierende
Raumerfüllung kann ich das Blau nicht nachvollziehen. Lieber würde ich
das Gemeinte so ausdrücken: Sinnliche Qualitäten (wie Farben) sind mit
synästhetischen Charakteren besetzt, die durch ihre ins leibliche Spüren
übernehmbare Eigenart mit Bewegungssuggestionen verwandt sind und
mit diesen zusammen in unser leibliches, speziell motorisches, Befinden
übergehen. Eine gelungene Beschreibung dieses Zusammenhanges steht auf
S. 366f.: „Das Objekt, das sich dem Blick oder der Betastung öffnet, weckt
eine gewisse motorische Intention, die nicht die Bewegungen des eigenen
Körpers betrifft, sondern die Sache selbst, an der sie wie aufgehängt sind.
Und wenn meine Hand das Harte und Weiche weiß, wenn mein Blick das
Mondlicht weiß, ist das wie eine bestimmte Weise, mich mit dem Phänomen
zu verbinden und mit ihm zu kommunizieren."
  In diesem allzu friedlichen Bild fehlt die leibliche Dynamik, der vitale
Antrieb. Merleau-Ponty verdirbt sich dadurch den Zugang zum Antagonis-
tischen der antagonistischen Einleibung und zur Auseinandersetzung mit
zudringlichen Halbdingen wie Blicken, Stimmen, Geräuschen, packenden
Atmosphären des Gefühls. Statt aus solcher Dynamik konzipiert Merleau-
Ponty die Wahrnehmung mit der Tradition auf der ruhigen und schlichten
Grundlage des Empfindens von Sinnesqualitäten (Le Sentir, S. 240-280).
Weil dabei die Dynamik zu kurz kommt, wälzt er sie auf eine den Quali-
täten innewohnende Aktivität des Subjekts ab. Das Sinnliche, so sagt er, ist
wie ein verschwommenes Problem, eine schlecht gestellte Frage an meinen

Körper. Ich muss die richtige Antwort finden, damit es sich bestimmen, damit z. B. das Blau zum Blau werden kann (248), ähnlich wie ich eine dem Schlaf entgegenkommende Haltung im Bett finden muss, um einzuschlafen (245). Damit nähert er sich der von mir abgelehnten[317] Lehre Palágyis, auf die er sich S. 271 beruft, von der eingebildeten eigenen Körperbewegung als Voraussetzung der Gestaltwahrnehmung. Ich mute dem Wahrnehmenden für die vermittelnde Wirksamkeit der Brückenqualitäten bei der Einleibung keine Aktivität zu. Anders Merleau-Ponty. Durch Berichte über gestörte Wahrnehmung lässt er sich verführen, die Aktualgenese, die verzögerte Gestaltfindung, für den Normalfall zu halten, aus dem erst das Subjekt den Ausweg zur Gestalt bahne: Ich öffne die Augen über meinen Tisch, und mein Bewusstsein ist erfüllt von Farben und verschwommenen Reflexen, von denen es sich kaum unterscheidet, vor einem nur erst virtuellen Objekt; sobald sich der Blick fixiert, zentriert sich mein Körper auf das Objekt und verteilt dessen Oberflächen so, dass es aktuell wird (276). Damit wird wieder eine synthetische Aktivität in die Wahrnehmung eingeführt. Anderswo wendet Merleau-Ponty gegen eine solche Sichtweise triftig ein: „Das Kantische Subjekt setzt eine Welt, doch um überhaupt eine Wahrheit behaupten zu können, muss das wirkliche Subjekt allererst eine Welt haben und zur Welt sein, und d. h. um sich und mit sich ein System von Bedeutungen tragen, deren Entsprechungen, Verhältnisse und Beteiligungen nicht expliziert zu werden brauchen, um benützt zu werden." (150)

Im Gegensatz zu Merleau-Ponty ist Sartre ein scharfkantiger Denker, der keinen Ausdruck aufliest, ohne ihm einen bestimmten Sinn zu geben, nie ausweichend oder zwiespältig argumentiert und mit seinen oft überspitzten oder gar unlogischen Thesen und überstürzten Begründungen der Kritik stets die Stirn einer genauen Angriffsfläche bietet. Entsprechend klar ist in seinem Hauptwerk *L'être et le néant* (Paris 1943 und öfter), auf das ich mich im Folgenden mit bloßen Seitenzahlen beziehe, das Kapitel über den Körper (Le corps, S. 368-427) aufgebaut. Es gliedert sich in drei Teile, von denen der erste, der drei Fünftel des Kapitels ausmacht, den Körper für sich behandelt, d. h. den Körper als Stätte des unmittelbaren Betroffenseins und des sich daran entzündenden spontanen Antriebs. Ich werde mich hier auf diesen Teil beschränken, da sein Thema zu dem Leib, wie ich ihn auffasse, die nächste Verwandtschaft besitzt. Der zweite Teil betrifft den Körper des Anderen, der dritte meinen Körper, wie er für den Anderen ist. Diese Lehrstücke sind nur aus dem Zusammenhang des ganzen in dem Buch entwickelten Gedankensystems zugänglich; damit habe ich mich an anderer Stelle beschäftigt[318], so dass ich mich hier mit dem Hinweis begnügen kann.

Der Körper als Fürsichsein – ich nenne ihn der Bequemlichkeit halber „Körper für mich" – ist der im unmittelbaren Erleben, vor aller Reflexion, gegebene Körper. Sartre treibt dessen Unmittelbarkeit so weit, dass er allen Inhalt verliert und zu einem Abstraktum, zum bloßen Prinzip, wird. Er ist für mich, der durch Flucht vor der Identität sein Sein vernichtigt (néantise), der von mir immer schon verlassene Ausgangspunkt der Flucht, das Überschrittene, dem ich mich durch die Vernichtigung meiner selbst entziehe (372). Mit Heideggers Terminologie kann man das so umschreiben: Mein Körper für mich ist meine Geworfenheit in das Sein bei ..., letztlich in die Welt, als meine Angewiesenheit auf einen Standpunkt, zu dem es für mich keinen übergeordneten Standpunkt gibt, aus dem ich auf ihn zurückkommen und ihn ins Auge fassen könnte. In diesem Sinn ist er Geburt, Vergangenheit, Zufälligkeit (er fällt mir zu, ohne dass ich mich seiner bemächtigen könnte), Notwendigkeit als unausweichlich, Bedingung für jedes mir mögliche Einwirken auf die Welt (392). Er ist so weit wie die ganze Welt (weil er bei allem, womit ich zu tun habe, dabei ist) und zugleich zusammengedrängt auf einen einzigen Punkt, den alle Dinge mir anzeigen und der ich bin, ohne ihn erkennen zu können (382). Einen Standpunkt vor ihm kann ich nicht einnehmen. Deswegen kann er kein transzendenter Gegenstand der Erkenntnis für mich sein. Das spontane, unreflektierte Bewusstsein ist nicht Bewusstsein *vom* Leib (394). Dieses radikale Abschneiden der Unmittelbarkeit von der Reflexion und Vergegenwärtigung hat die Folge, dass Sartre sich gegen jede Erkennbarkeit des Leibes und seiner Strukturen, insbesondere der leiblichen Dynamik, wendet. Der Leib als Körper-für-mich ist mir nach ihm nur als überschrittener und nicht an sich selbst zugänglich. Daher verwirft er die Errungenschaft Maine de Birans, die Empfindung der Anstrengung (sensation d'effort), bei der es sich, wie ich vorhin gezeigt habe, um eine partielle Gestalt des vitalen Antriebs handelt, nämlich die gegen Spannung andringende Schwellung bei der Kraftentfaltung. Dazu Sartre: Die sensation d'effort gibt es nicht, denn meine Hand offenbart nur den Widerstand der Objekte, ihre Härte und Weichheit, und nicht sich selbst. (366) Diese sensation ist ein psychologischer Mythos, denn der Körper ist gelebt und nicht erkannt (388). Sartre redet an Maine de Biran vorbei, der ja ausdrücklich nicht den Widerstand der Objekte meint, aber auch nicht ein Verhältnis eines Körperteils wie der Hand zu sich selbst, sondern einen am eigenen Leib spürbaren Antagonismus, wobei etwas auf etwas anderes trifft. Sartre müsste zeigen, dass so etwas nicht vorkommt. Eine gute Gelegenheit wäre das Atmen, denn atmend schwingt der leibliche Antrieb ganz nur in sich, ohne sich irgend welchen harten oder weichen Gegenständen zuzuwenden, wie die Hand nach Sartre. Das Einatmen ist ein Musterfall für das, was Maine de Biran mit der Anstrengung meint. Sartre müsste also beweisen, dass man sein Einatmen nicht spüren kann. Das wird ihm schwerlich gelingen. In der Tat kann man den leiblichen Regungen, wenigstens den bloßen leiblichen, im Allgemeinen zusehen, ohne ihnen etwas anzutun; bei den leiblichen Regungen, die affektives Betroffensein von Gefühlen sind, ist das allerdings schwieriger (10). Sonst aber ist das Beobachtetsein des eigenen Leibes das, was die Scholastiker eine *denominatio mere extrinseca*

nannten und mit dem Beispiel der Ähnlichkeit belegten, die jemandem zu-
wächst, wenn ein anderer sich ändert, ohne dass jenem etwas geschieht. Wir
haben keinen Anlass, anzunehmen, dass das gespürte Einatmen eine andere
Form hätte als das unbewusste, es sei denn, dass wir durch die Beobachtung
beim Atmen irritiert werden, was aber bei hinlänglich gewaltloser Beobachtung nicht zu geschehen pflegt.

Michel Henry[319] ist in der Philosophie des Leibes der Gegenpol zu Sartre, der von der Innerlichkeit des spontanen leiblichen Sichspürens nichts
wissen will, sondern sie immer schon in der Wendung zu den Dingen hinter
sich lässt. Henry will dagegen die Augen schließen, die Wendung nach außen zu den Dingen als Sündenfall der Philosophie rückgängig machen und
in der reinen Innerlichkeit des leiblich-affektiven Betroffenseins das Leben
finden. Er setzt damit, ohne – soviel ich erkennen kann – davon Notiz zu
nehmen, Bergson fort, der bei nach außen abgeschirmter Versenkung in
sich das Leben zwar nicht als leiblich-affektives Betroffensein, aber als reine
Dauer der Durchdringung in einer Fülle nicht-numerischer Mannigfaltigkeit fand. Durchdringung ist auch der Grundzug des Lebens nach Henry, der aber eine christologische Interpretation am Leitfaden des Spruches
„Das Wort ist Fleisch geworden" aus dem Prolog des Johannesevangeliums
hinzufügt: Das Leben ist eine Art Selbstbegattung, Selbstumschlingung (ét-
reinte de soi), Selbsterzeugung, „abstand- und blicklose Umschlingung eines Leidens und Verkostens" in reiner Affektivität (182), wodurch es (Gott
der Vater) zu Fleisch (Gott der Sohn, Christus) wird. Das ist nur möglich
durch „die Mächtigkeit des absoluten Lebens, welches sich selbst begründet", so dass ein irdisches Leben wie das unsrige nur möglich ist, weil „die
gegenseitige Innerlichkeit des Fleisches und des Lebens (...) vor der Zeit,
vor jeder denkbaren Zeit, im absoluten Leben begründet wurde". (193)
Henry deutet die Inkarnation Christi also im Sinn von Meister Eckhart, als
ständige Geburt Gottes in mir.[320] Das Fleisch dieser Inkarnation ist „eine
rein phänomenologische Materie, kristalline Klarheit des Erscheinens einer
Substanz an Leiden und Freude, Teil einer dem Licht fremden Phänome-
nalität, unsichtbar, pathisch." (S. 405) Dagegen erhellt das Erscheinen der
(äußeren) Welt alles „in einer erschreckenden Neutralität", ausgedrückt in
der gleichgültig nivellierenden Feststellung „Es gibt (das und das, z. B. Pei-
niger, Nächstenliebe, Völkermorde)". (71)

Henry entdeckt, wie Kierkegaard gegen Hegel, die Subjektivität, die
sonst neutralen Tatsachen das sprunghaft verstärkte Gewicht gibt, dass es
um mich (beispielshalber) geht, dass sie mich angehen.[321] Sein Fortschritt
über Kierkegaard besteht darin, dass er das leiblich-affektive Betroffensein
als Quelle dieser Subjektivität erkennt, aber er macht denselben Fehler wie
Kierkegaard, sie mit Innerlichkeit zu verwechseln. Das liegt daran, dass er
keine Ahnung von leiblicher Kommunikation (4) hat, die in der Einleibung
die Affekte davor bewahrt, sich in eine Inneres, in nach außen blindes eigen-

leibliches Spüren, einzuigeln. In der Äußerlichkeit des optisch-motorischen Verhaltens, der Begegnung mit anderen und anderem im Zusammentreffen und Ausweichen, im Zutunhaben miteinander ist genau so viel Subjektivität möglich wie im bloßen Spüren am eigenen Leib, z. B. bei Kopfschmerz und wohligem Erwachen. Henry vergisst das Leben der Tiere, das mehr als das menschliche in der Einleibung aufgeht. Soll man etwa spielenden jungen Ferkeln und Katzen das Leben, den Selbstgenuss reiner Affektivität, verwehren, bloß weil sie mit dem Fleischwerden des göttlichen Logos nichts anfangen können?

Die Aussagen von Henry über Innerlichkeit und Christentum könnten als Schwärmerei abgetan werden. Einer konkreten Phänomenologie des Leibes nähert er sich in en Spuren Maine de Birans mit einer Bemerkung über die Brustatmung: Wenn ich unter Anleitung eines Heilgymnastikers einen Akt willentlicher Einatmung vollziehe, schwillt irgend etwas in mir an, das ich meine Brust nenne, das aber ursprünglich nicht mit einem Teil meines objektiven Körpers zu tun hat. „Denn es handelt sich um etwas, das innerlich vor meiner Anstrengung zurückweicht (um sich nur an das wirklich Gegebene zu halten), was sich in mir bis an eine Art Grenze erhebt, welche ich vergeblich zu überschreiten trachte, und die zurückfällt, sobald die Anstrengung aufhört und ihr ein Akt der Ausatmung folgt, welcher sich mir dann als Forderung stellt." (236) Offenbar beobachtet Henry eine Leibesinsel in seiner Brustgegend und registriert dabei ein Schwellen, das an einer Grenze zum Stehen kommt. Maine de Biran fasst solche Vorgänge als Anstrengung gegen den trägen Widerstand der körperlichen Organe auf. Entsprechend denkt Henry an etwas, das vor seiner Anstrengung zurückweicht. Wahrscheinlich spielt ihm die Phantasievorstellung von etwas, das bei Aufblähung der Lungen gegen die Brustwand gedrückt wird, einen Streich. Ich wenigstens kann beim Einatmen nichts von einer zurückweichenden Masse bemerken. Meines Erachtens handelt es sich beim Einatmen um den bloß dynamischen Gegensatz zweier Kräfte, in deren Verschränkung die Schwellung an eine Grenze kommt, wo sie gegen die überhand nehmende engende Spannung nicht mehr fortgesetzt werden kann. Henry aber beutet das Bild einer vor dem Impuls des Atmenden bis an eine nicht mehr überwindbare Grenze zurückweichenden Masse zu der Deutung aus, dass das Unüberwindliche an der Grenze die Welt sei, die dort, „von dieser Entfaltung als ihrem eigenen Grund eingeholt, ihm ihren absoluten Widerstand entgegensetzt" (238), mit anderen Worten: die Anstrengung beim Atmen sei der Grund der Welt, die an der Grenze auf diesen zurückschlägt. „Was von außen im Erscheinen der Welt wahrgenommen wird, ist eben dieser gesamte Prozess unserer radikal immanenten Handlung, welche sowohl unseren organischen Leib wie den wirklichen Körper des Universums in sich hält." (240) Das ist ein Idealismus des Fleisches, der die ganze äußere Welt mit dem Schicksal der beim Einatmen gespürten Schwellung, an einer

Grenze aufgehalten zu werden, identifiziert. Dann müsste aber wenigstens der Abschluss des Einatmens ein Anstoßen an die Außenwelt sein. Davon kann ich nichts feststellen. Es handelt sich um eine von einem Innerlichkeitsfanatiker versuchte Umdeutung des Äußeren in einen Grenzfall des Inneren, in eine Schranke, die das Innere sich setzt als Erfahrung, von ihr gehemmt zu werden, wie bei Ich und Nichtich nach Fichte.

1965 erschien mein Buch *System der Philosophie Band II: Der Leib, 1. Teil.* Ihm widmete vier Jahre später der mir bis dahin gänzlich unbekannte Gernot Böhme eine tiefgründige Besprechung[322], mit der er die Richtlinie seiner eigenen Weiterführung meiner Arbeit vorzeichnet: „Hermann Schmitz' Buch über den Leib ist als Untersuchung nicht bloß besonders gelungen, sondern kommt einer Neuentdeckung ihres Gegenstandes gleich. (...) Diese Feststellung hat einen eigentümlichen ambivalenten Charakter. (...) Der Leib ist eben nicht schlechthin, sondern nur in Abhängigkeit von unserer Weise, Leib zu sein." „Leibsein ist heute eine Aufgabe. In zunehmendem Maße werden die elementarsten Vollzüge leiblicher Existenz wie Atmen, Einschlafen, Verdauen, Gebären, Sich-Lieben, alle Arten von Wahrnehmung zu etwas, das nicht ‚von selbst' seinen gemäßen Gang nimmt, zu dem vielmehr ein Können gehört. Schmitz' Buch vermittelt das Wissen um den Leib, das dieses Können leiten müsste. Es bringt also nicht so sehr zur Darstellung, was der Leib ist, sondern was er sein sollte." Ich würde den Ausfall, den Böhme dem heutigen Verhältnis zum Leib bescheinigt, in meiner Terminologie (4) etwa so ausdrücken: Das leibliche Erleben im Wachzustand hat sich bei vielen Menschen in die latente Einleibung zurückgezogen. Deutlich wird es ihnen nur noch daran, dass ihnen bei der Beschäftigung mit etwas entweder missmutig, angeödet oder gefesselt, eifrig, engagiert oder irgendwie in der Mitte zwischen diesen Extremen zu Mute ist. Das sind ganzheitliche leibliche Regungen (3), die zur latenten Einleibung genügen; das eigenleibliche Spüren wird darüber mehr oder weniger vergessen, und mit ihm der Leib, der doch der Herd aller Resonanz und Initiative ist und die Voraussetzung dafür, dass sie sie selbst sind und als Personen etwas für sich selber halten können. Diesen Mangel zu beheben und das, was einer für sich selbst hält, wieder ernstlich an seinen Leib heranzuführen ist das „Leibsein als Aufgabe", deren verdeutlichende Ausarbeitung Böhme sich zur Aufgabe gemacht hat. Er hat diese auf mustergültige Weise in seinem Buch desselben Titels gelöst.[323] „Leiblichkeit versteht sich nicht von selbst, schon gar nicht unter den Bedingungen der technischen Zivilisation."[324] „Die übliche Instrumentalisierung des menschlichen Körpers zwingt den Leib in die Unauffälligkeit (...)."[325] „Leibphilosophie in pragmatischer Hinsicht unterscheidet sich von der klassischen, d. h. phänomenologischen Leibphilosophie durch die Einsicht, dass, was wir qua Leib sind, von unserem praktischen Verhalten zu uns selbst, letztlich von unserer Lebenspraxis abhängt."[326] Dieser Praxis zeigt Böhme den Weg zur Vertiefung ins Leibliche vor allem an den

„Erfahrungen betroffener Selbstgegebenheit" in Leid (Schmerz, Krankheit, Müdigkeit) und Lust leiblicher Anwesenheit als „Chance einer Selbstgegebenheit, aus der heraus sich dann die Freiheit des Ich neu entfalten kann"[327], wobei es „gerade nicht um das selbstherrliche Subjekt geht, sondern um einen Menschen, der souverän ist in dem landläufigen Sinne, dass er sich auch etwas geschehen lassen kann."[328] Er thematisiert (laut Inhaltsverzeichnis) Geburt und Tod, Krankheit und Behinderung, Stoffwechsel, Arbeit und Sport, Geschlechtlichkeit, Reproduktion der Gattung. Diese Ausweitung der Phänomenologie ins Praktische, Pädagogische, Ethische ist eine wichtige Ergänzung meiner Arbeit.

Wieder zur theoretischen Phänomenologie gehört eine wichtige Untersuchung, die aus der Schule Gernot Böhmes hervorgegangen ist: Ute Gahlings ist in einer monumentalen, überaus feinsinnigen und detaillierten Studie der weiblichen Leiberfahrung nachgegangen.[329] Das ist eine Pionierleistung, da die Phänomenologie des Leibes bisher von Männern und mehr oder weniger für Männer (von einem männlichen Standpunkt aus) entwickelt worden ist und ein entsprechender Beitrag, der mit aller wissenschaftlich erforderlichen Nüchternheit und Präzision das Entsprechende für spezifisch weibliche, direkt nur Frauen zugängliche Erfahrungen leistet, auf sich warten ließ. Nun ist diese Lücke geschlossen, wobei sich mein Konzept der Leibesinseln als nützlich erwies.

Auf einer anderen Traditionslinie liegt das Buch von Bernhard Waldenfels über das leibliche Selbst[330], das sich eng an Husserl und besonders an Merleau-Ponty anschließt und, diesem folgend, viel von der Gestaltpsychologie übernimmt, was verdienstlich ist, da deren Einsichten heute oft zu kurz kommen. Mit dem lockeren Charme einer unverändert vom Tonband übernommenen Vorlesung werden Empfinden und Wahrnehmen, Orientierung und Bewegung, Spontaneität und Gewohnheit, Ausdruck, Eigenleib und Fremdleib (Kapitel 2-7) durchgesprochen. In klarer Darstellung verfolgt der Autor eine Strategie plausibler Vermittlung, die dadurch überzeugen will, dass aus einseitigen Positionen Übertreibungen abgeschnitten werden und der verbleibende Kern herausgeschält wird. Daran ist im Einzelnen meist wenig auszusetzen, doch führt das Verfahren manchmal nicht in die Tiefe, z. B. bei der Freiheit, über die nur Richtiges gesagt wird, wobei aber der Ernst des Freiheitsproblems – die Rettung der Möglichkeit unabhängiger Initiative gegen Determinismus und Indeterminismus im Interesse sittlicher Verantwortung und des Vertrauendürfens darauf, dass etwas auf mich ankommt – ausgespart bleibt.

Eine eigene Position, über Husserl und Merleau-Ponty hinaus, nimmt Waldenfels mit seinen Gedanken über das leibliche Responsorium im 8. Kapitel ein. Er unterstellt viele Typen menschlicher Aktion und Reaktion dem Schema *Frage - Antwort*. Dabei knüpft er an das Verhältnis von Mann und Frau an und findet in diesem Zusammenhang eine schöne Formulierung für das Verhältnis von Frage und Antwort im Gespräch: „Bei Frage und Antwort, die noch nicht normalisiert oder in ein abgekartetes Spiel verwandelt sind, überqueren wir eine Schwelle. Die Pausen sind es, die aus der Rede eine Unterredung machen. Unterbrechungen sind entscheidend für jeden Dialog, in dem Unerwartetes zu gewärtigen ist, in dem etwas auf dem Spiel steht, was sich nicht als eigene oder allgemeine Möglichkeit vorwegnehmen lässt. (...) Pausen und Zäsuren gleichen einer Windstille, wo noch offen ist, wohin der Wind sich dreht (...)."[331] Von hier aus erweitert Waldenfels die Frage-Antwort-Struktur auf viele elementare Verhältnisse, die ich in der Theorie der leiblichen Kommunikation, näher der Einleibung (4), abzuhandeln pflege. Mein Bedenken gegen diese Erweiterung kann ich so ausdrücken, dass eine Schichtenvermengung im Sinne von Nicolai Hartmann vorliegt, indem Züge der getragenen Schicht auf die tragende übertragen werden. Hartmann argumentierte mit diesem Vorwurf gegen das teleologische Denken; er hätte ebenso das Responsorium angreifen können. Die tragende Schicht ist hier, in meiner Ausdrucksweise, das präpersonale, auch Personen tragende Leben aus primitiver Gegenwart mit leiblicher Dynamik und leiblicher Kommunikation. Die getragene Schicht ist das personale Leben in der Welt als entfalteter Gegenwart, mit möglicher Vereinzelung dank Explikation einzelner Bedeutungen (d. h. von Sachverhalten, Programmen oder Problemen) aus der binnendiffusen Bedeutsamkeit von Situationen. Die Aufgabe ist in beiden Schichten dieselbe: die Bewältigung von herausfordernden Situationen. Im Gespräch handelt es sich um eine aktuelle Situation mit unübersichtlich vielen eingeschachtelten zuständlichen Situationen, und die Aufgabe besteht darin, alle diese Situationen durch Explikation einzelner Bedeutungen aus ihnen in satzförmiger Rede auf eine der gemeinsamen aktuellen Situation angemessene Weise in den Griff zu nehmen. Dabei bedient man sich eines Freiheitsgrades, der in der tragenden Schicht noch fehlt, nämlich des Probierens an der Kombination einzelner Bedeutungen, z. B. beim Umgang mit einzelnen Problemen statt ganzer Situationen, aus denen sie expliziert werden. Dadurch kommt es zu den Pausen und Unterbrechungen, von denen Waldenfels spricht. Etwas dergleichen kann sich zwischen Menschen auch ohne Worte ereignen, z. B. durch Blickwechsel, wenn ein Minimum von Überlegung dabei ist. Auf die ganze Breite des leiblichen Responsoriums nach Waldenfels ist das Schema *Frage-Antwort* aber nicht ohne Schichtenvermengung anwendbar.

Paradox ist, dass in dem ganzen Buch der Leib nicht vorkommt. Was Waldenfels so nennt, ist lediglich der lebendige, sicht- und tastbare Menschenkörper, ausgezeichnet vor anderen lebendigen Körpern nur durch kleine Besonderheiten wie der, dass man ihn (wie den Mond) nicht selbst rundum betrachten kann (S. 31). Leibblind wird der Hörer bzw. Leser durch eine Vorlesung über die Phänomenologie des Leibes geführt. Das wäre in einem Buch, das für den Ausfall durch viele lehrreiche Ausblicke entschädigt, nicht so schlimm, wenn es sich nicht auf bedenkliche Weise bei Behandlung des Phantomgliedes (S. 22-30) rächte. Waldenfels unterwirft im Anschluss an Merleau-Ponty die Phantomglieder der Amputierten einer psychoanalytischen Deutung: es handle sich um ein „Nichtwahrhabenwollen". „Dies erinnert an Phänomene, die in der Psychoanalyse als Verdrängung oder Fixierung beschrieben werden." „Ein Phantomglied haben heißt: der Patient lebt in einer Als-ob-Welt, die es in dieser Weise nicht mehr gibt." Merleau-Ponty nennt das „eine Scholastik der Existenz". „Scholastik der Existenz heißt hier: man lebt weiter, ohne auf die Gegenwart mit ihren neuen Anforderungen zu reagieren."

Das Phantomglied wäre hiernach ein klassischer Fall von Neurose im Sinne von Freud. Der Amputierte zöge sich in eine Illusion zurück, weil er den Tatsachen nicht ins Auge zu sehen wagte und sich nicht eingestehen wollte, wie es wirklich mit ihm steht; er entzöge sich den Anforderungen der Gegenwart durch Einspinnen in eine vertrocknete Scholastik als Kümmerform von Existenz. Diese Deutung ist aus drei Gründen abzulehnen: 1. Sie ist moralisch bedenklich. Es ziemt sich nicht, den vielleicht sehr tapferen und anständigen Amputierten eine solche Unredlichkeit nachzusagen, einen Mangel an Mut, sich etwas einzugestehen, bloß, weil man selbst keine Erklärung für das Faktum des Phantomgliedes hat. 2. Sie ist unlogisch, denn sie setzt voraus, dass der Amputierte sich die Verstümmelung, den Verlust des Gliedes, nicht eingestehen will, aber Waldenfels selbst ist vom Gegenteil überzeugt, da er schreibt: „Die Patienten wissen natürlich, dass ihnen ein Arm fehlt (...). Der Patient weiß genau, dass er sich jetzt nicht ans Klavier setzen kann, er weiß um seinen fehlenden Arm." (S. 27) 3. Sie ist empirisch falsch, denn Phantomglieder kommen auch ohne Amputation vor, z. B. im autogenen Training und bei Giftwirkungen, wenn kein Teil des Körpers fehlt; ich habe einschlägige Belege zusammengestellt.[332] Tatsächlich ist das (meist schmerzende) Phantomglied der Amputierten eine wirklich vorhandene Leibesinsel, die man erst einmal akzeptieren muss, bevor man den vielleicht sinnvollen, vielleicht unnützen Versuch einer Erklärung macht. Sie unterscheidet sich von den bei Kopf-, Bauch- oder Rückenschmerzen gespürten Leibesinseln nur dadurch, dass kein entsprechender Körperteil zu finden ist, gleicht ihnen aber darin, dass nur die Betroffenen sie direkt feststellen können. Wenn man vom Leib und seinen Inseln nichts wissen will, kommt man auf so verzweifelte Auswege wie Merleau-Ponty und Waldenfels.

Waldenfels erörtert auch meine Lehre vom Leib (S. 267-284), von der er aus meinem Buch *Der unerschöpfliche Gegenstand* Kenntnis bezogen hat, aber mit so viel Missgunst und Abneigung bis zur Verachtung, dass die Darstellung meiner Position verzerrt und die Kritik abwegig ist. Ich habe mich dazu an anderer Stelle antikritisch geäußert[333] und will das jetzt nicht wiederholen, außer zu einem ganz grundsätzlichen Einwand, mit dem Waldenfels meiner Analyse den Boden wegziehen will. Er schreibt: „Wie kann man etwas zur Sprache bringen, das noch nicht zur Sprache gehört? Hier gibt es folgende Alternative: Wir können entweder nur schweigend empfinden, oder wir sprechen auf indirekte Weise und sagen: es gibt ‚davor‘ noch mehr, es ist etwas vorausgesetzt; was sich zeigt, zeigt sich noch anders." (S. 278) „Im Hinblick auf Hermann Schmitz bedeutet dies, dass ich nicht mit dem reinen Spüren beginnen kann, außer ich schlafe ein, aber dann philosophiere und rede ich auch nicht mehr." (S. 279) Der Einwand beruht auf einer Äquivokation. Wenn man nicht direkt über etwas reden dürfte, was nicht zur Sprache gehört, dürfte man nicht einmal über einen Kochtopf reden, denn der gehört nicht zur Sprache. Wenn Waldenfels etwas Richtiges sagen wollte, hätte er formulieren müssen: Man kann nichts zur Sprache bringen, was nicht besprechbar ist. Warum das leiblich Spürbare nicht besprechbar sein sollte, ist mir unerfindlich. Waldenfels scheint tatsächlich zu meinen, dass man über das Einschlafen und darüber, was man dabei spürt, nicht reden könne, ohne tatsächlich einzuschlafen und darüber die Sprache zu verlieren. Diese sonderbare Meinung kann ich nur verstehen, wenn ich vermute, dass er den alten Wahrheitsbegriff des Thomas von Aquin – *veritas est adaequatio intellectus et rei* – allzu wörtlich nimmt, so wörtlich, dass sich alle direkten Aussagen über den Schmerz darin erschöpfen müssten, mit schmerzverzerrtem Gesicht „Au!" zu rufen. Ich habe den Wahrheitsbegriff oft und eindringlich analysiert. Ich verstehe Wahrheit eines Spruches als dessen Eigenschaft, eine Tatsache zu behaupten. (Was Tatsachen sind, wie sie sich von untatsächlichen Sachverhalten unterscheiden, ist eine sehr schwierige Frage.) Ich kenne keinen triftigen Einwand gegen die Möglichkeit der Behauptung von Tatsachen über das eigenleibliche Spüren. Man könnte zweifeln, ob daran nicht Erinnerungstäuschungen beteiligt sind, aber die beträfen nur das Faktische, nicht die Natur der Sache, auf die es in der Phänomenologie ankommt. Was den Weg zur direkten Phänomenologie des Leibes versperrt, ist nicht eine grundsätzliche Schwierigkeit des Redens, sondern der Unwille der vernunftstolzen Philosophen von Platon bis Husserl, die sich die logische Abhängigkeit der personalen Vernunft vom Leib (wegen der Unmöglichkeit einer Selbstzuschreibung ohne Rückgang auf ihn) nicht eingestehen wollen. Die Menschen haben aber nicht nötig, eine Tabuzone mit Redeverbot um das besonnene Begreifen dessen ziehen zu lassen, was ihrem Beisichsein und In-der-Welt-sein das Nächste ist.

Anmerkungen

1. *Gorgias* 493a, *Phaidon* 82e.
2. Vgl. Goethe 1999b (Wilhelm Meisters Wanderjahre), 3. Buch, 17. Kapitel, Hersilie an Wilhelm: „Ich saß denkend und wüsste nicht zu sagen, was ich dachte. Ein denkendes Nichtdenken wandelt mich aber manchmal an, es ist eine Art von empfundener Gleichgültigkeit."
3. Kraus 1965, S. 59. („Mein Herz und mein Leib wollen scheiden, die miteinander fahren schon so lange Zeit. Der Leib will gerne fechten gegen die Heiden, indessen hat das Herz erwählt ein Weib.")
4. Descartes, Meditatio, S. 76f.
5. Katz 1921.
6. Vgl. Schmitz 1965/2005 , S. 28-35.
7. Descartes, Meditatio , S. 85f.
8. Scheler 1954, S. 350-354.
9. Scheler 1954, S. 350f.
10. Vgl. Schmitz 1969/2005.
11. Straus 1930, S. 654.
12. Flach 1928, S. 48.
13. Strehle 1954, S. 45.
14. Larbig 1982, S. 192.
15. Die Welt (Tageszeitung) vom 30. August 1962, Bericht über die 14. deutsche Therapiewoche.
16. Schultz 1956, S. 188 (Abbildung).
17. ein Beispiel: von F. Hoff in: Gross/Langen 1971, S. 108f.
18. Trostdorf 1956, S. 25.
19. Read 1953.
20. Mead 1959, S. 98.
21. Schon nach Homers *Ilias* 9, 554.
22. Winckelmann 1960, S. 149 (Beschreibung des Apoll im Belvedere).
23. Maxim Gorki, Erinnerungen an Tolstoi, Tschechow und Andrejew, von mir zitiert nach: Erikson 1965, S. 383.
24. Hamsun 1921, S. 76 (vom Zustand bei Anhören einer Leierkastenmelodie).
25. Boss 1954, S. 99, von einer Magersüchtigen.
26. *Hiketiden*, Verse 407-409: „Not tut tiefes, Rettung bringendes Nachdenken, das starrende Auge, das nach Art eines Tauchers in die Tiefe geht."
27. „Mon moi, je le situe d'une façon très exacte dans le milieu de ma tête, au centre d'un plan horizontal qui passe par les deux yeux." (Claparède 1925, hier S. 172).
28. Heinrich v. Kleist, Über das Marionettentheater, in: Kleist 1965, S. 343f.: „Ich badete mich, erzählte ich, vor etwa drei Jahren mit einem jungen Mann, über dessen Bildung damals eine wunderbare Anmut verbreitet war. Er mochte ohngefähr in seinem sechzehnten Jahre stehen, und nur ganz von fern ließen sich, von der Gunst der Frauen herbeigerufen, die ersten Spuren der Eitelkeit erblicken. Es traf sich, dass wir kurz zuvor in Paris den Jüngling gesehen hatten, der sich einen Splitter aus dem Fuße zieht; der Abguss der Statue ist bekannt und befindet sich in den meisten deutschen Sammlungen. Ein Blick, den er in dem Augenblick, da er den Fuß auf den Schemel setzte, um ihn abzutrocknen, in einen großen Spiegel warf, erinnerte ihn daran; er lächelte und sagte mir, welch eine Entdeckung er gemacht habe. In der Tat hatte ich, in eben diesem Augenblick, dieselbe gemacht; doch sei es, um die Sicherheit der Grazie, die ihm beiwohnte, zu prüfen, sei es, um seiner Eitelkeit ein wenig heilsam zu begegnen: ich lachte und erwiderte - er sehe wohl Geister! Er

errötete, und hob den Fuß zum zweitenmal, um es mir zu zeigen; doch der Versuch, wie sich leicht hätte voraussehen lassen, missglückte. Er hob verwirrt den Fuß zum dritten und vierten, er hob ihn wohl noch zehnmal: umsonst! er war außerstand, dieselbe Bewegung wieder hervorzubringen – was sag' ich? die Bewegungen, die er machte, hatten ein so komisches Element, dass ich Mühe hatte, das Gelächter zurückzuhalten.Von diesem Tage, gleichsam von diesem Augenblick an, ging eine unbegreifliche Veränderung mit dem jungen Menschen vor. Er fing an, tagelang vor dem Spiegel zu stehen; und immer ein Reiz nach dem anderen verließ ihn. Eine unsichtbare und unbegreifliche Gewalt schien sich, wie ein eisernes Netz, um das freie Spiel seiner Gebärden zu legen, und als ein Jahr verflossen war, war keine Spur mehr von der Leichtigkeit in ihm zu entdecken, die die Augen der Menschen sonst, die ihn umringten, ergötzt hatte".

29.   Head 1905, S. 99-115, besonders S. 106, 107, 111.
30.   Homer, *Ilias* 19, 125.
31.   „Arme und Beine verlieren ihren Platz, die Kenntnis von der Körperlage verliert sich. Nicht selten spürt man nur noch seinen Kopf, namentlich die Augen und den Mund, bevor auch diese Teile verschwinden. Manchmal sind es die Hände, die noch fortbestehen, obwohl die Arme bereits verlorengingen." (Linschoten1955-1956, hier S. 278).
32.   Panse 1952, S. 79.
33.   Weber 1938, S. 49.
34.   Hamsun 1921, S. 20.
35.   Schultz 1956, S. 48.
36.   Schultz 1956, S. 240.
37.   Heugel 1938, S. 10.
38.   Prill 1956, hier S. 173.
39.   An Charlotte v. Stein, Weimar, 14. April 1776 („Warum gabst du uns die tiefen Blicke (...)".
40.   Sartre 1943, S. 466.
41.   Gahlings 2006, S. 483 (Quelle: Shaw 1998, S. 18).
42.   Gahlings 2006, S. 494 (Quelle: French 1988, S. 59).
43.   Schmitz 1992, S. 292-313.
44.   Schmidt 1973, S. 68-71.
45.   Eine typische Reaktion schon bei Kindern, vgl. Lewis1978, S. 198.
46.   Mangold 1914, S. 38: „Wenn man etwa einem ruhig daliegenden und noch so majestätisch unverwandt geradeaus schauenden Löwen in die Blicklinie tritt, so hält er nicht stand, dreht vielmehr alsbald sein mächtiges Haupt mit blinzelndem Auge zur Seite."
47.   Kauffmann 1923, S. 80.
48.   Argyle 1972, S. 168, im Referat von Versuchen von Condon und Ogston (1966, 1967) sowie von Kendon (1968).
49.   Vgl. Berg 1957.
50.   Buytendijk 1932, S. 24-26 und Buytendijk 1956, S. 152f., über den Kampf zwischen Kobra und Mungo.
51.   Vgl. Schmitz 1980b/2005, S. 31-33.
52.   Kohlrausch beobachtete bei subtil gezielter Bindegewebsmassage, „dass unter einer Art Schwindelgefühl die eigene Schwereempfindung herabgesetzt wird. Ich habe das Gefühl, nicht mehr mit dem vollen Gewicht auf dem Boden zu stehen." (Kohlrausch 1937, hier S. 238) Offenbar hat die Massage aus dem vitalen Antrieb des Behandlers privative Weitung mit dem Symptom der Erleichterung abgespalten.
53.   Wichtige Hinweise an Beispielen hat Ludwig Klages gegeben, vgl. Schmitz 2007, Band II, S. 656f. Zum Verhältnis der Bewegungssuggestionen zu den von Melchior Palágyi dem Sehen und Tasten zugeschriebenen eingebildeten Bewegungen vgl. Schmitz 1980b/2005, S. 46f.
54.   König 1975, S. 93.
55.   Becking 1928.
56.   Zur leiblichen Bedeutung der starken Wölbung s. u. Kapitel 11.

57. Zuckerkandl 1964, S. 256.
58. Zum i vergleiche man die an einem großen sprachlichen Material gewonnenen, Beobachtungen von Wellek1931, S. 226-262, speziell S. 235-250.
59. Wundt 1874, S. 452f.
60. Reich-Ranicki 1985, Literaturseite.
61. Hilger 1928, S. 23 zitiert diese Worte „aus einem Aufsatz des Naturforschers Fr. v. Tschudi (Die Gemsen, Ausgabe des Dürerbundes S. 69)" und führt den Effekt ganz richtig auf „die Bewegungsvorstellung, die in uns anklingt" zurück, d. h. auf die vom Gegenstand auf den Leib übergreifende Bewegungssuggestion.
62. Metzger 1941, S. 17, mit Hinweis auf Hartgenbusch 1925, S. 356.
63. Zur Hypnose vgl. Schmitz 1978/2005, S. 86-94.
64. Hirsch 1919, S. 100f., 103f., 106, 114, 115. Neuere Darstellungen: Mayer 1937; Stokvis/ Langen 1965.
65. Hirsch 1919, S. 108.
66. Stokvis/ Langen 1965, S. 36: „Man spreche nicht und sehe dem Patienten ununterbrochen so starr in die Augen, dass man seine Nasenwurzel fixiert."
67. Gotta 1978, Wirtschaftsteil.
68. 1. Aufzug, 6. Auftritt.
69. Schmitz 1965/ 2005, S. 341-358: Der Sadismus.
70. Sartre 1943, S. 469-474.
71. Dühren/Bloch 1901, S. 250-257.
72. Dostojewski 1923, S. 1079f. (11. Buch, Kapitel 3: Das Teufelchen).
73. Stein 1922, S. 156.
74. Stein 1922, S. 169f.
75. Zutt 1963, S. 1-88: Die innere Haltung (ursprünglich Habilitationsschrift 1931).
76. Zutt 1963, S. 14.
77. François-Poncet 1947, S. 356f.
78. Hoffmann 1926, S. 130-135.
79. Schmitz 1980a/2005, S. 287-473 und Schmitz 1999a, S. 106-136; und s. u. Kaptitel 9.
80. Kleint 1940, hier S. 50-52.
81. Vorbildlich analysiert in Christian/Haas1949.
82. Lacrosse1978, S. 376-388.
83. Lacrosse 1978, S. 382f.
84. Lacrosse 1978, S. 386f.
85. Lacrosse 1978, S. 386
86. Wieser 1975, S. 141.
87. Seuse 1966, S. 20f. (Das Leben des seligen Heinrich Seuse, 2. Kapitel).
88. Ruysbroeck 1924, S. 80 und 175f. (Samuel, Kapitel 42; Vom blinkenden Steine, Kapitel 9).
89. Ohm, 1948, S. 185f.
90. Mach 1902, S. 23.
91. Conrad-Martius 1916, S. 404.
92. Sils Maria, in: Die fröhliche Wissenschaft, Lieder des Prinzen Vogelfrei (Nietzsche 1980, Band III S. 649).
93. Die Lehrlinge von Sais, in: Novalis 1960/1977, S. 100 Z 34-36.
94. Brief an Heinrich Ranke vom 30. November 1832, in: Ranke 1949, S. 252f.
95. Katzenstein 1971, S. 82, gibt die Monotomie der Eindrücke und den Zwang zum Wachbleiben als Ursache der „geführlichen Autobahntrance" an.
96. Zuletzt Schmitz 1994b, S. 84-96.
97. Metzger 1941, S. 61.
98. Homer, *Odyssee*, Gesang 4 Verse 147-150.
99. Kinsey 1954, S. 479.
100. Shaines 1976, S. 412-426, hier S. 425f.

101. Das ist eines der Ergebnisse des Minnesota-Experimentes an amerikanischen Kriegs-dienstverweigerern im zweiten Weltkrieg, die man in Menschenversuchen halb verhun-gern ließ, vgl. Franklin/ Schule/Brozek,/Keys 1948, hier S. 34.
102. Schmitz1967/2005 2005, S. 153-166; Schmitz 2005, S. 181-184.
103. Schultz 1949, S. 201.
104. Kolnai 1929, S. 554.
105. *Politeia* 439e-440a.
106. Kolnai 1929, S. 546, 551, 535, 540f.
107. Also sprach Zarathustra, 3. Teil, Der Genesende.
108. Schmitz 1965/2005, S. 245-247.
109. Kohlrausch1937, S. 240.
110. Schultz 1956, S. 174.
111. Weyl 1968, Band 5, S. 645 (Erkenntnis und Besinnung. Ein Lebensrückblick 1954, von mir zitiert aus: Großheim 1954, S. 20).
112. Beispiel von Nagel 1979, S. 185-199, übersetztNagel 1984.
113. Beispiel von Fichte 1978, S. 232.
114. Zuletzt in Schmitz 2009 und Schmitz 2010b.
115. *Gesetze* 959 a.b.
116. *Sophistes* 263e3-5, 264a8f.
117. Vgl. Schmitz 1996, S. 88-93.
118. Vgl. Schmitz2010b, S. 51-53.
119. Vgl. Schmitz 2010b, S. 102-107.
120. Freud 1944/1969, S. 86.
121. *Politeia* 606d (treue Paraphrase der blumigen Ausdrucksweise Platons).
122. Schmitz 1980a/2005.
123. Kretschmer 1955; Veit 1960, S. 303-319, undVeit 1961, S. 98-107.
124. Schmitz 1980a/2005, S. 337 Anmerkung 1208. Ich empfehle dort S. 332-338 über Bath-mothymiker wegen des Referats der sehr anschaulichen und einprägsamen Charakteristik durch Veit.
125. Nach Eyrich1948/49, S. 453-462; das längere Zitat stammt aus einem zeitgenössischen Bericht.
126. Marcinowski1900, S. 22: „Erst taucht der Gedanke auf: ‚ich möchte mir das Juckende wohl wegwischen!' – Dieser Gedanke führt zu einer Bejahung seitens des Willens: ‚ja, ich will es mir wegwischen', - diese Absicht lässt in mir den Entschluss reifen, es zu thun; - aber von da an bis zur Ausführung ist noch ein langer Weg. Ich schwanke hin und her, ehe ich den Willensimpuls motorisch umsetze, und die That kostet mich während der ganzen Bewegung andauernde Energie. Die aber leistet mein Nervensystem nicht mehr, und der Impuls zur That erlahmt auf halbem Wege, wie eine große Kegelkugel, die eine Frau mit kolossalem Kraftaufwand schleudert, und die schon auf halber Bahn so friedlich zur Ruhe kommt. So sind meine motorischen Impulse in der Hypnose gewesen".
127. Engelmeier 1967, S. 17f.
128. Braun 1933. Durch dieses Buch wurde meine Aufmerksamkeit auf die Vitalität gelenkt, und ich gewann den Anstoß zu einer Umbennung: die antagonistische Verschränkung von Spannung und Schwellung, die ich bis dahin „leibliche Ökonomie" genannt hatte, als vitalen Antrieb zu bezeichnen.
129. Braun 1933, S. 1-4, 60-62, 69f., 71f.
130. Conrad 1958, S. 126.
131. Bahnsen 1867, S. 30-32.
132. Ernst1954, S. 573-590.
133. Wie Anmerkung 129, S. 32-37.
134. Clauß 1943, S. 71f.
135. Steiner 1964, S. 104.
136. Walther 1955, S. 77.
137. Michaux1961, S. 67 und 75.

138. Vgl. Schmitz 1969/2005, S. 489-498.
139. Sienkiewicz, 1902, S. 322, von mir (wie Anmerkung 139 S. 290) zitiert aus:Löwy1912, S. 62.
140. Also sprach Zarathustra, 2. Teil, Das Tanzlied, am Ende.
141. Goethe, *Faust*, Vers 2691f.
142. Goethe, *Faust*, Vers 3800.
143. Otto 1932, S. 147 (bezüglich auf den indischen Gott Manyu).
144. Stumpf 1899, S. 85.
145. Stumpf 1899, S. 91.
146. Stumpf 1899, S. 89.
147. Schmitz1977/2005, S. 258-308: Wohnen als Kultur der Gefühle im umfriedeten Raum.
148. Schmitz 1977/2005, S. 263-269.
149. Cézanne 1957, S. 8f.
150. Klee 1956, S. 78.
151. Worms/Petri 1968, S. 209f.
152. Zur Eiszeitkunst vgl. Schmitz 1966/2005,S. 121-131, zu Pollock Schmitz 1966/2005, S. 78f.
153. Schmitz 1966/2005.
154. Schmitz 1994a, S. 140-146.
155. Wie Anmerkung 149, S. 76
156. Arnheim 1965, S. 365.
157. Zur Schraubung vgl. Schmitz 1966/2005,S. 109-114.
158. Kandinsky 1955, S. 75.
159. Hirsch 1933, S. 108f.
160. Chantelou 1919, S. 96f.
161. Vgl. Schmitz 1966/2005, S. 118 (Mariä Himmelfahrt in Rohr von E. qu. Asam).
162. Vogt-Göknil 1951 (zugleich Zürcher philosophische Dissertation: Architekturbeschreibung und Raumbegriff bei neueren Kunsthistorikern, 1951).
163. Vogt-Göknil, S. 75.
164. Zaloziecky 1930, S. 30.
165. Zaloziecky 1930, S. 220.
166. Zaloziecky 1930,S. 31.
167. Frankl 1926, S. 130f.
168. Wölfflin 1961, S. 32.
169. Schmitz 1966/2005, S. 175-203.
170. Wie Anmerkung 168, S. 62f.
171. Für das Nähere vgl. Schmitz 1966/2005, S. 197-200.
172. Baum 1930, S. 336.
173. Schmitz 1966/2005, S. 210-247.
174. Schmitz 1966/2005,S. 249-281.
175. Vgl. das Zitat Schmitz 1966/2005S. 250 aus: Riegl 1927, S. 401.
176. Gall 1955, S. 39.
177. Sedlmayr 1933, S. 56.
178. Crous/Kirchner 1928, S. 9 und 11.
179. Panofsky1952, S. 43.
180. Wie Anmerkung 178, S. 17.
181. Hauser 1958.
182. Wölfflin 1946, S. 44.
183. Wölfflin 1960, S. 22.
184. Schmitz 1966/2005, S. 281-198.
185. Bercken/Mayer 1923, S. 79f..
186. Wie Anmerkung 183, S. 154 und 168f.
187. Schmitz 1966/2005, S. 167f.
188. Schmitz 1966/2005, S. 295f.

189. Zur ägyptischen Kunst vgl. Schmitz 1966/2005,S. 131-148.
190. Pinder 1928.
191. . Blanckenhagen 1942, S. 310-341.
192. Schmitz 1966/2005, S. 88f. und 268f.
193. Schmitz 1966/2005 S. 270-274.
194. Pinder 1961, S. 21.
195. Steiner 1964.
196. Steiner 1964, S. 103 nach: de Musset, Confessions d'un enfant du siècle, 1836.
197. Cremona 1966; Hermand 1965; Hermand 1971.
198. Hermand 1971. 136, 280f.
199. Hermand 1971. 30.
200. Hermand 1971148.
201. Schelsky 1957, S. 493f.
202. Huber 1967, 78-90, hier S. 84-86.
203. Huber 1967, S. 89 (aus der Diskussion).
204. Martin1949, S. 122-124.
205. Vgl. Schmitz 1966/2005,S. 106f., 117, 269.
206. Aelian, Variae Historiae VIII 11
207. Rüstow 1952, S. 203.
208. Auerbach 1959, S. 56.
209. Dilthey 2006, Band 7, S. 71.
210. Burckhardt 1910, 1. Kapitel: Einleitung, 1: Unsere Aufgabe.
211. Rothacker 1948, S. 147.
212. Rothacker 1971, S. 70. Meine Kritik dieser These tut meiner Verehrung für Rothacker, der mein Studium wie ein zweiter Vater begleitet und mir wesentlich geholfen hat, mich selbst zu finden, keinen Abbruch.
213. Bühler 1934.
214. Bühler 1934, S. 30.
215. Jung 1946, S. 1-23: Wotan.
216. Goethe 1907, S. 216: Goethe an Zelter, 6. Juni 1825.
217. Kant 1781, S. 24.
218. Katz 1911, S. 7f.
219. Hier weiche ich von meinen früheren Aussagen über solche Sternbilder ab.
220. Vgl. Schmitz 1967/2005, S. 487-496.
221. Harald Fritsch in der Zeitschrift des Hochschulverbandes *Forschung und Lehre* 2001, S. 56
222. Kiefer2008, S. 291, vgl. S. 287: „Der Quantenkosmos ist auf der fundamentalen Ebene zeitlos".
223. Goethe 1999a,Buch Suleika, Suleika spricht.
224. darüber zuletzt: Schmitz 2010b, S. 71-74.
225. Schmitz 2008a, S. 115-124.
226. Ich habe die Entwicklung besonders ausgiebig und sorgfältig studiert und nenne meine wichtigsten einschlägigen Veröffentlichungen: Schmitz 1965/2005, S. 373-485 und Schmitz 1969/2005, S. 409-435 und 474-498; Schmitz 2008b, S. 289-316; Schmitz 1994b, S. 8-16; Schmitz 1996, S. 75-88; Schmitz 1999b, S. 32-37; Schmitz 2003, S. 333-363; Schmitz 2007, Band I S. 19-31 und 119-125.
227. Snell 1975, S. 24.
228. Vgl. dazu: Schmitz 1965/2005, S. 374-386.
229. Lalèyê 1970, S. 151-153.
230. Steininger 1953, S. 17-27; Linck2001, S. 60-69, vgl. dort S. 63 über die sieben Po und die drei Leichname mit Sitz in den lebenskräftigen Zinnoberfeldern des Körpers.
231. Schmitz 1965/2005, S. 443f. (nach Snell, Walter Marg und Walter Wolf, Die Kunst Ägyptens, Stuttgart 1957, S. 63f.).
232. Diels/Kranz 1956, 21B7.

233. Ringgren 1963, S. 109.
234. Diels/Kranz 1956, 22B85-.
235. Diels/Kranz 1956,68B236.
236. Diels/Kranz 1956,87B58.
237. Zur Bedeutungsentwicklung von „Thymós" vgl. Schmitz 1969/ 2005, S. 464-468.
238. Diels/Kranz 1956, 22B45. Der Zusatz „So einen tiefen Logos hat sie" gehört nicht zum Heraklitzitat, da die Wanderung in die Breite und nicht in unabsehbare Tiefe geht (dann wäre sie ein Absturz); vielmehr ist zu übersetzen: „So eine tiefe Rede führt er", nämlich Heraklit. Ein Überlieferer hat dem Zitat einen bewundernden Kommentar beigegeben. Dieser fehlt in der Nebenüberlieferung durch Tertullian.
239. Nauck 1964, Sophokles fr. 360 (= fr. 393 Pearson).
240. Locke 1690, II 11, 17.
241. Diels/Kranz 1956, 68B149.
242. Diels/Kranz 1956,68B290.
243. Diels/Kranz 1956,68B125.
244. Kant 1781, S. 378.
245. Diels/Kranz 1956, 68B159 und 270.
246. Peek 1960, S. 50, Nr. 12 (Inscriptiones Graecae I² 945).
247. Vgl. Schmitz 2003, S. 348-363: Platon als Demokriteer.
248. So auch Platon, *Gesetze* 959a.
249. *Eudemische Ethik* 1241b17-19, *Politik* 1254b4f.
250. *De anima*, 412b18f.
251. Zur Heautoskopie vgl. Schmitz1965/2005, S. 138-141.
252. Schmitz2010a, S. 24-77; Schmitz 2010b, S. 77-85.
253. Vgl. Schmitz 1965/2005, S. 388-391 und 427, wo das Nähere nachzulesen ist.
254. *Ilias* 10, 9f.
255. Für Melissos halte ich mich an die Auszüge im Physikkommentar des Simplikios bei Diels/Kranz 1956, Kapitel 30. Ich zitiere in meiner Übersetzung aus den Fragmenten 2, 7, 8 und 9.
256. Diels/Kranz 1956, Band I, S. 275 Z. 5f.
257. Nietzsche 1980, Band 10 S. 207, Nr. 179.
258. Zeller 1963, Band 1 S. 770 Anmerkung 2.
259. Für die Stoa halte ich mich an meine Darstellung, in der auch die Quellenangaben zu finden sind: Schmitz 2007, S. 307-315.
260. Vgl. Schmitz 2007, S. 312.
261. Schmitz 2007, S. 23-32; ältere Darstellung: Schmitz 1965/2005, S. 507-528.
262. Platon, *Politeia* 611c-e.
263. 1. Kor. 6, 15-20.
264. Römer 7, 5f. 21-24; 8, 10f.
265. 1. Kor. 9, 24-27.
266. 1. Kor. 6, 20.
267. Römer 8, 9-11.
268. Verse 975-984; was ich mit „Gemüt" übersetze (der Singular von „phrenes"), steht unentschieden zwischen Seelischem und Leiblichem.
269. Schmitz 2007, S. 26f.
270. Römer 12, 5; 1. Korinther 12, 12f. 27; vgl. Galater 3, 28 und (pseudopaulinisch, aber zeitgenössisch) Kolosser 3, 15.
271. so Percy 1942, S. 38 und 44.
272. Schmitz 1977/2005, S. 13-43: Der heilige Geist.
273. wie Schmitz 1965/2005,S. 534-559.
274. Schmitz 1965/2005, S. 541-546.
275. Schmitz 1965/2005,. S. 567-586 und Schmitz 2007, S. 455-459.
276. Troxler 1828, S. 116. Verwandt ist die Empfehlung der Idee einer physiologischen Psychologie in Hegel 1830, §401.

277. Schopenhauer 1968, Band I S. 161 (Die Welt als Wille und Vorstellung, 1. Band, § 18, am Ende). Aus dieser Ausgabe zitiere ich im Folgenden bloß mit Band- und Seitenzahl.
278. Schopenhauer 1968, III 530f. (Über die Freiheit des Willens).
279. Schopenhauer 1968, III 529f.
280. Schopenhauer 1968, I. 159 (Die Welt als Wille und Vorstellung, 1. Band, §18).
281. Schopenhauer 1968, I 260 (Die Welt als Wille und Vorstellung, 1. Band, §34).
282. Schopenhauer 1968, II 275 (Die Welt als Wille und Vorstellung, 2. Band, Kapitel 19).
283. Schopenhauer 1960, S. 358 (Parerga und Paralipomena Band 1, Aphorismen zur Lebensweisheit, Kapitel 2).
284. Ich beziehe mich hier auch auf meine Darstellung – Schmitz 1965/ 2005, S. 591-596: Maine de Biran - , in der ich aus dem Hauptwerk *Essai sur les Fondements de la Psychologie* (entstanden um 1812) des Autors einschlägige Stellen in meiner Übersetzung anführe. Die Quellenangaben stehen dabei.
285. Ich zitiere nach Nietzsche 1980, für die Bücher mit Titel, Band- und Seitenzahl, für die nachgelassenen Fragmente in der durch die Ausgabe vorgezeichneten Anordnung: Bandzahl, Seitenzahl, runde Klammer auf, Heftzahl, eckige Klammer auf, Nummer des Fragmentes in dem Heft, eckige Klammer zu, Entstehungszeit, runde Klammer zu.
286. „(…) das Christentum, das den Leib verachtete, war bisher das größte Unglück der Menschheit." (VI 149, Götzendämmerung, Streifzüge eines Unzeitgemäßen, Nr. 47).
287. 4, 39-41, 1. Teil, 4. Rede Zarathustras.
288. 11, 638 (40 [21] August bis September 1885).
289. 11, 565 (36 [35] Juni – Juli 1885); 11, 576-579 (37 [4] Juni – Juli 1885); 12, 106 (2 [91] Herbst 1885 – Herbst 1886).
290. 12, 108.
291. Verstanden als Gegenteil des erkenntnistheoretischen Explikationismus, vgl. Schmitz 1994b, S. 215-228; Schmitz 1999a, S. 167-174.
292. Schmitz 1995a, S. 340-346: Antiquierte Voraussetzungen der Skepsis Nietzsches.
293. III 348, Die fröhliche Wissenschaft, Vorrede zur zweiten Ausgabe, 2).
294. Darüber von mir zuletzt: Schmitz 2010a, S. 80-97.
295. 10, 358 (9 [41] Mai – Juni 1883).
296. Schmitz 2010a, S. 145-163: Entseelung der Gefühle.
297. Diels/Kranz 1956, 68B159.
298. *Eudemische Ethik* 1241b17-19.
299. *Politik* 1254b4f., so schon Platon, *Timaios* 34c, vgl. *Phaidon* 80a, *Nomoi* 896c.
300. Husserl 1976a, S. 157 Z. 24-32.
301. Husserl 1976a, S. 96 Z.. 10-12.
302. Husserl 1976a, S. 161 Z. 4-9.
303. Husserl 1976a,S. 94 Z. 18-20.
304. Husserl 1976a,S. 96 Z. 12-17.
305. Schmitz 2009, S. 29-45; Schmitz. 2010a, S. 146-155; Schmitz 2010b, S. 24-39.
306. Husserl 1976a,S. 150, 12f. Der Neologismus „Empfindnis" soll wohl das Subjektive an der Empfindung betonen.
307. Husserl 1976a,S. 150 Z. 37-39.
308. Husserl 1976a, S. 150 Z. 25-27.
309. Husserl 1976b, S. 219-222.
310. Husserl 1976b,. S. 220 Z. 8-13.
311. Husserl 1976b,Z. 16-23.
312. Husserl 1976b, Z. 23-31.
313. Husserl 1976b, S. 221 Z. 18-22.
314. Scheler 1954, S. 408-413: Leib und Umwelt.
315. Vgl. Schmitz 2007, Band II S. 704f.
316. Von Merleau-Ponty bespreche ich das Buch: Phénoménologie de la Perception, Paris 1945, bloß mit Angabe der Seitenzahlen. Es gibt eine gute Übersetzung ins Deutsche von Gottfried Böhme, doch übersetze ich mit eigenen Worten, hier – entsprechend in ande-

ren Fällen – nicht aus Geringschätzung, sondern weil es leicht geschehen kann, dass der Übersetzer eine Nuance, auf die es mir gerade ankommt, nicht so herausgearbeitet hat, wie es mir zweckmäßig (und originalgetreu) scheint. Ich erinnere an meine schon vorliegenden Arbeiten: Schmitz 2003, S. 382-404; Schmitz 2007, Band II S. 800-810: Merleau-Ponty.

317. Schmitz 1978/ 2005, S. 46f.
318. Schmitz 2007, Band II, S. 778-799.
319. Mit Michel Henry habe ich mich schon zweimal beschäftigt, erstens in einer Rezension zweier Bücher unter dem Titel „Immanenz als Falle des Lebens" in: Philosophische Rundschau 42, 1995, 69-75, und zweitens in meinem mit G. Marx und G. Moldzio verfassten Buch *Begriffene Erfahrung. Beiträge zur antireduktionistischen Phänomenologie* (Rostock 2002), S. 148-158: Rettung des Lebens durch das Christentum? Eine Auseinandersetzung mit Michel Henry. Gegenstand ist das Buch von Henry: C'est Moi la Verité. Pour une Philosophie du Christianisme, Paris 1996. Inzwischen erschien sein letztes Buch: Incarnation. Une Philosophie de la Chair, Paris 2000, ins Deutsche übersetzt von Rolf Kühn: Inkarnation. Eine Philosophie des Fleisches, Freiburg i. Br./München 2002. Auf diese deutsche Übersetzung, die ich mit bloßen Seitenzahlen anführe, beziehe ich mich im Folgenden.
320. Henry 1992, S. 266.
321. Ich beleuchte den Unterschied gern an einer Anekdote „frei nach Dürrenmatt", vgl. Schmitz 1999a, S. 13.
322. Böhme1969, S. 186-191.
323. Böhme 2003.
324. Böhme 2003,. S. 30.
325. Böhme 2003, S. 31.
326. Böhme 2003, S. 75.
327. Böhme 2003,. S. 89.
328. Böhme 2003, S. 368.
329. Gahlings 2003.
330. Waldenfels2000.
331. Waldenfels2000, S. 355f.
332. Schmitz 1965/2005, S. 31-35.
333. Schmitz 2003, S. 404-416: Wie kann man über den Leib sprechen? Bemerkungen zu einigen Bedenken von Bernhard Waldenfels.

Literaturverzeichnis

Argyle, Michael (1972): *Soziale Interaktion*. Köln. (Social Interaction, London 1969, über-setzt)

Arnheim, Rudolf (1965): *Kunst und Sehen*. Deutsch von Henning Bock. Berlin.

Auerbach, Erich (1959): *Mimesis*. 2. Auflage. Bern.

Bahnsen, Julius (1867): *Beiträge zur Charakterologie*. Band 1. Leipzig.

Baum, Julius (1930): *Die Malerei und Plastik des Mittelalters in Deutschland, Frankreich und Brittanien*. Wildpark-Potsdam.

Becking, Gustav (1928): *Der musikalische Rhythmus als Erkenntnisquelle*. Augsburg.

Bercken, Erich v. d./ Mayer, August L. (1923): *Tintoretto*. Band 1. München.

Berg, J. H. van den (1957): „Der Händedruck". In: Langeveld, M.J. (Hrsg): *Rencontre/En-counter/Begegnung. Festschrift für F. J. J. Buytendijk*. Utrecht/Antwerpen.

Böhme, Gernot (1969): „Leib sein als Aufgabe". In: *Hippokrates* 40, S. 186-191.

Böhme, Gernot (2003): *Leibsein als Aufgabe. Leibphilosophie in pragmatischer Hinsicht*. Küs-terdingen.

Boss, Medard (1954): *Einführung in die Psychosomatische Medizin*. Bern/Stuttgart.

Braun, Ernst (1933): *Die vitale Person*. Leipzig.

Bühler, Charlotte (1934): *Drei Generationen im Jugendtagebuch*. Jena.

Burckhardt, Jakob (1910): *Weltgeschichtliche Betrachtungen*. Berlin/Stuttgart.

Buytendijk, J. J. (1932): *Schlagfertigkeit und Reaktionszeit*. Kassel.

Buytendijk, J. J. (1956): *Allgemeine Theorie der menschlichen Haltung und Bewegung*. Berlin/Göttingen/Heidelberg.

Cézanne, Paul (1957): *Über die Kunst. Gespräche und Briefe*. Deutsch von W. Hess. Hamburg.

Christian, Paul/Haas, Renate (1949): *Wesen und Formen der Bipersonalität*. Stuttgart.

Claparède, Edouard (1925): „Note sur la localisation du Moi". In: *Archives de Psychologie* 19, S. 172-182

Clauß, Ludwig Ferdinand (1943): *Rasse und Seele*. 18. Auflage. München.

Conrad, Klaus (1958): *Die beginnende Schizophrenie. Versuch einer Gestaltanalyse des Wahns*. Stuttgart.

Conrad-Martius, Hedwig (1916): „Zur Ontologie und Erscheinungsweise der realen Außen-welt". In: *Jahrbuch für Philosophie und phänomenologische Forschung* 3, S. 345-542.

Cremona, Italo (1966): *Die Zeit des Jugendstils*. München/Wien.

Crous, Ernst/Kirchner, Joachim (1928*): Die gotischen Schriftarten*. Leipzig.

Descartes, René (1897-1913): „Meditatio VI de prima philosophia". In: *Oeuvres* ed. C. *Adam et P. Tannery*. Band 7. Paris.

Diels, Hermann/Kranz, Walther (1956): *Die Fragmente der Vorsokratiker*. 8. Auflage. Berlin.

Dilthey, Wilhelm (2006): *Gesammelte Schriften*. 26 Bände. Göttingen.

Dostojewski, F. M. (1923): *Die Brüder Karamasow*. München.

Dühren, Eugen/Bloch, Ivan (1901): *Der Marquis de Sade und seine Zeit*. 3. Auflage. Berlin.

Blanckenhagen, Peter von (1942): „Elemente der römischen Kunst am Beispiel des flavischen Stils". In: Berve, Helmut (Hrsg.): *Das neue Bild der Antike*. Band 2. Leipzig, S. 310-341.

Erikson, Eric Homburger (1965): *Kindheit und Gesellschaft*. 2. Auflage. Stuttgart.

Engelmeier, M. P. (1967): „Der Aufbau des Erlebnisfeldes im Lichte psychiatrisch-pharma-kotherapeutischer Erfahrungen". In: Kranz, Heinrich (Hrsg.): *Pharmakopsychiatrie und Psychopathologie. Symposium in Bad Kreuznach 1966*. Stuttgart, S. 14-21.

Ernst, Klaus (1954): „Psychopathologische Wirkungen des Phenothiazinderivats Largactil (= „Megaphen") im Selbstversuch und bei Kranken". In: *Archiv für Psychiatrie und Nerven-krankheiten* 192, S. 573-590.

Eyrich, Hedwig (1948/49): „E. T. A. Hoffmanns Bamberger Tagebuch 1803-1813". In: *Archiv für Psychiatrie und Nervenkrankheiten vereinigt mit Zeitschrift für die gesamte Neurologie und Psychiatrie* 181, S. 453-462.

Fichte, Johann Gottlieb (1978): „Wissenschaftslehre nova methodo". In: Lauth, Reinhard/Gliwitzky, Hans (Hrsg.): *Johann Gottlieb Fichte – Gesamtausgabe der Bayerischen Akademie der Wissenschaften.* 4. Abteilung. 2. Band. Stuttgart -Bad Cannstatt.

Flach, Auguste (1928): *Die Psychologie der Ausdrucksbewegung.* Wien.

François-Poncet, André (1947): *Als Botschafter in Berlin 1931-1938.* Mainz.

Frankl, Paul (1926): *Baukunst des Mittelalters. Die frühmittelalterliche und romanische Baukunst.* Wildpark/Potsdam.

Franklin, Josef C./Schule, Burtrum C./Brozek, Josef/Keys, Ancel (1948): „Observation von Human Behavior in Experimental Semistarvation and Rehabilitation". In: *Journal of Clinical Psychology* 4. S 28-45.

French, Marilyn (1988): *Frauen.* Frankfurt a. M.

Freud, Sigmund (1944/1969): „Neue Folge der Vorlesungen zur Einführung in die Psychoanalyse". In: Freud, Anna u.a. (Hrsg.): *Gesammelte Werke.* Band 15. London/Frankfurt.

Gahlings, Ute (2006): *Phänomenologie der weiblichen Leiberfahrungen.* Freiburg i. Br./München.

Gall, Ernst (1955): *Die gotische Baukunst in Frankreich und Deutschland.* 2. Auflage. Braunschweig.

Goethe, Johann Wolfgang (1907): „Goethe an Zelter, 6. Juni 1825". In: *Goethes Werke. Herausgegeben im Auftrage der Großherzogin Sophie von Sachsen.* 4. Abteilung. Band 39. Weimar.

Goethe, Johann Wolfgang (1998): „Faust. Eine Tragödie". In: Ders.: *Goethes Werke. Hamburger Ausgabe in 14 Bänden. Textkritisch durchgesehen und kommentiert von Erich Trunz.* Bd. 3: *Dramatische Dichtungen.* 16. Auflage. München, S. 7–145.

Goethe, Johann Wolfgang (1999a): *West-östlicher Divan.* Frankfurt a. M.

Goethe, Johann Wolfgang von (1999b): „Wilhelm Meisters Wanderjahre". In: Ders.: *Poetische Werke.* Band 7. Essen, S. 387-717.

Goethe, Johann Wolfgang von (1999c): „Die natürliche Tochter". In: Ders.: *Poetische Werke.* Band 5. Essen, S.699-781.

Gotta, Frank (1978): „Der seelenlose Winkemann". In: *Frankfurter Allgemeine Zeitung* vom 10. Juni 1978, Wirtschaftsteil.

Gross, D./Langen, D. (Hrsg.) (1971): *Schmerz und Schmerztherapie.* Stuttgart.

Großheim, Michael (1954): *Politischer Existenzialismus.* Tübingen.

Hamsun, Knut (1921): *Hunger.* Deutsch von J. Sandmeier. München.

Hartgenbusch, G. (1925): „Beobachtungen und Bemerkungen zur Psychologie des Sports". In: *Psychologische Forschung* 7, S. 386-397.

Hauser, Arnold (1958): *Philosophie der Kunstgeschichte.* München.

Head, Henry (1905): „The Afferent Nervous System from a New Aspect". In: *Brain* 28, S. 99-115.

Hegel, Georg Wilhelm Friedrich (1830): *Encyclopädie der philosophischen Wissenschaften im Grundrisse.* 3. Auflage. Heidelberg.

Henry, (1992): *Radikale Lebensphänomenologie. Ausgewählte Studien.* Übersetzt von Rolf Kühn. Freiburg i. Br./München.

Henry, (1996): *C'est Moi la Verité. Pour une Philosophie du Christianisme.* Paris.

Henry, Michel (2002): *Inkarnation. Eine Philosophie des Fleisches.* Freiburg i. Br./München.

Hermand, Jost (1965): *Jugendstil. Ein Forschungsbericht 1918-1964.* Stuttgart.

Hermand, Jost (Hrsg.) (1971): *Jugendstil.* Darmstadt.

Heugel, Dorothea (1938): *Autogenes Training als Erlebnis.* Leipzig (2. Beiheft zum Zentralblatt für Psychotherapie).

Hilger, W. (1928): *Die Suggestion.* Jena.

Hirsch, Maria (1933): „Das Figurenalphabet des Meisters E. S.". In: *Kunstwissenschaftliche Forschungen* 2, S. 101-112.

Hirsch, Max (1919): *Hypnotismus und Suggestionstherapie*. Vollständig neu bearbeitet von Leo Hirschlaff. Leipzig.

Hoffmann, Hermann (1926): *Das Problem des Charakteraufbaus*. Berlin.

Huber, Gerd (1967): „Symptomwandel der Psychosen und Pharmakopsychiatrie". In: *Pharmakopsychiatrie und Psychopathologie. Symposium in Bad Kreuznach 1966*. Stuttgart, S. 78-90.

Husserl, Edmund (1976a): *Ideen zu einer reinen Phänomenologie und phänomenologischen Philosophie. Zweites Buch: Phänomenologische Untersuchungen zur Konstitution* (Husserliana Band IV, herausgegeben von Marly Biemel). 2. Auflage. Haag.

Husserl, Edmund (1976b): *Die Krisis der europäischen Wissenschaften und die transzendentale Phänomenologie* (Husserliana Band VI, herausgegeben von Walter Biemel). 2. Auflage. Haag.

Jung, Carl Gustav (1946): *Aufsätze zur Zeitgeschichte*. Zürich.

Kandinsky, Wassiliy (1955): *Punkt und Linie zur Fläche*. 4. Auflage. Bern.

Kant, Immanuel (1781): *Kritik der reinen Vernunft*. Riga.

Katz, David (1911): *Die Erscheinungsweise der Farben und ihre Beeinflussung durch die individuelle Erfahrung*. Leipzig.

Katz, David (1921): *Zur Psychologie des Amputierten und seiner Prothese*. Leipzig.

Katzenstein, Alfed (1971): „Kontroversen und Methoden der neueren Hypnoseforschung". In: Katzenstein, Alfred (Hrsg.): *Hypnose. Aktuelle Probleme in Theorie, Experiment und Klinik*. Jena.

Kauffmann, Max (1923): *Suggestion und Hypnose*. Berlin.

Kiefer, Claus (2008): *Der Quantenkosmos*. Frankfurt a. M.

Kinsey, Alfred C. u. a. (1954): *Das sexuelle Verhalten der Frau*. Berlin/Frankfurt a. M.

Klee, Paul (1956): *Das bildnerische Denken*. Herausgegeben von J. Spiller. Basel/Stuttgart.

Kleint, H. (1940): „Versuche über die Wahrnehmung". In: *Zeitschrift für Psychologie* 149, S. 109-138.

Kleist, Heinrich v. (1965): *Sämtliche Werke und Briefe*. Herausgegeben von Helmut Sembdner. 2 Bände. 4. Auflage. München.

Kohlrausch, Wolfgang (1937): „Die reflektorischen Wechselbeziehungen zwischen inneren Organen und Skelettmuskulatur und ihre therapeutische Ausnützbarkeit". In: *Deutsche Zeitschrift für Nervenheilkunde* 144.

Kolnai, Aurel v. (1929): „Der Ekel". In: *Jahrbücher für Philosophie und phänomenologische Forschung* 10. Halle, S. 515-569.

König, Otto (1975): *Urmotiv Auge*. München/Zürich.

Kraus, Carl v. (1965): Der Minnesangs Frühling. 33. Auflage. Stuttgart.

Kretschmer, Ernst (1955): *Körperbau und Charakter*. 21./22. Auflage. Berlin/Göttingen/Heidelberg.

Lacrosse, Jean-Marie (1978): „Bemerkungen über die sozialen Bedingungen für das Gelingen von ‚Parties'". In: Hammerich, K./Klein, M.: *Materialien zur Soziologie des Alltags*. Opladen, S. 376-388 (Kölner Zeitschrift für Soziologie und Sozialpsychologie, Sonderheft 20).

Lalèyê, Issiaka Prosper (1970): *La conception de la personne dans la pensée traditionelle Yoruba – Approche phénoménologique*. Bern.

Larbig, W. (1982): *Schmerz. Grundlagen-Forschung-Theorie*. Stuttgart u. a.

Lewis, David (1978): *The Secret Language of Your Child*. London.

Linck, Gudula (2001): *Leib und Körper. Zum Selbstverständnis im vormodernen China*. Frankfurt a. M.

Linschoten, Johannes (1955-1956): „Über das Einschlafen". In: *Psychologische Beiträge* 2, S. 266-298.

Locke, John (1690): *An Essay concerning Humane Understandin*g. London

Löwy, Max (1912): „Über eine Unruheerscheinung: Die Halluzination des Anrufes mit dem eigenen Namen (mit und ohne Beachtungswahn)". In: *Jahrbücher für Psychiatrie und Neurologie* 33.

Mach, Ernst (1902): *Die Analyse der Empfindungen*. 3. Auflage. Jena.

Mangold, Ernst (1914): *Hypnose und Katalepsie bei Tieren im Vergleich mit der menschlichen Hypnose*. Jena.

Marcinowski, Johannes Jaroslaw (1900): „Selbstbeobachtungen in der Hypnose". In: *Zeitschrift für Hypnotismus* 9, S. 5–46.

Martin, Alfred v. (1949): *Soziologie der Renaissance*. 2. Auflage. Frankfurt a. M.

Mayer, Ludwig (1937): *Die Technik der Hypnose*. 2. Auflage. München.

Mead, Margaret (1959): *Geschlecht und Temperament in primitiven Gesellschaften*. Hamburg.

Merleau-Ponty, Maurice (1945): *Phénoménologie de la Perception*. Paris.

Metzger, Wolfgang (1941): *Psychologie*. Dresden/Leipzig.

Michaux, Henri (1961): *Turbulenz im Unendlichen*. Frankfurt a. M.

Nagel, Thomas (1979): „What Is It Like to Be a Bat". In: Ders.: *Moral Questions*. Cambridge, S. 185-199 (Deutsch: Nagel, Thomas (1984): *Über das Leben, die Seele und den Tod*. Königstein).

Nauck, A. (1964): *Fragmenta Tragicorum Graecorum recensuit*. Ergänzter Nachdruck. Hildesheim.

Nietzsche, Friedrich (1980): *Sämtliche Werke*. Kritische Studienausgabe herausgegeben von Giorgio Colli und Mazzino Montinari. München.

Novalis (1960/1977): *Schriften. Band I: Das dichterische Werk*. Herausgegeben von Paul Kluckhahn und Richard Samuel. Stuttgart.

Ohm, Thomas (1948): *Die Gebetsgebärden der Völker und das Christentum*. Leiden.

Otto, Rudolf (1932): *Das Gefühl des Überweltlichen*. München.

Panofsky, Erwin (1952): *Gothic Architecture and Scholasticism*. Latrobe (Pennsylvania).

Panse, Friedrich (1952): *Angst und Schreck in klinischer und sozialmedizinischer Hinsicht*. Stuttgart.

Peek, Werner (1960): *Griechische Grabgedichte*. Darmstadt.

Percy, Ernst (1942): *Der Leib Christi in den paulinischen Homdogumena und Antilegomena*. (Acta Universitatis Lundinensis. Nova series 38). Lund/Leipzig.

Pinder, Wilhelm (1928*): Das Problem der Generation in der Kunstgeschichte Europas*. Berlin.

Pinder, Wilhelm (1961): *Deutscher Barock*. Tausend Königstein im Taunus.

Prill, H. J. (1956): „Das autogene Training zur Geburtsschmerzerleichterung". In: *Psychotherapie* 1, S. 165–177.

Ranke, Leopold von (1949): *Das Briefwerk*. Herausgegeben von Walther Peter Fuchs. Hamburg.

Read, G. D. (1953): *Mutter werden ohne Schmerz*. 2. Auflage. Hamburg.

Reich-Ranicki, Marcel (1985): „Berthold Brecht und seine Kreatur. Die Erinnerungen der Ruth Berlau". In: *Frankfurter Allgemeine Zeitung* vom 14. Dezember 1985. Literaturseite.

Riegl, Alois (1927): *Spätrömische Kunstindustrie*. 2. Auflage. Wien.

Ringgren, Helmer (1963): *Israelitische Religion*. Stuttgart.

Rothacker, Erich (1948): *Probleme der Kulturanthropologie*. Bonn.

Rothacker, Erich (1971): *Geschichtsphilosophie*. Münster.

Rüstow, Alexander (1952): *Ortsbestimmung der Gegenwart*. Band 2. Erlenbach/Zürich.

Ruysbroeck, Jan van (1924): *Die Zierde der geistlichen Hochzeit und die kleineren Schriften*. Herausgegeben und übertragen von F. M. Hübner. Leipzig.

Sartre, Jean Paul (1943): *L'être et le néant*. Paris.

Scheler, Max (1954): *Der Formalismus in der Ethik und die materiale Wertethik*. 4. Auflage. Bern.

Schelsky, Helmut (1957): *Die skeptische Generation*. Düsseldorf/Köln.

Schmidt, Wera (1973): „Zur oralen Phase". In: Kentler, Helmut (Hrsg.): *Texte zur Sozio-Sexualität*. Opladen, S 68-71.

Schmitz, Hermann (1992): „Psychotherapie als leibliche Kommunikation". In: *Integrative Therapie* 3, S. 292-313

Schmitz, Hermann (1994a): *Die Liebe*. Bonn.

Schmitz, Hermann (1994b*): Neue Grundlagen der Erkenntnistheorie*. Bonn.

Schmitz, Hermann (1995a): *Selbstdarstellung als Philosophie. Metamorphosen der entfremdeten Subjektivität.* Bonn.

Schmitz, Hermann (1995b): „Immanenz als Falle des Lebens". In: *Philosophische Rundschau* 42, S. 69-75.

Schmitz, Hermann (1996): *Husserl und Heidegger.* Bonn.

Schmitz, Hermann (1999a): *Der Spielraum der Gegenwart.* Bonn.

Schmitz, Hermann (1999b): *Adolf Hitler in der Geschichte.* Bonn.

Schmitz, Hermann (2003): *Was ist Neue Phämenologie?* Rostock.

Schmitz, Hermann (1965/2005): *System der Philosophie. Band II, Teil 1: Der Leib.* Bonn.

Schmitz, Hermann (1966/2005): *System der Philosophie. Band II, Teil 2: Der Leib im Spiegel der Kunst.* Bonn.

Schmitz, Hermann (1967/2005): *System der Philosophie. Band III, Teil 1: Der leibliche Raum.* Bonn.

Schmitz, Hermann (1969/2005): *System der Philosophie. Band III, Teil 2: Der Gefühlsraum.* Bonn.

Schmitz, Hermann (1977/2005): *System der Philosophie. Band III, Teil 4: Das Göttliche und der Raum.* Bonn.

Schmitz, Hermann (1978/2005): *System der Philosophie. Band III, Teil 5: Die Wahrnehmung.* Bonn.

Schmitz, Hermann (1980a/2005): *System der Philosophie. Band IV.* Bonn.

Schmitz, Hermann (1980b/2005): *System der Philosophie. Band V.* Bonn.

Schmitz, Hermann (2005): *Situationen und Konstellationen.* Freiburg i. Br./München.

Schmitz, Hermann (2007): *Der Weg der europäischen Philosophie. Eine Gewissenserforschung.* 2 Bände. Freiburg i. Br./München.

Schmitz, Hermann (2008a): *Logische Untersuchungen.* Freiburg i. Br./München.

Schmitz, Hermann (2008b): *Leib und Gefühl.* 3. Auflage. Bielefeld/Locarno.

Schmitz, Hermann (2009): *Kurze Einführung in die Neue Phämenologie.* Freiburg i. Br.

Schmitz, Hermann (2010a): *Jenseits des Naturalismus.* Freiburg i. Br./München.

Schmitz, Hermann (2010b): *Bewusstsein.* Freiburg i. Br.

Schmitz, Hermann/Marx, G./Moldzio, G. (2002): *Begriffene Erfahrung. Beiträge zur antireduktionistischen Phänomenologie.* Rostock.

Schopenhauer, Arthur (1960): *Sämtliche Werke.* Band 5. Herausgegeben von Arthur Hübscher. Wiesbaden.

Schopenhauer, Arthur (1968): *Sämtliche Werke.* Herausgegeben von Wolfgang Frh. v. Löhneysen. 2. Auflage. Frankfurt/Stuttgart.

Schultz, Johannes Heinrich (1949): „Zur medizinischen Psychologie des Ekels Normaler". In: *Psychologische Rundschau* 1, S. 195–203.

Schultz, Johannes Heinrich (1956): *Das autogene Training.* 9. Auflage. Stuttgart.

Sedlmayr, Hans (1933): „Das erste mittelalterliche Architektursystem". In: *Kunstwissenschaftliche Forschungen* 2, S. 25-62.

Seuse, Heinrich (1966): *Deutsche mystische Schriften.* Aus dem Mittelhochdeutschen übertragen von Georg Hofmann. Düsseldorf.

Shaines, Natalie (1976): „Die weibliche Sexualität und das erotische Erleben". In: *Die Psychologie des 20. Jahrhunderts.* Band 2. Zürich, S. 412-426.

Shaw, Fiona (1998): *Zeit der Dunkelheit.* München.

Sienkiewicz, Henryk (1902): *Reisebriefe aus Afrika und Amerika.* Deutsch von J. v. Innendorf. Regensburg.

Snell, Bruno (1975): *Die Entdeckung des Geistes.* 4. Auflage. Göttingen.

Stein, Edith (1922): „Beiträge zur philosophischen Begründung der Psychologie und der Geisteswissenschaften". In: *Jahrbuch für Philosophie und phänomenologische Forschung* 5.

Steiner, Andreas (1964): *Das nervöse Zeitalter. Der Begriff der Nervosität bei Laien und Ärzten in Deutschland und Österreich um 1900.* Zürich.

Steininger, Hans (1953): *Hauch- und Körperseele und der Dämon bei Kuan Yin-Tze.* Leipzig.

Stokvis, Berthold/Langen, Dietrich (1965): *Lehrbuch der Hypnose*. 2. Auflage. Basel/New York.

Straus, Erwin (1930): „Die Formen des Räumlichen". In: Ders.: *Psychologie der menschlichen Welt. Gesammelte Schriften*. Berlin/Göttingen/Heidelberg, S. 141-178.

Strehle, Hermann (1954): *Mienen, Gesten und Gebärden*. München.

Stumpf, Carl (1899): „Über den Begriff der Gemütsbewegung", in: *Zeitschrift für Psychologie und Physiologie der Sinnesorgane* 21, S. 47-49.

Chantelou, Paul Fréart, Sieur de (1919): *Tagebuch des Herrn von Chantelou über die Reise des Cavaliere Bernini nach Frankreich*. Deutsche Bearbeitung von Hans Rose. München.

Trostdorf, E. (1956): *Die Kausalgie*. Stuttgart.

Troxler, Ignaz Paul Vital (1828): *Naturlehre des menschlichen Erkennens, oder Metaphysik*. Aarau.

Veit, Hans (1960): „Die energetische Proportion der Athletikertemperamente". In: *Zeitschrift für menschliche Vererbungs- und Konstitutionslehre* 35, S. 303-319.

Veit, Hans (1961): „Das soziale Verhalten der ‚bathmothymen' Athletikertemperamente". In: *Zeitschrift für menschliche Vererbungs- und Konstitutionslehre* 36, S. 98-107.

Vogt-Göknil, Ulya (1951): *Architektonische Grundbegriffe und Umraumerlebnis*. Zürich.

Waldenfels, Bernhard (2000): *Das leibliche Selbst. Vorlesungen zur Phänomenologie des Leibes*. Herausgegeben von Regula Giuliani. Frankfurt a. M.

Walther, Gerda (1955): *Phänomenologie der Mystik*. 2. Auflage. Olten.

Weber, Arnold (1938): *Über nihilistischen Wahn und Depersonalisation*. Basel.

Wellek, Albert (1931): „Der Sprachgeist als Doppelempfinder". In: *Zeitschrift für Ästhetik und allgemeine Kunstwissenschaft* 25, S. 226-262.

Weyl, Hermann (1968): *Gesammelte Abhandlungen. Band 5*. Herausgegeben von K. Chandrasekharan. Berlin/Heidelberg/New York.

Wieser, Harald (1975): „Von Masken und Menschen. Ein paar Szenen aus dem Alltag des Genossen X". In: *Kursbuch* 41.

Winckelmann, Johann Joachim (1960): *Kleine Schriften*. Herausgegeben von W. Senff. Weimar.

Wölfflin, Heinrich (1946): *Kleine Schriften 1880-1933*. Herausgegeben von Joseph Gantner. Basel/Stuttgart.

Wölfflin, Heinrich (1960): *Kunstgeschichtliche Grundbegriffe*. 12. Auflage. Berlin/Stuttgart.

Wölfflin, Heinrich (1961): *Renaissance und Barock*. 5. Auflage. Darmstadt.

Worms, Ernest A./Petri, Helmut (1968): „Australische Eingeborenen-Religionen". In: Nevermann, Hans/Worms, Ernest A./Petri, Helmut (Hrsg.): *Die Religionen der Südsee und Australiens*. Stuttgart, S. 125-287.

Wundt, Wilhelm (1874): *Grundzüge der physiologischen Psychologie*. Leipzig.

Zaloziecky, Wladimir R. (1930): *Die Sophienkirche in Konstantinopel*. Studi die Antichichà Cristiana XII. Rom/Freiburg i. Br.

Zeller, Eduard (1963): *Die Philosophie der Griechen in ihrer geschichtlichen Entwicklung*. 7. Auflage (Nachdruck der von Wilhelm Nestle besorgten 6. Auflage Leipzig 1919) Darmstadt.

Zuckerkandl, Viktor (1964): *Vom musikalischen Denken*. Zürich.

Zutt, Jürg (1963): *Auf dem Wege zu einer anthropologischen Psychiatrie. Gesammelte Aufsätze*. Berlin/Göttingen/Heidelberg.

Personenregister

Sachregister

www.ingramcontent.com/pod-product-compliance
Lightning Source LLC
Chambersburg PA
CBHW052006270326
41929CB00015B/2804